Recettes
de grands chefs

Les poissons

coquillages, mollusques, crustacés

Présenté par
Joël Robuchon et Guy Job

Sommaire

Chapitre 1

Coquillages et mollusques

Coque, palourde

Coquille saint-jacques

Encornet (ou calamar), poulpe

Huître

Moule

Coquillages divers

Chapitre 2

Crustacés

Crabe, araignée, tourteau

Crevette, gamba

Langoustine

Chapitre 3

Poissons

Anchois

Bar (ou loup)

Cabillaud

Dorade

Poissons plats

Rouget, grondin

Saint-pierre

Sardine

Saumon

Thon

Autres poissons

Coquillages & mollusques

ANGELO ORILIERI

Blanc de blancs au champagne

Pour 4 personnes

100 g de coques • 4 cuil. à soupe d'œufs de saumon • 4 blancs d'œufs • 5 g de beurre • 4 petits oignons blancs • 4 mini-poireaux • 5 échalotes • 4 cl de vin blanc sec • 20 cl de champagne brut • 25 cl de crème fraîche liquide allégée • gros sel et sel fin

Mettez les blancs d'œufs dans le bol d'un batteur et fouettez-les à vitesse rapide avec 1 petite pincée de sel afin d'obtenir des œufs en neige.

Faites bouillir une grande quantité d'eau dans une casserole. L'ébullition obtenue, salez l'eau et retirez du feu.

Beurrez une petite louche, remplissez-la de blancs en neige, retirez le surplus tout en moulant le dessus en forme de dôme. Trempez la louche dans l'eau bouillante, l'œuf se détache automatiquement de la louche au contact de la chaleur et vous obtenez une boule de blancs en neige.

Faites-en 3 autres de la même façon. Les boules flottent dans l'eau bouillante, faites-les pocher 2 minutes de chaque côté, toujours hors du feu.

Puis égouttez-les sur un papier absorbant et laissez-les refroidir à température ambiante. Ces boules d'œufs en neige peuvent se faire 3 à 4 heures à l'avance : réservez-les au réfrigérateur ou à température ambiante. (Le reste des blancs d'œufs ne sera pas

utilisé pour cette recette, mais il est difficile techniquement d'en monter une quantité moindre.)

Épluchez les oignons et les mini-poireaux. Portez de l'eau à ébullition dans une casserole. L'ébullition obtenue, salez l'eau, plongez les petits oignons et laissez-les cuire 8 minutes. Après 5 minutes de cuisson, ajoutez les mini-poireaux et faites-les cuire 3 minutes.

Rafraîchissez les oignons et les mini-poireaux dans de l'eau bien froide et égouttez-les. Vous pouvez préparer ces légumes 2 à 3 heures à l'avance, mais conservez-les à température ambiante et surtout pas au réfrigérateur.

Lavez bien les coques dans plusieurs eaux. Pour éliminer le maximum de sable, faites-les tremper dans une grande quantité d'eau avec 1 poignée de gros sel ; elles vont dégorger et rejeter leur sable. Retirez-les de l'eau avec une écumoire afin que le sable reste au fond du récipient.

Mettez les coques dans une casserole chaude, ajoutez 1 échalote pelée et hachée finement, mouillez avec le vin blanc et couvrez. Laissez cuire sur feu vif pendant quelques minutes, le temps que les coques s'ouvrent. Dès qu'elles s'entrebâillent, décortiquez-les, jetez les coquilles, récupérez le jus et filtrez-le.

Pelez et hachez les 4 échalotes restantes. Mettez-les dans une casserole, versez dessus le champagne, portez à ébullition et laissez réduire de moitié. Incorporez la crème allégée, mélangez à l'aide d'un fouet et laissez réduire de moitié ; la sauce doit épaissir. Passez la sauce à travers un chinois en foulant bien dans une casserole, puis incorporez le jus des coques filtré.

Répartissez dans le fond de 4 assiettes creuses la sauce au champagne. Dressez sur la sauce, dans chaque assiette, 1 boule de blancs d'œufs, entourée de 1 oignon et de 2 ou 3 coques. Disposez sur l'œuf 1 mini-poireau et la valeur d'1 petite cuillerée à soupe d'œufs de saumon. Servez en hors-d'œuvre.

MICHEL PORTOS

Cannellonis au caviar d'aubergine et coques

Pour 4 personnes

1 kg de coques • 4 feuilles de pâte à raviolis chinois • 2 aubergines moyennes bien fermes • 15 cl d'huile d'olive • 25 cl de vin blanc sec • 1 gousse d'ail • 1 citron jaune • 1 cuil. à soupe de persil plat concassé • gros sel, sel fin et poivre du moulin

Lavez soigneusement et faites dégorger les coques.
Portez de l'eau à ébullition dans une casserole, salez au gros sel. Plongez-y les feuilles de pâte à raviolis chinois une par une, précuisez-les 10 secondes. Retirez-les à l'aide d'une écumoire et réservez-les dans de l'eau bien froide.
Préchauffez le four à 180-200 °C (thermostat 6-7).
Lavez et essuyez les aubergines, piquez-les délicatement avec la pointe d'un couteau. Disposez-les sur une plaque de cuisson et arrosez-les d'un filet d'huile d'olive. Enfournez pour 30 à 40 minutes.
Fendez les aubergines cuites en deux dans la longueur et prélevez la chair à l'aide d'une cuiller à soupe.
Chauffez un large poêlon, versez-y les coques, ajoutez rapidement le vin blanc et couvrez. Dès que les coques s'ou-

vrent, retirez-les, réservez-en un quart dans leur coquille (surtout pas au réfrigérateur) et décortiquez les autres. Filtrez leur jus de cuisson.

Pelez l'ail, dégermez-le et hachez-le finement.

Versez dans le bol d'un mixeur la chair des aubergines avec la moitié du jus du citron et l'ail haché, salez et poivrez. Mélangez à petite vitesse. Puis incorporez, petit à petit, tout en mélangeant, 6 cl d'huile d'olive. Réservez au réfrigérateur.

Mélangez, dans un saladier, 1 cuillerée à soupe de jus de citron avec 2 cuillerées à soupe de jus de cuisson des coques filtré. Salez et poivrez. Ajoutez 3 cuillerées à soupe d'huile d'olive, les coques décortiquées, le persil plat, mélangez. Réservez à température ambiante.

Étendez un linge propre sur le plan de travail. Étalez dessus les feuilles de pâte à raviolis, les unes à côté des autres. Déposez sur chacune 1 bonne cuillerée à soupe de caviar d'aubergine, puis roulez-les en cylindres.

Dressez ensuite délicatement, à l'aide d'une spatule, les cannellonis sur un plat de service, ajoutez dessus les coques assaisonnées, disposez les coques restantes non décortiquées et dégustez sans attendre.

Astuce : Le caviar d'aubergine peut se préparer la veille.

OLIVIER BELLIN

Chaud-froid de coquillages, crème de chou-fleur

Pour 4 personnes

200 g de coques bien lavées • 200 g de praires bien lavées • 300 g de chou-fleur • 1 oignon moyen • 1 gousse d'ail • 140 g de beurre • 10 cl de vin blanc sec • 13 cl de crème fraîche liquide bien froide • 1/2 citron jaune • 1/2 orange • quelques pluches de cerfeuil grossièrement concassées • sel fin et poivre du moulin

Pelez et hachez finement l'oignon. Pelez la gousse d'ail, fendez-la en deux dans la longueur et dégermez-la.

Faites suer dans un large poêlon l'oignon dans 20 g de beurre, puis ajoutez l'ail. Salez légèrement, déglacez avec le vin blanc et portez à ébullition de 1 à 2 minutes. Ajoutez les coques et les praires, couvrez, faites cuire de 2 à 3 minutes à ébullition, puis encore 2 à 3 minutes sur feu éteint, toujours à couvert.

Décortiquez les coquillages, récupérez le jus de cuisson et filtrez-le.

Divisez le chou-fleur en petites sommités et lavez-les bien. Plongez-les dans de l'eau bouillante salée, faites reprendre l'ébullition et égouttez-les aussitôt. Mettez-les dans une casse-

role, mouillez avec 1 verre d'eau, ajoutez 20 g de beurre, salez, couvrez et faites cuire de 10 à 15 minutes à ébullition, tout en remuant régulièrement.

Fouettez la crème fraîche bien froide dans un autre saladier placé dans un plus grand contenant des glaçons.

Mixez les sommités de chou-fleur avec leur jus de cuisson et laissez refroidir.

Incorporez délicatement, à l'aide d'une spatule en bois, la purée de chou-fleur froide dans la crème fouettée. Versez le jus du citron, rectifiez l'assaisonnement, salez et poivrez.

Remplissez aux deux tiers des coupes individuelles de la crème de chou-fleur, couvrez-les d'un film alimentaire et réservez-les au réfrigérateur.

Faites chauffer le reste de beurre dans une casserole jusqu'à ce qu'il mousse. Versez-y le jus de cuisson filtré des coquillages, mélangez au fouet, ajoutez le jus d'orange et portez à ébullition de 1 à 2 minutes. Sur feu éteint, ajoutez les praires et les coques décortiquées.

Sortez les coupes du réfrigérateur. Répartissez les coquillages dans chacune d'elles, versez 1 bonne cuillerée à soupe de jus de cuisson, parsemez de quelques pluches de cerfeuil et donnez un tour de moulin à poivre. Servez en hors-d'œuvre.

BRUT WOUT

Crème de poivron aux coques et au gingembre

Pour 4 personnes

500 g de grosses coques • 2 poivrons rouges • 30 g de gingembre • 1/2 oignon • 20 g de beurre • 20 cl de vin blanc sec • 3 cuil. à soupe d'huile d'olive • 40 cl de crème fraîche liquide • 20 cl de lait • sel fin et poivre du moulin

Lavez méticuleusement les coques dans plusieurs eaux. Pelez et hachez finement le demi-oignon.

Dans une cocotte évasée, mettez le beurre à chauffer, ajoutez l'oignon et les coques, mouillez avec le vin blanc et 1 verre d'eau, couvrez et portez à feu vif. Dès que les coques s'entrebâillent, arrêtez la cuisson, prélevez-les à l'aide d'une écumoire, égouttez-les dans une passoire, puis décortiquez-les. Récupérez le jus de cuisson et filtrez-le.

Lavez les poivrons rouges, ne les pelez pas, ouvrez-les du côté du pédoncule, épépinez-les, puis émincez-les.

Pelez et hachez finement le gingembre.

Faites chauffer 2 cuillerées à soupe d'huile d'olive dans une cocotte. Ajoutez les poivrons et le gingembre et faites-les suer sur feu doux 5 minutes, puis ajoutez 20 cl de jus de coques filtré et portez à ébullition (si vous n'obtenez pas 20 cl de jus de coques, complétez avec de l'eau).

Versez la crème fraîche et le lait dans la cocotte. Poivrez. Laissez chauffer à frémissements de 5 à 10 minutes, jusqu'à ce que les poivrons soient bien cuits.

Versez dans le bol d'un mixeur les poivrons avec leur crème de cuisson et mixez. Rectifiez l'assaisonnement si nécessaire, puis passez au chinois.

Dressez les coques décortiquées dans un plat de service creux, versez dessus la crème de poivron bien chaude, ajoutez un filet d'huile d'olive et dégustez en hors-d'œuvre.

Astuce : Il est possible de déguster cette crème de poivron glacée. Dans ce cas, réservez séparément les coques dans une petite quantité de leur jus de cuisson et la crème de poivron au réfrigérateur, et dressez juste avant de servir.

COQUILLAGES ET MOLLUSQUES

Coque, palourde

JACQUES LE DIVELLEC

Marinière de coques au persil plat

Pour 4 personnes

2 litres de coques • 2 cuil. à soupe de persil plat • 125 g de beurre • gros sel de mer, poivre du moulin

Pour la marinière :

6 échalotes • 1 gousse d'ail • 50 g de beurre • 15 cl de vin blanc sec

Dans un grand récipient d'eau salée avec 1 poignée de gros sel, mettez les coques à dégorger pendant 30 minutes au moins.

Remuez de temps en temps pour bien éliminer le sable.

Préparez la marinière : pelez et hachez finement les échalotes et la gousse d'ail. Dans une cocotte, faites fondre le beurre coupé en dés, ajoutez les échalotes hachées, remuez à l'aide d'une spatule en bois et faites suer 2 à 3 minutes. Ajoutez l'ail haché, refaites suer 2 à 3 minutes, versez le vin blanc et portez à ébullition pendant 2 minutes à feu moyen.

Sortez délicatement les coques avec les doigts, plongez-les dans un récipient d'eau claire salée, puis égouttez-les.

Augmentez le feu sous la cocotte, versez les coques dans la marinière et laissez-les s'entrebâiller à couvert pendant 2 minutes en les remuant de temps en temps avec une spatule. Éteignez ensuite le feu sous les coques, retirez leur coquille supérieure et rangez-les dans un plat. Réservez-les au chaud sous un couvercle ou un film transparent.

Passez la marinière au chinois pour éliminer les échalotes, l'ail et éventuellement le sable restant. Dans une casserole, portez à ébullition le jus récupéré de la marinière, puis, à l'aide d'un fouet, incorporez le beurre coupé en morceaux. Baissez le feu et poivrez à votre convenance.

Concassez le persil plat et nettoyez la cocotte. Dressez dedans les coques, réchauffées si besoin. Versez ensuite le contenu de la casserole, parsemez de persil plat concassé, et servez bien chaud.

Astuces

- Vous pouvez remplacer les coques par des moules.
- Veillez à prendre un récipient assez évasé pour que les coques s'entrebâillent facilement.
- Lorsque vous retirez la marinière de la cocotte ou la sauce de la casserole, évitez de racler le fond du récipient car il peut y avoir un dépôt de sable.
- Ne salez pas trop car les coques sont bien salées naturellement !

PASCAL FAYET

Spaghettis *con vongole*

Pour 2 personnes

200 g de spaghettis (fins, de préférence) • 20 palourdes • 1 gousse d'ail • 3 cuil. à soupe d'huile d'olive • 1/2 verre de vin blanc sec • 25 g de beurre • 2 cuil. à soupe de persil plat concassé • gros sel, sel fin et poivre du moulin

Pelez la gousse d'ail, fendez-la en deux dans la longueur, dégermez-la puis hachez-la finement.

Faites chauffer l'huile d'olive dans un large poêlon. Ajoutez les palourdes, roulez-les dans la matière grasse. Mouillez avec le vin blanc, ajoutez le beurre, l'ail haché, poivrez généreusement, salez au gros sel.

Dès que les palourdes commencent à s'ouvrir, ajoutez le persil plat concassé, mélangez bien puis couvrez et réservez hors du feu.

Portez une grande quantité d'eau à ébullition, salez, plongez-y les spaghettis et faites-les cuire *al dente*. Ensuite, retirez-les de l'eau à l'aide d'une grande fourchette, et mélangez-les aux palourdes.

Chauffez sur feu doux, ajoutez 1 louche d'eau de cuisson des spaghettis, mélangez bien et servez sans attendre.

JACQUES THOREL

Velouté de chou-fleur aux coques

Pour 4 personnes

1 chou-fleur • 1 kg de coques • 1 litre de bouillon de volaille • 10 cl de crème fraîche liquide • sel, poivre du moulin

Retirez les feuilles vertes du chou-fleur. Défaites les sommités (parties blanches), lavez-les bien, puis égouttez-les. (Pour cette recette, utilisez uniquement 500 g de sommités.)
Dans une cocotte, portez 1 litre de bouillon de volaille à ébullition. Plongez-y les sommités de chou-fleur, couvrez et laissez cuire pendant 20 minutes à petite ébullition.
Laissez tremper les coques quelques instants dans un récipient rempli d'eau salée (1 poignée de sel) pour bien les laver et qu'elles rejettent le maximum de sable. Égouttez-les en les sortant du récipient, soit avec les mains, soit avec une écumoire. Renouvelez l'opération plusieurs fois, dans plusieurs eaux, et en les prélevant toujours de la même manière pour retirer le maximum de sable. Surtout ne videz pas le contenu du récipient dans une passoire, car le sable se reposerait sur les coques.
Mettez les coques dans une cocotte. Versez un peu d'eau dessus, juste pour mouiller le fond de la cocotte. Couvrez et portez à feu vif. Dès que les coques s'entrebâillent, éteignez le feu. Retirez-les de la cocotte avec une écumoire et égouttez-

les. Décortiquez-les et réservez-les à température ambiante. **À l'aide d'une louche,** prélevez le jus de cuisson des coques, toujours en surface, afin de laisser le sable au fond. Versez délicatement ce jus juste au-dessus d'une passoire très fine, pour le filtrer.

Mixez le chou-fleur cuit puis remettez-le dans la cocotte. Incorporez à ce velouté la crème fraîche liquide et, petit à petit, le jus filtré. Goûtez, rectifiez l'assaisonnement et mixez de nouveau.

Répartissez les coques décortiquées dans 4 bols. Versez dessus le velouté bien chaud, puis servez.

Astuce : Pour que le chou-fleur ne sente pas trop fort pendant sa cuisson et pour le conserver bien blanc, blanchissez-le préalablement : plongez-le pendant 1 minute dans de l'eau bouillante, retirez-le à l'aide d'une écumoire et plongez-le ensuite dans de l'eau fraîche juste le temps qu'il refroidisse. Égouttez-le et remettez-le à cuire.

COQUILLAGES ET MOLLUSQUES

Coquille saint-jacques

Jacques Guillo

Coquilles saint-jacques au « blésotto » et au beurre de cidre

Pour 4 personnes

12 noix de saint-jacques • 80 g de blé •
12 cl de cidre brut • 1 oignon • 150 g de beurre •
20 cl de bouillon de volaille • 1 échalote •

1 cuil. à soupe de vinaigre de cidre •
15 g de parmesan râpé • huile d'olive •
un peu de cerfeuil • sel, poivre

Demandez au poissonnier de préparer les noix de saint-jacques.
Préchauffez le four à 150 °C (thermostat 5).
Pelez l'oignon et hachez-le finement. Dans une cocotte, chauffez 20 g de beurre sans coloration et, dès qu'il est fondu, faites suer l'oignon 1 minute sur feu doux. Ajoutez le blé, enrobez-le de matière grasse et faites-le suer 10 secondes. Laissez chauffer en évitant la coloration. Mouillez avec le bouillon de volaille, mélangez bien, salez légèrement et portez à ébullition. À ébullition, enfournez la cocotte et laissez cuire le blésotto pendant 15 minutes.
Pelez et hachez finement l'échalote, puis versez dans une casserole 10 cl de cidre brut et le vinaigre de cidre. Ajoutez 1 pointe de sel, portez à ébullition et laissez réduire aux trois quarts. Tout en fouettant, incorporez ensuite, petit à petit, 100 g de beurre froid en petits morceaux. Dès qu'il est bien incorporé, éteignez le feu, rectifiez l'assaisonnement et maintenez ce beurre de cidre au chaud.
Dès que le blésotto est cuit, sortez la cocotte du four et réservez-la à couvert à température ambiante 15 minutes, ce qui va permettre au blésotto de gonfler. Mettez-le ensuite sur feu doux, mouillez-le avec 1 cuillerée à soupe de cidre brut et portez à ébullition 1 minute. Diminuez le feu et incorporez alors successivement, à l'aide d'une spatule en bois, le beurre restant et le parmesan râpé. Lorsque le fromage est fondu, réservez sur feu éteint.
Salez et poivrez les noix de saint-jacques de chaque côté. Chauffez un petit filet d'huile d'olive dans une poêle et dès qu'elle est chaude, déposez-y délicatement les noix de saint-jacques. Poêlez-les 1 minute de chaque côté pour qu'elles blon-

dissent, puis placez-les sur du papier absorbant.

Au centre d'un plat de service passé préalablement au four, dressez le blésotto, disposez tout autour les saint-jacques et versez un cordon de beurre de cidre entre chaque noix. Décorez avec quelques pluches de cerfeuil et servez sans attendre.

Astuces :

- Les meilleures saint-jacques sont celles qui n'ont pas ou très peu de corail.
- Dans la préparation du beurre de cidre, n'oubliez pas d'ajouter, juste après le vinaigre de cidre, 1 pointe de sel ; elle va permettre la cuisson de l'échalote, qui ne pourrait se faire avec le vinaigre seul à cause de son acidité.

COQUILLAGES ET MOLLUSQUES

Coquille saint-jacques

Guillaume Tirel

Galettes de blé noir aux saint-jacques crues

Pour 2 personnes

8 noix de saint-jacques • 1 galette de blé noir bien moelleuse • 1 cuil. à café de moutarde • 1 cuil. à soupe de vinaigre de cidre • 1 cuil. à soupe de vinaigre d'alcool coloré • 6 cuil. à soupe d'huile d'arachide • 10 cl de crème fraîche liquide • 1 pointe de couteau de safran en poudre • 1 cuil. à soupe d'aneth haché finement • 1 cuil. à soupe de ciboulette hachée finement • 5 grains de baies roses • 1 pomme (granny-smith) • fleur de sel, sel fin et poivre du moulin

Préparez une vinaigrette : mélangez au fouet la moutarde avec 2 pincées de sel ; poivrez et ajoutez les vinaigres et l'huile d'arachide. Émulsionnez bien le tout.
Versez la crème fraîche bien froide dans un saladier placé dans un autre plus grand contenant des glaçons et ajoutez le safran en poudre. Fouettez comme une crème Chantilly jusqu'à ce qu'elle tienne entre les branches du fouet, puis réservez au réfrigérateur.
Coupez les noix de saint-jacques en 4 fines lamelles, puis étalez-les sur un plat de service les unes à côté des autres. Badigeonnez-les de la vinaigrette à l'aide d'un pinceau, poivrez et salez. Parsemez-les d'aneth et de ciboulette, puis des baies roses écrasées.
Détaillez 4 cercles de 10 cm environ de diamètre dans la galette de blé noir.
Épluchez la pomme, puis coupez-la en dés de 5 mm environ.
Dans chaque assiette de présentation, disposez un cercle de galette de blé noir, étalez dessus 1 cuillerée à soupe de crème au safran, puis superposez un second cercle de galette, et dressez dessus les lamelles de saint-jacques en les faisant se chevaucher et en formant une rosace, à raison de 16 lamelles par galette. Répartissez autour de ces galettes les petits dés de pomme, assaisonnez ces derniers d'un filet de vinaigrette et dégustez sans attendre.

Hélène Darroze

Noix de coquilles saint-jacques à l'effilochée d'endives

Pour 2 personnes

6 noix de saint-jacques • 2 endives • 1 échalote • 4 cuil. à soupe de graisse de canard • 1 verre de vin blanc sec • 20 cl de crème fraîche liquide • 10 pistils de safran • 1 copeau de tomate séchée • 10 pluches de cerfeuil • gros sel, sel et poivre • sucre semoule (facultatif)

Conservez 2 coquilles de saint-jacques (uniquement la partie bombée). Lavez-les bien et essuyez-les.

Pelez l'échalote et hachez-la finement. Faites fondre 1 cuillerée à soupe de graisse de canard dans une casserole, faites-y suer l'échalote, puis mouillez avec le vin blanc sec, portez à ébullition et laissez réduire à sec. Versez la crème fraîche liquide, portez à ébullition, puis ajoutez les pistils de safran. Salez, poivrez, mélangez bien et laissez infuser sur feu doux.

Débarrassez les endives de leurs feuilles abîmées, passez-les sous l'eau rapidement, sans les laisser tremper, puis essuyez-les et retirez la base. Coupez-les dans la largeur en petites lanières.

Faites fondre 2 cuillerées à soupe de graisse de canard dans un poêlon. Ajoutez l'effilochée d'endives, enrobez-la bien de matière grasse, salez et poivrez. Faites cuire sans coloration, en

remuant à l'aide d'une spatule en bois, pendant 7 à 8 minutes. Les endives doivent rester légèrement croquantes et blanches. Si elles sont trop amères à votre goût, saupoudrez-les en fin de cuisson d'1 pincée de sucre semoule.

Salez et poivrez les noix de saint-jacques sur chaque face. Faites fondre 1 petite cuillerée à soupe de graisse de canard dans une poêle. Posez les noix de saint-jacques dans la graisse chaude et faites-les colorer légèrement ; la cuisson est très rapide : environ 30 secondes de chaque côté. Débarrassez-les ensuite sur un papier absorbant afin d'éliminer l'excédent de graisse.

Si nécessaire, réchauffez avec précaution les endives ainsi que la sauce en l'émulsionnant éventuellement. Coupez le copeau de tomate séchée en deux dans la longueur.

Disposez chaque coquille dans une assiette, sur un lit de gros sel pour la stabiliser. Répartissez l'effilochée d'endives dans les coquilles, dressez dessus les noix de saint-jacques et la moitié du copeau de tomate séchée, puis nappez le tout d'un cordon de sauce (servez le reste en saucière), ajoutez quelques pluches de cerfeuil et dégustez sans attendre.

ANGELO ORILIERI

Noix de saint-jacques à l'aigre-doux et leur flan de carottes

Pour 4 personnes

12 noix de saint-jacques • 250 g de carottes • 2 œufs • 10 cl de crème fraîche liquide • 1 cuil. à soupe de ciboulette ciselée • 75 g de beurre • 4 échalotes pelées et hachées finement • 10 cl de vinaigre d'alcool blanc • 20 cl de porto rouge • 30 cl de vin rouge de Chinon • huile d'olive • gros sel, fleur de sel, sel et poivre

Pelez les carottes et émincez-les finement. Portez de l'eau à ébullition dans une casserole, salez au gros sel, puis ajoutez les carottes émincées et laissez-les cuire pendant 8 minutes.

Préchauffez le four à 130 °C (thermostat 4-5).

Au terme de la cuisson, égouttez les carottes, mettez-les dans le bol d'un mixeur, salez légèrement, poivrez, ajoutez les œufs, la moitié de la crème liquide et mixez. Puis incorporez le reste de crème tout en contrôlant l'onctuosité : cet appareil à flan doit être onctueux et lisse. Ajoutez la ciboulette et mélangez à l'aide d'une cuiller à soupe, sans mixer.

Beurrez grassement avec 15 g de beurre en pommade 4 petits moules à flan à l'aide d'un pinceau. Garnissez-les de l'appareil à flan aux trois quarts de leur hauteur. Disposez ces moules dans une cocotte contenant de l'eau frémissante (l'eau doit arriver au tiers de la hauteur des moules), couvrez et glissez la cocotte au four pendant 30 minutes.

Mettez les échalotes hachées dans un poêlon, versez le vinaigre d'alcool blanc et le porto rouge, portez à ébullition et laissez réduire pratiquement à sec (environ 5 minutes). La réduction terminée, il doit rester à peine la valeur d'1 cuillerée à soupe de jus ; versez alors le vin rouge et laissez réduire à nouveau pratiquement à sec. Il doit rester la valeur de 2 cuillerées à soupe de jus.

Montez ce jus au beurre : sur feu doux, ajoutez 60 g de beurre bien froid coupé en petits morceaux dans le poêlon et mélangez au fouet. Lorsque le beurre est incorporé, passez cette sauce au chinois afin d'éliminer les échalotes.

Faites chauffer un filet d'huile d'olive dans une poêle, disposez-y les noix de saint-jacques, comptez entre 30 secondes et à peine 1 minute de cuisson de chaque côté. Réservez-les sur un papier absorbant.

Après 30 minutes de cuisson, laissez les flans refroidir 3 à 4 minutes avant de les démouler.

Démoulez les flans et mettez-en un au centre de chaque assiette individuelle. Versez un cordon de sauce aigre-douce tout autour, disposez 3 noix de saint-jacques par assiette et parsemez-les de quelques grains de fleur de sel. Servez aussitôt.

Joël Robuchon & Éric Bouchenoire

Noix de saint-jacques au caviar

Pour 2 personnes

6 noix de saint-jacques • 10 à 20 g de caviar osciètre • 50 g de beurre • 1 brindille de thym frais • 1 cuil. à soupe de jus de citron jaune • 10 pluches de persil plat • fleur de sel, poivre blanc en grains • sel fin, poivre du moulin • quelques algues pour la décoration • gros sel, sel fin

Demandez au poissonnier d'ouvrir les saint-jacques. Conservez 2 coquilles (uniquement les parties bombées), lavez-les et essuyez-les.

Coupez les noix de saint-jacques dans l'épaisseur en 3 fines lamelles. À l'aide d'un pinceau, badigeonnez généreusement de beurre en pommade ces lamelles de chaque côté. Parsemez-les ensuite de quelques feuilles de thym frais.

Disposez les coquilles sur une plaque de cuisson, sur un lit de gros sel afin de les stabiliser. Beurrez-les, puis ajoutez un tour de moulin à poivre. Dressez ensuite dans chacune 9 lamelles de noix de saint-jacques en les faisant se chevaucher délicatement. Couvrez les coquilles d'un film alimentaire et mettez-les au frais.

Préchauffez le four en position gril.

Préparez un beurre fondu : versez dans une petite casserole 1 cuillerée à soupe d'eau et le jus de citron, portez à ébullition, ajoutez 1 petite pincée de sel et 1 tour de moulin à poivre. À l'aide d'un fouet, incorporez le beurre bien froid coupé en morceaux. Rectifiez l'assaisonnement et réservez sur feu éteint.

Glissez les coquilles dans le four, sous le gril, et faites-les cuire environ 3 minutes. À partir de 2 minutes, surveillez la cuisson : les noix doivent être chaudes mais à peine cuites.

Après 3 minutes de cuisson, versez le beurre de cuisson des noix de saint-jacques, en penchant les coquilles délicatement au-dessus du beurre fondu. Puis disposez 1 petite pointe de couteau de caviar sur chaque lamelle de saint-jacques, ajoutez quelques pluches de persil plat, un cordon de beurre fondu (2 cuillerées à soupe par coquille) et 1 petit grain de poivre blanc concassé et de fleur de sel sur chaque lamelle.

Dressez chaque coquille sur une assiette de présentation, sur un lit de gros sel. Décorez le pourtour avec quelques algues blanchies dans de l'eau bouillante salée, puis rafraîchies et égouttées.

JEAN-MICHEL LORAIN

Noix de saint-jacques, chanterelles et endives,

jus de champignon monté en cappuccino

Pour 2 personnes

10 noix de saint-jacques • 200 g de chanterelles • 120 g de beurre • 1 endive • 1 cuil. à café de jus de citron • 1 pincée de sucre semoule • 10 cl de lait • 2 ou 3 feuilles de céleri concassées • 20 g de cacao en poudre non sucré • sel et poivre

Préparez les chanterelles : nettoyez-les délicatement et séparez les têtes des pieds. Dans un poêlon, faites chauffer 2 ou 3 noisettes de beurre, ajoutez les têtes des chanterelles et faites-les suer 1 à 2 minutes. Égouttez-les, pressez-les légèrement sans les écraser et récupérez le jus (la valeur d'1 cuillerée à soupe environ).
Remettez le poêlon sur la plaque de cuisson, ajoutez les queues des chanterelles, sans matière grasse, salez-les, ajoutez le jus récupéré des têtes égouttées et faites chauffer. Lorsque les queues commencent à rendre leur eau, ajoutez 10 cl d'eau, mélangez bien et portez à petite ébullition. Laissez réduire de moitié (comptez 4 à 5 minutes).
Passez cette préparation en foulant bien les champignons afin de récupérer le maximum de jus. Ne conservez pas les queues. Versez ce jus dans une petite casserole, portez-le à ébullition,

incorporez petit à petit en fouettant doucement 75 g de beurre bien froid coupé en petits morceaux, puis salez et poivrez.

Lavez l'endive et éliminez les feuilles abîmées et les extrémités. Défaites les feuilles, superposez-les et coupez-les dans le sens de la longueur en julienne. Arrosez cette julienne du jus de citron, mélangez bien, salez et poivrez et ajoutez 1 pincée de sucre semoule.

Faites chauffer 3 noisettes de beurre dans un petit poêlon, ajoutez l'endive, couvrez et laissez cuire 2 à 3 minutes à feu doux sans coloration.

Assaisonnez les noix de saint-jacques de chaque côté. Faites chauffer 2 ou 3 noisettes de beurre dans une poêle, déposez-y les noix de saint-jacques et faites-les cuire 30 secondes environ de chaque côté. La cuisson terminée, posez-les sur un papier absorbant afin de retirer l'excédent de gras.

Préparez le cappuccino : versez le lait dans une casserole et portez-le à ébullition. Baissez ensuite à feu doux et mixez avec un mixeur plongeant jusqu'à obtenir de la mousse.

Avant de servir, réchauffez les chanterelles et assaisonnez-les. Réchauffez également le jus de champignon et la julienne d'endive.

Répartissez au centre de chaque assiette les têtes de chanterelles, avec les noix de saint-jacques tout autour. Disposez 2 ou 3 bâtonnets de julienne d'endive sur chaque noix. Entourez d'un cordon de sauce champignon et versez 1 petite cuillerée à soupe de mousse de lait entre les noix. Parsemez le tout des feuilles de céleri concassées, saupoudrez la mousse de lait d'un soupçon de cacao en poudre et servez sans attendre.

JEAN-FRANÇOIS ROUQUETTE

Noix de saint-jacques en coque

Pour 4 personnes

12 noix de saint-jacques (avec les coquilles) • 1 oignon moyen • 1 gousse d'ail • 4 tomates • 25 cl d'huile d'olive • 1 brindille de thym • 1 cuil. à café de concentré de tomate • 1 pincée de sucre semoule • 1 cuil. à soupe de persil plat haché • 2 carottes • 1/4 de céleri boule • 1 blanc de poireau • 15 cl de vin blanc sec • 1 pincée de pistils de safran • 20 cl de bouillon de volaille • 10 cl de crème fraîche liquide • fleur de sel • sel fin et poivre du moulin • gros sel

Pelez l'oignon et émincez-le. Pelez la gousse d'ail, fendez-la en deux, dégermez-la et hachez-la finement. Lavez et mondez les tomates, coupez-les en quatre, épépinez-les et coupez la chair en petits dés.

Préparez une concassée de tomates : faites chauffer 2 cuillerées à soupe d'huile d'olive dans une casserole, faites-y suer l'oignon émincé 2 à 3 minutes. Ajoutez la brindille de thym, la gousse d'ail hachée, les dés de tomates, le concentré de tomate, le sucre semoule, salez et poivrez. Ajoutez le persil plat haché et un filet d'huile d'olive. Laissez mijoter 15 minutes environ à feu doux, jusqu'à ce que l'eau de végétation se soit évaporée.

Épluchez les carottes et le céleri, lavez-les, puis nettoyez le blanc de poireau. Taillez ces légumes en julienne.
Faites chauffer 1 cuillerée à soupe d'huile d'olive dans un large poêlon.
Faites-y suer 1 minute environ la julienne de carottes, puis celle de poireau et enfin celle de céleri, en mélangeant à l'aide d'une spatule en bois. Salez et poivrez. Mouillez avec le vin blanc et laissez réduire pratiquement à sec. Ajoutez les pistils de safran, le bouillon de volaille, la concassée de tomates, un filet d'huile d'olive, la crème fraîche liquide, mélangez, couvrez et laissez mijoter 5 minutes à petits frémissements.
Salez et poivrez les noix de saint-jacques sur chaque face.
Faites chauffer un filet d'huile d'olive dans une poêle, disposez-y les noix de saint-jacques, dorez chaque face sur feu vif environ 30 secondes : elles doivent être colorées de chaque côté, translucides au centre.
Disposez les noix sur la julienne de légumes, couvrez, faites chauffer pendant 1 minute sur feu doux.
Dans chaque assiette, disposez un lit de gros sel, rangez dessus 3 coquilles. Garnissez chacune d'1 cuillerée à soupe de julienne avec un peu de jus de cuisson. Dressez dessus 1 noix de saint-jacques et parsemez-la de quelques grains de fleur de sel. Dégustez en hors-d'œuvre.

Marc Haeberlin

Potage au cresson et saint-jacques

Pour 6 personnes

1 botte de cresson • 6 noix de saint-jacques •
50 g de beurre • 25 cl de vin blanc sec •
30 g de riz rond •
3 jaunes d'œufs • 250 g de crème fraîche liquide •
sel, poivre du moulin • 1 litre de bouillon de volaille
réalisé avec 2 carottes, 2 oignons,
1 cœur de céleri branche, 2 poireaux, 2 gousses d'ail,
1 kg d'abattis de volaille (ailerons et cous),
1 clou de girofle, 1 bouquet garni,
quelques grains de poivre, sel

Préparez le bouillon : épluchez les carottes, les oignons, le cœur de céleri, les poireaux et les gousses d'ail. Lavez les poireaux et ficelez-les. Piquez l'un des oignons avec 1 clou de girofle. Fendez les gousses d'ail en deux et dégermez-les. Mettez les abattis de volaille dans une cocotte, mouillez avec de l'eau froide et portez à ébullition. Après 1 à 2 minutes de cuisson, égouttez les abattis dans une passoire. Jetez l'eau de cuisson, remettez les abattis égouttés dans la cocotte nettoyée et recouvrez-les de 2 litres d'eau froide. Salez très légèrement, ajoutez les oignons, les carottes, les poireaux ficelés, le cœur de céleri, le bouquet garni, et portez à ébullition. Lorsque l'eau bout, écumez, ajoutez les grains de poivre, les gousses d'ail

dégermées et laissez frémir à découvert pendant 2 heures.
Lorsque le bouillon est cuit, passez-le au chinois étamine (passoire très fine) et réservez-le jusqu'au moment de l'utilisation.
Préparez le potage : si vous le souhaitez, équeutez les feuilles d'une botte de cresson (ce n'est pas une obligation) et lavez-les bien. Mettez 50 g de beurre dans une cocotte et, dès qu'il commence à fondre, ajoutez le cresson, en ayant pris soin de conserver 18 feuilles pour le décor du plat de service. Faites-le suer doucement 2 à 3 minutes, ajoutez le vin blanc sec et donnez une bonne ébullition. Puis versez le bouillon de volaille et portez de nouveau à ébullition. Versez ensuite le riz, remuez à l'aide d'une spatule et laissez cuire à frémissements 25 à 30 minutes.
Dans des tasses individuelles, placez une noix de saint-jacques crue détaillée en huit. (C'est le potage, versé bouillant dessus, qui les cuira.)
Mélangez la crème liquide avec les jaunes d'œufs, salez et poivrez.
Lorsque le potage est cuit, mixez-le dans le bol d'un mixeur. Versez-le dans une casserole et portez-le à ébullition en remuant à l'aide d'un fouet pour qu'il n'attache pas. Dès qu'il y a frémissement, éteignez le feu et incorporez le mélange crème-jaunes d'œufs tout en fouettant. Salez et poivrez si nécessaire et, surtout, ne reportez pas à ébullition.
Répartissez le potage bouillant dans les tasses remplies de noix de saint-jacques et décorez en disposant 3 feuilles de cresson sur le potage.

Astuces :

- Plus la cuisson du bouillon sera régulière et lente, meilleur et clair sera le bouillon.
- S'il vous reste du bouillon, ne le jetez pas. Vous pouvez le conserver plusieurs mois au congélateur.
- Pour réaliser un potage où les légumes gardent toute leur saveur, faites suer les légumes sans coloration, donc très doucement, dans une casserole.

PHILIPPE HARDY

Saint-jacques au persil

Pour 4 personnes

12 noix de saint-jacques • 250 g de racines de persil (ou de panais ou de topinambours) • 35 g de beurre • 30 cl de lait entier • 1 bâtonnet de réglisse long de 5 cm • 1 poignée de feuilles de persil plat • huile d'olive • fleur de sel, sel fin, poivre du moulin

Pelez les racines de persil puis coupez-les en bâtonnets de 5 mm de large sur 4 cm de long.

Faites chauffer 20 g de beurre dans un poêlon large avec 2 cuillerées à soupe d'eau. Ajoutez quelques grains de fleur de sel, les bâtonnets de racine de persil, poivrez, couvrez et laissez cuire à petits frémissements pendant 20 minutes, en mélangeant délicatement toutes les 5 minutes.

Faites chauffer le lait entier dans une casserole. Ajoutez le bâtonnet de réglisse, quelques grains de fleur de sel, portez à frémissements et laissez réduire d'un tiers. Lorsque le lait est réduit, retirez le bâtonnet de réglisse.

Mixez les feuilles de persil plat, préalablement lavées et égouttées, avec le restant de beurre et le lait réduit. Rectifiez l'assaisonnement si nécessaire. Versez cette sauce au persil dans une casserole, maintenez-la chaude mais ne la faites pas bouillir. Émulsionnez-la, juste avant de la servir, avec un mixeur plongeant.

Faites chauffer un filet d'huile d'olive dans une poêle.

Assaisonnez les noix de saint-jacques avec de la fleur de sel (ou du sel fin) et du poivre du moulin. Disposez-les dans la poêle, saisissez-les 30 secondes de chaque côté sur feu doux, puis posez-les sur un papier absorbant. Elles doivent être légèrement translucides au centre.

Disposez sur un plat de service les bâtonnets de racine de persil et les noix de saint-jacques. Passez le plat sous le gril du four quelques secondes, le temps que ces ingrédients soient bien chauds, puis retirez-le. Versez la sauce au persil tout autour et dégustez sans attendre.

Astuce : Mettez quelques gouttes d'eau froide dans le fond de la casserole avant d'y verser le lait pour qu'il n'attache pas à la cuisson.

COQUILLAGES ET MOLLUSQUES

Coquille saint-jacques

FRÉDÉRIC ANTON

Saint-jacques cuites en coquille,

jus de pomme à cidre, noix écrasées

Pour 2 personnes

6 coquilles saint-jacques • 1 pomme (granny-smith) • 1 pomme (reinette) • 1 bouteille de cidre brut • 20 g de noix • 130 g de beurre • 3 échalotes • 2 gousses d'ail • 1 carotte • 1 branche de céleri • 3 grains de poivre noir • 4 cl de crème fraîche liquide • 1/2 botte de ciboulette • sel, gros sel, poivre du moulin

Préparez la sauce au cidre : faites chauffer 30 g de beurre dans une cocotte. Pelez les échalotes et coupez-les en gros dés ; fendez en deux et dégermez les gousses d'ail. Faites-les suer sur feu doux, sans coloration. Pelez et coupez en gros dés la carotte et la branche de céleri. Ajoutez-les avec 1 pincée de sel dans la cocotte et laissez-les suer 2 minutes environ.

Lavez les pommes et coupez-les, sans les éplucher, en huit. Lorsque les légumes ont sué, posez les pommes délicatement dessus sans les faire se chevaucher. Faites-les suer, 2 à 3 minutes environ, de chaque côté. Versez ensuite le cidre très doucement (pour éviter qu'il mousse) et ajoutez 3 grains de poivre noir. Salez, couvrez et laissez cuire 20 minutes à frémissements.

Ouvrez les saint-jacques en glissant la lame d'un couteau entre les coquilles. Sectionnez le muscle adducteur. Retirez tout ce qu'il y a autour des noix (ébarbez-les), en prenant soin que la noix reste bien attachée à la coquille. Passez-les sous l'eau et lavez-les bien. Séchez-les en passant délicatement un torchon propre dessus et conservez-les au réfrigérateur.

Concassez les noix et mélangez-les avec 50 g de beurre en pommade. Salez et poivrez.

Sur une plaque allant au four, disposez 6 petits tas de gros sel et placez dessus les coquilles saint-jacques pour les stabiliser. Salez et poivrez les noix, puis recouvrez-les de beurre de noix. Réservez-les au réfrigérateur.

Passez dans un chinois la préparation de légumes, de pommes et de cidre. Pressez pour récupérer le maximum de pulpe. Dans une casserole, portez cette sauce à ébullition, puis incorporez, tout en fouettant, la crème liquide, puis, petit à petit, 50 g de beurre bien froid coupé en petits dés. Évitez de faire bouillir la sauce, rectifiez l'assaisonnement et maintenez au chaud.

Préchauffez le four en position gril et glissez les noix de saint-jacques. Laissez-les cuire pendant 3 minutes.

Quand le beurre de noix a fondu, versez l'excédent de ce beurre dans une casserole. Ajoutez-y 1 à 2 cuillerées à soupe de cibou-

lette ciselée finement, salez, poivrez, et mélangez. Recouvrez chaque noix de ce mélange.
Fouettez la sauce pour la faire mousser, puis versez-en 2 cuillerées à soupe autour de chaque noix de saint-jacques. Dressez 3 noix de saint-jacques par personne en les stabilisant sur des petits tas de gros sel et servez.

Astuce : Pour donner plus de goût aux noix, passez-les sous le gril du four pendant 5 minutes. De même, si vous voulez que le parfum du poivre en grains soit plus puissant, faites-le cuire à sec dans une poêle.

COQUILLAGES ET MOLLUSQUES

Coquille saint-jacques

BRUNO OGER

Salade de noix de saint-jacques poêlées

Pour 4 personnes

12 noix de saint-jacques • 1 bulbe de fenouil • 6 cuil. à soupe d'huile d'olive • 1 cuil. à soupe de vinaigre de xérès • 1 citron jaune • 2 poignées de feuilles de roquette nettoyées • 1 cuil. à soupe d'aneth haché grossièrement • fleur de sel, sel fin et poivre du moulin

Parez le bulbe de fenouil et émincez-le finement.
Faites chauffer 2 cuillerées à soupe d'huile d'olive dans une casserole, ajoutez le fenouil émincé, salez, poivrez et laissez suer 5 minutes. Versez dans un récipient en éliminant la

matière grasse de cuisson, recouvrez d'un film et réservez à température ambiante.

Préparez une vinaigrette : mélangez rapidement le vinaigre de xérès avec quelques gouttes de jus de citron jaune, 3 cuillerées à soupe d'huile d'olive, salez et poivrez, n'émulsionnez pas.

Salez et poivrez les noix de saint-jacques de chaque côté. Faites chauffer un filet d'huile d'olive dans une poêle, faites-y colorer les noix 30 secondes sur chaque face, puis débarrassez-les sur un papier absorbant.

Assaisonnez 2 poignées de feuilles de roquette avec la vinaigrette (conservez-en 1 cuillerée à soupe) et 1/2 cuillerée à soupe d'aneth haché.

Disposez la salade au centre d'un plat de service, entourez de fenouil tiède et dressez dessus les noix de saint-jacques. Versez la cuillerée à soupe de vinaigrette restante tout autour, parsemez la salade du reste d'aneth haché, ajoutez un tour de moulin à poivre et quelques grains de fleur de sel sur les noix. **Dégustez** cette salade en hors-d'œuvre.

PASCAL ROUSSY

Calamars farcis à la landaise

Pour 2 personnes

6 petits calamars de 100 à 150 g (avec les tentacules) • 100 g de jambon de Bayonne • 2 échalotes • 1 gousse d'ail • 60 g de beurre • 50 g de chapelure • 1 cuil. à soupe de persil plat concassé • 10 cl d'huile d'olive • 2 cuil. à soupe de vinaigre balsamique • 1 salade feuille de chêne nettoyée • sel fin et poivre du moulin

Demandez au poissonnier de préparer les calamars, de séparer les tentacules des poches, de les vider et de les nettoyer.

Coupez le jambon de Bayonne en petits dés.

Pelez et hachez finement les échalotes. Pelez la gousse d'ail, fendez-la en deux dans la longueur, dégermez-la, hachez-en finement une moitié, conservez la seconde moitié entière pour la suite de la recette.

Préparez la farce : dans un poêlon, faites fondre le beurre. Faites-y suer les échalotes sur feu très doux pendant 1 minute. Ajoutez les dés de jambon, faites-les suer 1 minute, incorporez la 1/2 gousse d'ail hachée et prolongez la cuisson 1 minute. Parsemez de chapelure, mélangez bien et ajoutez le persil plat concassé. Retirez le poêlon de la plaque de cuisson et laissez tiédir.

Retroussez les 6 poches de calamars. Farcissez délicatement chaque poche de 2 cuillerées à café de farce tiède.

Faites chauffer un filet d'huile d'olive dans une poêle. Passez-y la 1/2 gousse d'ail, puis disposez-y les poches de calamars farcies, salez-les, poêlez-les pendant 1 minute, retournez-les, salez la seconde face, ajoutez les tentacules, et prolongez la cuisson pendant 1 minute. Débarrassez les calamars sur une assiette.
Préparez une vinaigrette : dans un petit saladier, faites dissoudre 1 pincée de sel dans le vinaigre balsamique. Incorporez 4 cuillerées à soupe d'huile d'olive et poivrez.
Assaisonnez la salade feuille de chêne avec cette vinaigrette.
Dressez la salade en dôme au centre d'un plat de service. Ajoutez tout autour les poches de calamars farcies, les tentacules sur la salade, versez quelques gouttes de vinaigrette sur les calamars et servez sans attendre en hors-d'œuvre.

Sonia Ezgulian

Encornets farcis aux agrumes

Pour 4 personnes

4 encornets (de 15 cm environ) • 30 cl de jus d'orange frais • 80 g de sucre semoule • 1 cuil. à café de thé au jasmin • 1/4 de cuil. à café de vinaigre balsamique • le zeste de 2 oranges • le zeste de 1 citron jaune • 1 courgette • 2 cuil. à soupe d'huile d'olive • fleur de sel, sel fin et poivre du moulin

Demandez au poissonnier de nettoyer les encornets.

Portez à ébullition le jus d'orange avec le sucre semoule dans une casserole. Ajoutez le thé au jasmin et laissez réduire de deux tiers afin d'obtenir une consistance sirupeuse, en remuant régulièrement avec une spatule en bois (comptez environ 20 minutes de cuisson). Ajoutez ensuite le vinaigre balsamique, retirez la casserole du feu et réservez à température ambiante.

Hachez finement les zestes. Plongez-les dans de l'eau bouillante, blanchissez-les quelques secondes pour éliminer l'amertume, puis rafraîchissez-les dans de l'eau bien froide et égouttez-les.

Parez les poches des encornets en tronçons de 4 cm environ, coupez les têtes en fines lanières et conservez les tentacules.

Lavez la courgette, prélevez la peau avec 1 cm d'épaisseur de chair, et coupez-la en petits dés.

Versez 1 cuillerée à soupe d'huile d'olive dans un poêlon, ajoutez les lanières d'encornets avec les dés de courgette. Faites saisir vivement l'ensemble; les dés de courgettes doivent rester croquants. Ajoutez les zestes d'agrumes, mélangez, retirez le poêlon du feu, salez, poivrez et réservez.

Faites chauffer le reste d'huile d'olive dans une poêle; faites-y cuire les tronçons d'encornets sur toutes les faces puis les tentacules, en les colorant légèrement.

Garnissez les tronçons d'encornets de la farce courgette-agrumes, puis dressez-les en les disposant à la verticale sur un plat de service. Ajoutez les tentacules tout autour, nappez-les d'une petite cuillerée à soupe de sauce au jus d'orange et parsemez-les de quelques grains de fleur de sel.

Astuce : Filtrez la sauce si vous le souhaitez, mais les petites feuilles de thé ne sont pas gênantes; elles sont même intéressantes à la dégustation.

Jacques Le Divellec

Poulpes à la grecque

Pour 4 personnes

600 g de poulpes • 2 citrons • 1 oignon • 2 carottes • 2 cuil. à soupe de graines de coriandre • 5 cl d'huile d'olive • 25 cl de vin blanc sec • 1 cuil. à soupe de persil plat • sel, gros sel, poivre du moulin

Demandez au poissonnier de nettoyer les poulpes (retirer les poches d'encre, les parties noires, les yeux et les becs).

La veille, coupez les tentacules et les corps en morceaux de 3 cm de long, puis mettez-les à tremper 15 à 20 minutes dans de l'eau bien fraîche.

Retirez, à l'aide d'une écumoire, les morceaux de poulpes dégorgés et mettez-les à blanchir dans 2 litres d'eau bouillante salée au gros sel. Pressez 1 citron, ajoutez ce jus aux poulpes et reportez à ébullition pendant 5 minutes. Ôtez l'écume si nécessaire, éteignez le feu, égouttez les poulpes et réservez-les.

Pelez l'oignon et émincez-le, puis pelez les carottes et coupez-les en rondelles. Mettez les graines de coriandre dans un nouet et pressez le second citron.

Dans une cocotte, versez l'huile d'olive et faites-la chauffer. Placez dedans l'oignon émincé et les rondelles de carottes, puis laissez suer à feu doux pendant 5 minutes. Ajoutez les morceaux de poulpes, laissez mijoter 5 minutes et mettez le vin blanc, l'eau, le nouet de coriandre, le jus de citron, du sel et du poivre. Mélangez à l'aide d'une spatule en bois, donnez une

petite ébullition et faites cuire à couvert, à feu doux, pendant 1 heure. Vérifiez la cuisson et l'assaisonnement, puis éteignez le feu sous la cocotte.
Transvasez dans un plat de service, laissez refroidir à température ambiante avant d'entreposer au réfrigérateur pendant une nuit.
Le lendemain, retirez le nouet de coriandre et parsemez de persil plat avant de servir.

COQUILLAGES ET MOLLUSQUES

Encornet (ou calamar), poulpe

MICHEL DE MATTEIS

Risotto d'encornets à la fleur de thym

Pour 4 personnes

2 encornets nettoyés (tubes et têtes) • 200 g de riz rond non lavé • 6 cuil. à soupe d'huile d'olive • 1 citron jaune • 1 cuil. à café de fleur de thym • 1/2 gousse d'ail pelée, dégermée et hachée • 150 g de crème fraîche liquide • 1 oignon moyen • 20 cl de vin blanc sec • 50 cl de bouillon de volaille • 50 g de parmesan râpé • 4 feuilles de basilic • sel et poivre

Fendez en deux les tubes des encornets. Versez 1 cuillerée à soupe d'huile d'olive dans une poêle, mettez-y les tubes et les têtes d'encornets et poêlez-les 30 secondes sur chaque face. Salez-les et poivrez-les de chaque côté, puis débarrassez-les sur une grille.

Réservez le jus.

Versez le jus du citron dans un grand saladier, ajoutez la fleur de thym, 3 cuillerées à soupe d'huile d'olive, l'ail et mélangez bien. Coupez les morceaux d'encornets en trois dans la longueur et les têtes en deux. Ajoutez-les avec le petit jus rendu à la marinade, roulez-les bien dedans et laissez mariner pendant 1 heure.

Fouettez la crème fraîche bien froide dans un récipient placé dans un autre plus grand contenant des glaçons.

Dans un poêlon, faites suer dans 2 cuillerées à soupe d'huile d'olive l'oignon moyen pelé et haché finement pendant 1 minute. Ajoutez le riz sur feu doux et faites-le suer pendant 1 minute, tout en le roulant dans la matière grasse. Mouillez en deux fois avec le vin blanc, remuez délicatement avec une spatule en bois, portez à frémissements et laissez réduire sur feu doux.

Lorsque le riz a absorbé le vin, versez 2 louches de bouillon de volaille, laissez évaporer, puis ajoutez-en 2 autres jusqu'à incorporation de tout le bouillon. Tout au long de la cuisson, le bouillon doit frémir ; prenez soin de bien mélanger afin que le riz ne colle pas. Comptez entre 12 et 18 minutes de cuisson.

En fin de cuisson, incorporez petit à petit la crème fouettée, puis le parmesan râpé et rectifiez l'assaisonnement si nécessaire.

Égouttez les encornets en conservant la marinade, mélangez-les délicatement au risotto et laissez chauffer 2 minutes, toujours sur feu doux.

Mettez ce risotto d'encornets sur un plat de service, décorez avec les feuilles de basilic, nappez d'1 ou 2 cuillerées à soupe de marinade et dégustez sans attendre.

ALAIN SOLIVÉRÈS

Sauté d'encornets au piment d'Espelette

Pour 2 personnes

8 encornets de 80 à 100 g • 1 poivron rouge • 1 poivron jaune • 1 poivron vert • 10 olives niçoises • 2 oignons nouveaux moyens • 2 gousses d'ail • 1 tomate moyenne • piment d'Espelette en poudre • 3 petits cœurs de basilic • huile d'olive • sel fin et poivre du moulin

Demandez au poissonnier de préparer les encornets et de conserver les tentacules.

Retirez le pédoncule des poivrons. Coupez ceux-ci en quatre, pelez les quartiers à l'aide d'un économe, épépinez-les, puis taillez-les en fine julienne.

Coupez les olives en copeaux à l'aide d'un petit couteau. Pelez et émincez les oignons. Pelez et effilez les gousses d'ail. Mondez la tomate moyenne, puis coupez-la en quatre, épépinez-la et coupez la pulpe en julienne.

Assaisonnez les encornets et les tentacules de sel fin et de piment d'Espelette sur chaque face. Versez un filet d'huile d'olive dans une poêle, faites-y dorer les encornets pendant 2 minutes de chaque côté. Réservez-les sur une grille. Faites ensuite rissoler les tentacules dans la poêle, ajoutez un filet d'huile d'olive si nécessaire. Égouttez-les sur une grille.

Dans la poêle où ont cuit les encornets, versez et faites chauf-

fer 2 cuillerées à soupe d'huile d'olive. Faites-y colorer sur feu vif les oignons émincés, puis la julienne de poivrons et les gousses d'ail effilées. Mélangez bien. Cette garniture doit être croquante.

Mettez la julienne de tomate et les copeaux d'olives dans la poêle, salez, poivrez, mélangez à l'aide d'une spatule. Ajoutez les encornets, les tentacules et le basilic. Mélangez le tout.

Dressez les encornets et les tentacules sur le plat de service, puis disposez la garniture dessus. Dégustez sans attendre, en hors-d'œuvre ou en plat principal.

Astuce : Il est possible de déguster ce plat frais. Dans ce cas, laissez refroidir le sauté d'encornets et réservez-le au réfrigérateur.

COQUILLAGES ET MOLLUSQUES

Encornet (ou calamar), poulpe

MICHEL PORTOS

Tartines d'encornets et chorizo

Pour 4 personnes

12 encornets (avec les tentacules) • 100 g de chorizo doux • 4 filets d'anchois au sel • 100 g d'olives vertes dénoyautées • 1 cuil. à soupe de câpres surfines • 1/2 citron jaune • 20 cl d'huile d'olive • 3 oignons nouveaux moyens • 4 belles tranches de pain de campagne • fleur de sel, poivre du moulin

Pelez le morceau de chorizo doux. Coupez-le dans la longueur en bâtonnets. Plongez ces derniers dans une casserole d'eau froide, portez à ébullition. Aux premiers bouillons, égouttez-les.
Préparez la tapenade : passez les filets d'anchois au sel sous le robinet, sous un filet d'eau froide. Coupez les olives en morceaux. Versez-les dans le bol du mixeur, ajoutez les filets d'anchois, les câpres et le jus de citron. Mixez le tout, puis incorporez, tout en mixant, 10 cl d'huile d'olive. Cette tapenade doit être souple pour pouvoir être tartinée facilement, sans être trop lisse : il est agréable de retrouver quelques morceaux en bouche.
Pelez et émincez les oignons ; réservez-les.
Faites chauffer un filet d'huile d'olive dans une poêle. Disposez-y les encornets (sans les tentacules) sans les faire se chevaucher et faites-les légèrement dorer sur chaque face. Débarrassez-les sur un papier absorbant. Essuyez la poêle et faites sauter les tentacules, colorez-les légèrement et débarrassez-les sur un papier absorbant.
Dans la même poêle, faites chauffer un filet d'huile d'olive, faites-y revenir les oignons 1 minute ; ils doivent rester croquants et s'enrober des sucs des encornets. Ajoutez les bâtonnets de chorizo, mélangez bien, réchauffez juste, puis égouttez le tout dans une passoire.
Toastez les tranches de pain de campagne. Disposez-les sur une plaque de cuisson. Étalez 1 cuillerée à soupe de tapenade sur chaque tranche, puis 1 cuillerée à soupe du mélange oignons-chorizo. Répartissez les encornets et les tentacules dessus. Arrosez chaque tartine d'un petit filet d'huile d'olive, assaisonnez-les de quelques grains de fleur de sel et de poivre du moulin.
Réchauffez les tartines pendant 2 minutes dans un four chaud, puis disposez-les sur un plat de service et servez sans attendre.

Astuce : Recouverte d'un filet d'huile d'olive, la tapenade peut se conserver 10 jours au réfrigérateur.

Angelo Orilieri

Crème d'épinards à l'huître perlée

Pour 4 personnes

4 huîtres n° 2 • 1 kg de petits épinards • 2 pommes de terre violettes • 1 oignon • 50 g de beurre • 1 litre de bouillon de volaille, de bœuf ou de légumes • gros sel, fleur de sel

Lavez les pommes de terre non pelées, mettez-les dans une casserole, couvrez-les d'eau froide, salez au gros sel, portez à ébullition et faites-les cuire pendant environ 15 minutes. Au terme de la cuisson, égouttez-les et pelez-les.

Équeutez les épinards et retirez les feuilles abîmées. Lavez-les dans plusieurs eaux et égouttez-les. Pelez l'oignon et hachez-le finement.

Faites fondre 25 g de beurre dans un poêlon, ajoutez l'oignon haché et faites-le suer à feu doux pendant 1 minute environ tout en mélangeant. Augmentez un peu le feu, ajoutez les épinards et faites-les tomber tout en mélangeant pendant quelques minutes. Salez, puis mouillez avec le bouillon de volaille, mélangez, portez à frémissements et laissez cuire pendant 5 minutes.

Portez de l'eau à ébullition dans la partie inférieure d'un couscoussier. Disposez les huîtres fermées dans la partie supérieure. L'ébullition obtenue, posez la partie supérieure, couvrez et laissez les huîtres s'ouvrir (comptez 3 à 4 minutes). (Vous pouvez également ouvrir les huîtres au micro-ondes en chauffant pendant 30 secondes environ ; dès qu'elles commencent à s'ouvrir, retirez-les.) Quand les huîtres s'entrebâillent, écartez les coquilles de chaque huître jusqu'à la charnière en faisant basculer la lame du couteau. Retirez les coquilles supérieures et conservez les huîtres dans l'autre partie.

Mettez les épinards et leur jus de cuisson dans le bol d'un mixeur, ajoutez 25 g de beurre et mixez rapidement.

Coupez les pommes de terre en deux. Dans 4 assiettes creuses, mettez une moitié de pomme de terre. Écrasez-la à l'aide d'une fourchette, puis disposez-la en dôme au centre de l'assiette. Versez tout autour une louche de crème d'épinards. Détachez les huîtres de leur coquille, posez-en une sur chaque dôme de pomme de terre et mettez une pointe de fleur de sel sur chaque huître. Servez sans attendre.

COQUILLAGES ET MOLLUSQUES

Huître

GUILLAUME TIREL

Crème d'huître glacée

Pour 4 personnes

20 huîtres n° 2 • 200 g de pain de seigle • 20 g de beurre • 1 pincée de piment de Cayenne • 25 cl de crème fraîche liquide • quelques pluches de cerfeuil • 1 cuil. à café de zeste de citron vert haché • sel fin et poivre du moulin

Éliminez la croûte du pain de seigle. Coupez la mie en dés de 1 cm. Dans une poêle, faites sécher ces dés de pain dans le beurre tout en les remuant, puis égouttez-les.

Écaillez 12 huîtres et récupérez-en le jus. Disposez délicatement les huîtres sans les faire se chevaucher dans un large poêlon, ajoutez leur jus et faites chauffer. Dès que le jus commence à frémir, retournez-les, et dès qu'elles se raidissent, égouttez-les. Cette opération a pour but de raidir les huîtres, mais pas de les cuire. Réservez-les à température ambiante.
Écaillez les 8 huîtres restantes, mettez-les avec leur jus dans le bol d'un mixeur, ajoutez 2 cuillerées à soupe de glace pilée et mixez. Ajoutez 1 pincée de piment de Cayenne, salez, poivrez, puis versez la crème fraîche liquide, et mixez de nouveau. Rectifiez l'assaisonnement et l'onctuosité. Ajoutez dans cette crème d'huîtres, juste avant de dresser, 2 cuillerées à soupe de glace pilée afin qu'elle soit bien froide, et mixez.
Dans des coupes individuelles, disposez 3 huîtres, recouvrez d'une bouche de crème glacée, décorez de 2 ou 3 pluches de cerfeuil, ajoutez 1 petite pincée de zeste de citron vert haché et 5 ou 6 croûtons de pain de seigle. Dégustez sans attendre en hors-d'œuvre.

Michel Trama

Crépinettes aux huîtres

Pour 4 personnes

12 huîtres spéciales n° 2 • 4 crépines •
60 g de champignons de Paris • 2 échalotes •
1 gousse d'ail • 4 feuilles de céleri •
2 cuil. à soupe d'huile d'arachide •
2 cuil. à soupe de crème fraîche liquide •

100 g de chair à saucisse • 4 petites feuilles de sauge • 5 cl de vinaigre de vin • sel et poivre

La veille, lavez soigneusement les crépines, faites-les tremper dans de l'eau fraîche, voire glacée, et entreposez-les au réfrigérateur pendant une journée. Au bout de ce temps, lavez-les de nouveau.

Le lendemain, éliminez la partie terreuse des pieds de champignons, puis lavez bien les champignons, égouttez-les et coupez-les (têtes et queues) en tout petits dés ou hachez-les. Pelez les échalotes et ciselez-les. Pelez la gousse d'ail, fendez-la en deux et ciselez-la également. Hachez les feuilles de céleri.

Faites chauffer 1 cuillerée à soupe d'huile d'arachide dans un poêlon, ajoutez les champignons, 1 échalote ciselée et la gousse d'ail ; laissez blondir en comptant 2 à 3 minutes de cuisson. Retirez du feu, laissez tiédir, incorporez 2 cuillerées à soupe de crème fraîche liquide, ajoutez les feuilles de céleri hachées et mélangez bien.

Ajoutez cette préparation à la chair à saucisse, poivrez, salez légèrement et mélangez à la fourchette (la chair devient plus moelleuse).

Étendez les crépines sur un plan de travail et disposez sur chacune d'elles, au centre sur une partie transparente sans veine, 1 feuille de sauge. Ajoutez dessus un quart de la chair à saucisse (la valeur d'1 bonne cuillerée à soupe), fermez la crépinette et éliminez l'excédent avec une paire de ciseaux.

Faites chauffer dans une poêle un petit filet d'huile d'arachide. Ajoutez les crépinettes sur feu très doux, feuille de sauge sur le dessus. Couvrez et laissez cuire pendant 6 à 7 minutes. À mi-cuisson, arrosez-les du gras et retournez-les. La cuisson terminée, égouttez les crépinettes sur un papier absorbant.

Dans un récipient, mélangez le vinaigre avec l'échalote restante, poivrez et réservez. Ouvrez les huîtres, éliminez les

coquilles supérieures et conservez les huîtres dans l'autre partie.
Dans des assiettes individuelles, mettez 1 crépinette au centre, entourez-la de 3 huîtres dans leur coquille, et versez dans chacune la valeur d'1 petite cuillerée à café du mélange vinaigre-échalote. Servez en amuse-bouche ou en hors-d'œuvre.

COQUILLAGES ET MOLLUSQUES

Huître

MICHEL BRUNEAU

Huîtres au pommeau

Pour 4 personnes

12 huîtres creuses n° 2 • 1 cuil. à soupe de pommeau • 250 g de crème fraîche liquide • 1 poireau • 1 pomme • 20 g de beurre • gros sel, poivre du moulin

Ouvrez les huîtres en récupérant le jus. Filtrez-le et réservez les huîtres au réfrigérateur.
Versez 1 cuillerée à soupe de jus d'huître et 1 cuillerée à soupe de pommeau dans une petite casserole. Portez à ébullition et laissez réduire de deux tiers afin d'obtenir la valeur d'1 cuillerée à café à consistance de sirop.
Ajoutez la crème liquide, mélangez à l'aide d'un fouet, portez à ébullition et laissez réduire d'un tiers. Contrôlez la consistance de cette crème en trempant une cuiller à soupe dedans. Passez le doigt sur le dos de la cuiller : si la trace du doigt demeure et que la crème ne coule pas, elle est à bonne consistance. Retirez-la aussitôt du feu, poivrez et mélangez.

Épluchez le poireau et lavez-le soigneusement. Détaillez le blanc de poireau en 4 tronçons, fendez-les en deux et coupez-les en fine julienne.
Pelez la pomme et coupez-la en tranches de 3 mm d'épaisseur. Découpez ces tranches en dés après avoir retiré les pépins.
Dans un poêlon, faites suer la julienne de poireau sur feu doux avec le beurre pendant 2 minutes. Mélangez. Ajoutez les dés de pomme, laissez-les suer 2 minutes pour qu'ils soient cuits extérieurement et croquants au cœur, et réservez sur feu éteint.
Préchauffez le four en position gril.
Sortez les huîtres du réfrigérateur et retirez l'eau qu'elles ont rendue. Tapissez une plaque de four de gros sel et posez les huîtres dessus.
Réchauffez la sauce au pommeau sur feu doux.
Pendant ce temps, répartissez sur les huîtres la julienne de poireau et les dés de pomme. Nappez chaque huître d'1 cuillerée à soupe de sauce. Passez les huîtres au four de 3 à 5 minutes, le temps qu'elles soient saisies et qu'elles blondissent.
Dressez-les sur un lit de gros sel sur un plat de service ou dans des assiettes individuelles.

Astuces :

- Pour ouvrir les huîtres, utilisez un couteau à huîtres à lame large et longue plutôt qu'un couteau avec garde. Maintenez fermement l'huître creuse dans la main protégée par un torchon, le talon de la coquille vers vous et le côté creux vers la paume. Glissez la lame du couteau le long de la valve supérieure et sectionnez le muscle qui commande l'ouverture de la coquille. En ouvrant l'huître, prenez garde à ne pas crever la « noix » et à ne pas détacher le « voile » de la noix (la partie de l'huître qui, souvent, reste attachée au couvercle).
- Ne laissez pas trop vieillir le pommeau ; ce merveilleux élixir normand, réalisé avec un quart de calvados et trois quarts de jus de pomme, perdrait de sa saveur.

PHILIPPE HARDY

Huîtres aux trois saveurs

Pour 4 personnes

24 huîtres de Blainville • fleur de sel (ou sel fin), poivre du moulin

Pour la sauce au soja : 10 cl de crème fraîche liquide • 3 cuil. à soupe de soja de Chine

Pour la sauce citronnée : 2 cuil. à soupe de jus de citron jaune • 2 cuil. à soupe d'huile d'olive • 1 échalote pelée et hachée finement • 1 cuil. à café de zeste de citron jaune haché • 6 feuilles de coriandreciselées • 6 feuilles de menthe (bergamote ou citronnée) ciselées • le jus d'1 clémentine filtré

Pour la sauce au miel : 4 cuil. à soupe de miel de la Manche (ou d'acacia) • 1 cuil. à soupe de vinaigre de cidre • 1 pointe de couteau de safran en poudre • 1 pointe de couteau de curry en poudre • 1 gousse d'ail pelée et hachée finement • 10 cl de crème fraîche liquide

Préparez les trois sauces d'accompagnement pour les huîtres.
Sauce au soja : versez la crème fraîche liquide et le soja de Chine dans un saladier, ajoutez quelques grains de fleur de sel, poivrez et fouettez jusqu'à ce que la crème devienne mousseuse.
Sauce citronnée : mélangez le jus de citron avec l'huile d'olive, l'échalote et le zeste de citron haché. Ajoutez les feuilles de coriandre et de menthe, mélangez délicatement, ajoutez quelques

grains de fleur de sel, poivrez et ajoutez le jus de clémentine.
Sauce au miel : mélangez le miel avec le vinaigre de cidre, le safran, le curry, la gousse d'ail, poivrez, salez avec de la fleur de sel. Incorporez ensuite petit à petit la crème fraîche liquide.
Servez 6 huîtres par personne. Dégustez-les accompagnées des sauces, en commençant par celle au soja, puis la sauce citronnée, et celle au miel pour terminer.

Marc Meneau

Huîtres en gelée

Pour 2 personnes

18 huîtres spéciales n° 3 • 1 feuille de gélatine • 1 échalote grise • 3 dés de beurre • 3 cuil. à soupe de vin blanc sec • 10 cl de crème fraîche liquide • 1 botte de cresson • 1 cuil. à soupe de jus de citron • 1 pointe de piment • poivre du moulin

Commencez la préparation 2 heures à l'avance.
Faites ramollir la feuille de gélatine dans de l'eau froide et égouttez-la.
Ouvrez les huîtres, retirez les chairs en prenant soin de conserver 12 coquilles. Égouttez les chairs à l'aide d'une passoire placée au-dessus d'un récipient et déposez-les sur un papier absorbant. Poivrez-les et réservez-les au réfrigérateur.
Préparez la gelée : récupérez l'eau de mer des huîtres et filtrez-la deux fois. Prélevez-en 8 cl et faites-les tiédir dans une casse-

role sur feu doux, puis incorporez au fouet la feuille de gélatine égouttée. Versez ce mélange dans le restant d'eau de mer, mélangez et laissez refroidir au réfrigérateur.

Pelez l'échalote et hachez-la finement. Dans une cocotte, faites fondre les dés de beurre et faites suer l'échalote hachée pendant 1 à 2 minutes. Versez peu à peu le vin blanc tout en remuant à l'aide d'une spatule et laissez réduire à sec. Ensuite, coupez le feu sous la cocotte et laissez refroidir à température ambiante.

Fouettez la crème liquide dans un saladier posé sur un récipient rempli de glaçons.

Lavez et essorez le cresson. Prélevez 20 feuilles, essuyez-les et ciselez-les.

Préparez la farce : parmi les chairs d'huîtres réservées, choisissez-en 6 moins belles, hachez-les très finement et mettez-les dans un saladier. Avec une spatule en bois, incorporez-leur l'échalote cuite au vin blanc, le jus de citron, la pointe de piment, 2 cuillerées à soupe de crème fouettée, 1 tour de moulin à poivre et, enfin, le cresson ciselé.

Préparez les coquilles d'huîtres : lavez et essuyez les coquilles réservées. Disposez dans chacune 1 cuillerée à café de farce, puis la chair d'1 huître, poivrez et couvrez de feuilles de cresson lavées. Entreposez les coquilles au frais.

Sortez la gelée du réfrigérateur, posez-la sur un lit de glace en faisant tourner le récipient jusqu'à ce qu'elle prenne une consistance sirupeuse. Nappez chaque coquille de gelée et mettez au réfrigérateur pendant 15 minutes.

Dressez les huîtres sur un lit de gros sel ou de glace pilée pour bien les caler. Consommez-les bien froides, accompagnées d'un vin de Bourgogne.

GEORGES PAINEAU

Huîtres en paquets
sous un beurre à l'estragon

Pour 3 personnes

12 huîtres creuses n° 2 • 24 feuilles d'épinard (soit 500 g) • 1 poignée d'algues fraîches • 1 cuil. à soupe de jus de citron • 100 g de beurre • 1 cuil. à soupe d'estragon • sel, poivre du moulin

Équeutez les feuilles d'épinard et lavez-les à plusieurs eaux. Faites-les blanchir dans une grande casserole d'eau salée bouillante pendant 2 à 3 secondes. Rafraîchissez-les dans un récipient d'eau glacée et égouttez-les en les étalant une par une, côté nervure, sur une feuille de papier absorbant ou un torchon. Réservez à température ambiante.

Retirez délicatement la chair des huîtres à l'aide d'une petite cuiller, puis réservez-les dans une passoire au-dessus d'un récipient pour qu'elles s'égouttent et pour récupérer l'eau de mer.

Formez 6 petits paquets d'huîtres en enroulant les chairs de 2 huîtres dans 4 feuilles d'épinard.

Dans un couscoussier, versez de l'eau à mi-hauteur, ajoutez la poignée d'algues fraîches et posez dessus le panier à couscous, puis portez à ébullition à couvert.

Concassez l'estragon. Dans une casserole, versez 3 cuillerées à soupe d'eau de mer récupérée et filtrée, et le jus de citron, puis laissez réduire d'un tiers sur feu vif. Baissez le feu et incorporez au fouet le beurre froid coupé en petits dés. Poivrez, ajoutez l'estragon concassé et réservez sur feu éteint.

Retirez le couvercle du couscoussier et vérifiez l'ébullition de l'eau parfumée aux algues. Disposez dans le panier les 6 petits paquets d'huîtres et faites-les cuire à la vapeur pendant 4 minutes.

Une fois les huîtres cuites, égouttez-les sur une feuille de papier absorbant, puis servez-les dans des assiettes chaudes en les nappant de beurre mousseux à l'estragon.

Astuce : Pour que l'estragon infuse bien et dégage tout son arôme, mettez-le dans le beurre bien chaud.

COQUILLAGES ET MOLLUSQUES

Huître

Christophe Cussac

Marinière d'huîtres au fenouil

Pour 4 personnes

2 bulbes de fenouil • 12 grosses huîtres • 1 trait d'anis • quelques pluches d'aneth • gros sel • sel et poivre

Pour la marinade de légumes :

1 tomate moyenne • 15 g de poivron vert • 15 g de poivron jaune • 15 g de poivron rouge • 1 petite branche de céleri • 25 g de courgette • 1 gousse d'ail • 1 brindille de thym • 2 pistils de safran • 1 petite feuille de laurier • 10 cl d'huile d'olive • 1 cuil. à café de câpres • 1 petite cuil. à café de vinaigre de xérès

La veille, mondez la tomate, coupez-la en quatre, épépinez-la et taillez-la en dés. Mettez-les dans un récipient, couvrez d'un film étirable et entreposez au réfrigérateur. Pelez les morceaux de poivrons à l'économe. Lavez la branche de céleri, éliminez les filandres et les feuilles. Lavez le morceau de courgette sans le peler. Pelez la gousse d'ail. Taillez en dés les poivrons, la courgette et la branche de céleri. Plongez-les dans une grande quantité d'eau bouillante salée, donnez une bonne ébullition pendant 5 à 6 secondes, rafraîchissez-les dans de l'eau froide, égouttez-les et épongez-les dans du papier absorbant. Mettez-les dans un petit bol, ajoutez la gousse d'ail, la brindille de thym, les pistils de safran, la feuille de laurier et recouvrez de l'huile d'olive. Couvrez d'un film étirable et entreposez au réfrigérateur.

Le lendemain, lavez et parez les bulbes de fenouil. Plongez-les dans une grande quantité d'eau bouillante salée et laissez-les cuire 40 minutes environ.

Ouvrez les huîtres, retirez-les de leur coquille délicatement, posez-les sur un torchon propre pour les égoutter et réservez-les au réfrigérateur. Gardez les coquilles.

Vérifiez la cuisson des bulbes de fenouil en les piquant avec la pointe d'un couteau, qui doit s'enfoncer facilement. Égouttez-les, mettez-les dans le bol d'un mixeur et mixez-les afin d'obtenir une purée fine et onctueuse. Salez, poivrez, versez un trait d'anis et mixez à nouveau. Laissez refroidir, puis réservez au réfrigérateur.

Sortez la marinade de légumes du réfrigérateur, retirez le laurier, le thym et l'ail. Ajoutez les câpres, la tomate coupée en dés et le vinaigre de xérès et mélangez délicatement.

Dressez un lit de gros sel sur un plat de service et calez dessus les coquilles d'huîtres vides. Mettez dans chaque coquille 1 cuillerée à café de purée de fenouil froide, puis 1 huître, recouvrez d'1 cuillerée à soupe de marinade de légumes, décorez avec une pluche d'aneth et servez.

Jacques & Laurent Pourcel

Salade d'asperges vertes aux huîtres du bassin de Thau,

vinaigrette émulsionnée au basilic

Pour 4 personnes

1 kg d'asperges vertes • 12 grosses huîtres • 4 tomates • le jus d'1 citron • 10 cl d'huile d'olive • 10 cl d'huile de colza (ou, à défaut, d'huile d'olive) • 1 poignée de feuilles de basilic • 2 cuil. à soupe de ciboulette • 1 cuil. à soupe de crème double • sel, gros sel, fleur de sel, poivre du moulin

Pelez les asperges et répartissez-les en 4 bottes ficelées. Plongez-les dans une grande quantité d'eau salée au gros sel, portez à ébullition et faites cuire 4 à 5 minutes. Dès qu'elles sont cuites, plongez-les dans de l'eau froide pour les rafraîchir, puis égouttez-les et placez-les sur du papier absorbant.

Retirez le pédoncule des tomates. Retournez les tomates et incisez-les en croix à l'aide d'un petit couteau. Immergez-les dans de l'eau bouillante 15 secondes, puis rafraîchissez-les dans de l'eau bien froide. Égouttez-les, pelez-les, coupez-les en quartiers et retirez les pépins. Conservez 8 quartiers et coupez les autres en dés.

Ouvrez les huîtres et retirez-les des coquilles. Dans un récipient, gardez-en 8 dans leur jus afin qu'elles ne se dessèchent pas, et hachez grossièrement les 4 restantes. Mettez ce hachis d'huîtres dans un saladier, ajoutez les dés de tomates et réservez.

Déficelez les bottes d'asperges. Coupez en biseau les pointes sur une longueur d'environ 5 à 6 cm. Conservez les extrémités restantes, fendez-les en deux et taillez-les en gros dés. Ajoutez ces dés aux huîtres hachées et aux dés de tomates.

Préparez la vinaigrette : dans le bol d'un mixeur, versez le jus de citron, l'huile d'olive, l'huile de colza, le basilic, sel et poivre, puis mixez. Simultanément, portez 5 cl d'eau à ébullition. Additionnez l'eau bouillante à la vinaigrette et mixez de nouveau.

Ciselez la ciboulette et ajoutez-la au mélange asperges-tomates-huîtres. Mélangez délicatement, puis mettez la crème, du sel, du poivre et 1 à 2 cuillerées à soupe de vinaigrette au basilic.

Égouttez les huîtres entières et déposez-les sur un papier absorbant. Dressez la salade au centre d'un plat de service, tassez légèrement pour donner une forme ronde et disposez tout autour les pointes d'asperges et les quartiers de tomates. Placez les huîtres égouttées sur la salade, arrosez le tout de vinaigrette au basilic et parsemez de fleur de sel.

Astuces :

- Une bonne tomate se reconnaît à l'odeur qui se dégage du pédoncule après l'avoir ôté.
- Si vous voulez retirer facilement la peau d'une tomate sans faire bouillir de l'eau, piquez la tomate à l'endroit du pédoncule et placez-la 3 secondes au-dessus d'une flamme.
- L'addition d'eau chaude dans la vinaigrette a pour effet de la rendre plus légère et plus digeste.

Michel Oliver

Soupe d'huîtres

Pour 4 personnes

24 huîtres creuses n° 3 • 2 carcasses de soles (arêtes + têtes sans les ouïes) • 1 petit bouquet de cerfeuil • 1/2 oignon • 3 cuil. à soupe d'huile d'olive • 20 cl de vermouth • 1 cuil. à café de poivre noir mignonnette • 5 jaunes d'œufs • 20 cl de crème fraîche liquide • sel et poivre

Concassez les carcasses de soles en morceaux, mettez-les dans de l'eau fraîche, laissez-les dégorger pendant 1 heure, puis égouttez-les.

Lavez le bouquet de cerfeuil. Séparez les queues des pluches et ficelez les queues afin de faire un petit bouquet. Pelez l'oignon et hachez-le finement.

Faites chauffer l'huile d'olive dans une cocotte, ajoutez l'oignon et le bouquet de queues de cerfeuil, mélangez à l'aide d'une spatule en bois et laissez suer pendant 1 petite minute. Ajoutez les carcasses de soles, sur feu vif, mouillez avec le vermouth et laissez réduire de moitié sur feu doux.

Versez 80 cl d'eau, ajoutez 2 petites pincées de sel et le poivre noir mignonnette, portez à petits frémissements, écumez et laissez cuire 25 minutes. Au terme de la cuisson, passez ce fumet à travers une passoire fine. Vous devez obtenir 60 cl de fumet de poisson ; si ce n'est pas le cas, complétez avec de l'eau.

Ouvrez les huîtres, retirez-les de leur coquille et égouttez-les dans une passoire. Récupérez le jus et filtrez-le. Mettez les huîtres dans une cocotte, ajoutez leur jus filtré, donnez une petite ébullition pour pocher les huîtres, puis laissez-les s'égoutter dans une passoire en récupérant le jus et couvrez-les d'une assiette pour les maintenir chaudes.

Faites tiédir le fumet de poisson dans une casserole. Dans un saladier, fouettez les jaunes d'œufs avec la crème fraîche liquide. Incorporez 2 louches de fumet de poisson tiède, puis reversez le tout dans la casserole avec le fumet. Faites chauffer sur feu doux pendant 5 à 6 minutes, sans faire bouillir, et fouettez sans arrêt jusqu'à ce que le mélange épaississe.

Plongez une spatule dans la casserole, retirez-la, passez un doigt dessus : la trace doit rester ; si les bords de la crème s'étalent et se rapprochent, elle n'est pas assez cuite.

Incorporez le jus filtré rendu par les huîtres après cuisson, rectifiez l'assaisonnement et retirez du feu.

Dans des assiettes creuses, mettez 6 huîtres, recouvrez de 2 louches de soupe, décorez avec quelques pluches de cerfeuil et servez aussitôt.

Jean-Michel Lorain

Crème de potimarron et moules de bouchot au safran

Pour 4 personnes

500 g de chair de potimarron (peau et pépins retirés) • 1,5 kg de moules de bouchot grattées et lavées • 2 échalotes • 1 gousse d'ail • 30 g de beurre • 40 cl de lait • 1 brin de persil • 1 brindille de thym • 10 cl de vin blanc sec • 20 cl de crème fraîche liquide • noix de muscade • 8 pistils de safran • 1 cuil. à soupe de coriandre fraîche • sel et poivre

Coupez la chair de potimarron en dés. Pelez et hachez séparément les échalotes et la gousse d'ail. Faites fondre 2 cuillerées à soupe de beurre dans une cocotte, faites-y suer sur feu doux le potimarron pendant 1 à 2 minutes. Ajoutez 1 échalote hachée, mélangez bien et laissez suer 1 petite minute. Ajoutez l'ail haché et 30 cl de lait. Salez légèrement et laissez cuire à petits bouillons pendant 20 minutes.
Mettez les moules dans une casserole, ajoutez la seconde échalote hachée, le brin de persil et la brindille de thym. Mouillez avec 10 cl de vin blanc, couvrez et faites cuire à feu vif. Dès que les moules s'entrebâillent, retirez la casserole du feu et laissez à couvert jusqu'à l'ouverture des dernières moules. Découquillez-les et mettez-les délicatement dans une cocotte.

Lorsque le potimarron est cuit, versez-le dans le bol d'un mixeur et mixez. Ajoutez la crème fraîche petit à petit, détendez avec 5 cl de lait, tout en contrôlant l'onctuosité : la crème doit être onctueuse, un peu épaisse.
Versez-la dans une casserole et portez à ébullition. Selon la consistance souhaitée, détendez-la si nécessaire avec le reste de lait ; elle doit être liquide et crémeuse. Ajoutez 5 ou 6 râpures de noix de muscade et rectifiez l'assaisonnement.
Versez 1 petite louche de crème de potimarron sur les moules, dans la cocotte, mélangez à l'aide d'une spatule en bois et faites chauffer sur feu doux. Ajoutez les pistils de safran et la coriandre concassée.
Versez 2 louches de crème de potimarron par assiette, puis répartissez les moules au safran au centre. Servez le reste de crème de potimarron en soupière et dégustez sans attendre.

Guillaume Tirel

Décortiqué de moules au safran

Pour 4 personnes

1,5 litre de moules de bouchot • 8 pistils de safran • 300 g d'épinards (des petites pousses, de préférence) • 1 grosse échalote • 90 g de beurre • 25 cl de vin blanc sec • 25 cl de crème fraîche liquide • 1 gousse d'ail • noix de muscade • sel fin et poivre du moulin

Grattez et lavez méticuleusement les moules.
Éliminez les tiges des épinards, lavez-les bien et égouttez-les.
Pelez l'échalote et hachez-la finement.
Faites fondre 20 g de beurre dans un large poêlon, ajoutez l'échalote et faites-la suer 2 minutes sur feu doux. Ajoutez les moules, poivrez généreusement, mélangez à l'aide d'une spatule en bois, mouillez avec le vin blanc, couvrez et portez à feu vif pendant 2 minutes environ, puis éteignez le feu et laissez les moules terminer de s'ouvrir avec la vapeur.
Décortiquez les moules, récupérez leur jus et filtrez-le. Versez dans une casserole 25 cl de ce jus de cuisson. Portez-le à ébullition puis laissez réduire de moitié. Ajoutez la crème fraîche et le safran, mélangez, laissez réduire d'un tiers.
Incorporez, sur feu doux, au fouet ou avec un mixeur plongeant, 50 g de beurre bien froid coupé en morceaux. Rectifiez l'assaisonnement et réservez au chaud.
Pelez la gousse d'ail puis fendez-la en deux dans la longueur. Faites fondre 20 g de beurre dans un poêlon assez large. Frottez-en l'intérieur avec la gousse d'ail piquée sur une fourchette et passez-la dans le beurre.
Quand le beurre est couleur noisette, ajoutez les épinards et faites-les tomber, salez légèrement, puis comptez 1 minute de cuisson, ajoutez ensuite 1 râpure de noix de muscade.
Faites réchauffer les moules dans une casserole avec 2 louches de sauce crème ; donnez juste un frémissement, ne portez surtout pas à ébullition.
Dans des assiettes creuses, répartissez les épinards au centre, ajoutez les moules tout autour et nappez de sauce crème. Servez en hors-d'œuvre.

Astuce : Pour obtenir une sauce bien mousseuse, mixez-la juste avant de la servir.

Pascal Barbot

Moules farcies au beurre de cerfeuil

Pour 4 personnes

12 moules de bouchot • 140 g de beurre •
2 cuil. à soupe de cerfeuil concassé • 2 échalotes •
1/2 oignon • 1 gousse d'ail •
1 cuil. à café de gingembre pelé et haché •
1 bouquet garni • 10 grains de poivre noir •
10 cl de vin blanc sec • 30 g de chapelure •
30 g de poudre d'amandes •
1 cuil. à soupe de parmesan râpé •
sel fin et poivre du moulin

Grattez et nettoyez les moules. Pelez et hachez finement 1 échalote et l'oignon. Pelez la gousse d'ail, dégermez-la et écrasez-en légèrement une moitié (réservez l'autre).

Dans un large poêlon, faites chauffer, sans matière grasse, le gingembre avec l'échalote et l'oignon hachés, le bouquet garni et les grains de poivre noir. Mouillez avec le vin blanc, portez à frémissements, ajoutez l'ail écrasé et les moules, couvrez et portez à feu vif.

Dès que les moules s'ouvrent, retirez-les du poêlon. Éliminez la coquille supérieure de chaque moule, puis retournez celles garnies sur une grille afin qu'elles soient bien égouttées.

Pelez et hachez finement l'autre échalote. Hachez finement la deuxième moitié de gousse d'ail. Faites fondre 20 g de beurre dans une petite casserole. Lorsque le beurre mousse, ajoutez l'échalote et l'ail hachés, laissez confire sur feu doux sans coloration tout en remuant pendant 6 minutes environ. Retirez la casserole du feu et laissez refroidir.

Mélangez le reste de beurre en pommade dans un saladier avec la chapelure, la poudre d'amandes, le parmesan râpé, le cerfeuil concassé, l'ail et l'échalote confits avec le beurre, poivrez, salez très légèrement et mélangez à la fourchette.

Préchauffez le four en position gril.

Farcissez généreusement les moules avec le beurre de cerfeuil et disposez-les sur une plaque de cuisson. Faites-les gratiner dans le four pendant 2 minutes environ, elles doivent être bien blondes.

Dressez les moules farcies sur un plat de service et dégustez-les sans attendre en amuse-bouche.

COQUILLAGES ET MOLLUSQUES

Moule

Jacques & Laurent Pourcel

Moules farcies comme à Sète

Pour 4 personnes

16 grosses moules • 40 g de mie de pain • lait • 1 cuil. à soupe de persil plat • 8 gousses d'ail • 300 g de chair à saucisse • 25 g de riz rond • 1 œuf •

3 cuil. à soupe de crème fraîche liquide • 5 cuil. à soupe d'huile d'olive • 2 oignons • 40 cl de vin blanc sec • 4 tomates • 2 cuil. à soupe de concentré de tomate • 1 branche de thym • 1 feuille de laurier • 80 g de mayonnaise • poivre

Faites tremper la mie de pain dans du lait pendant 15 minutes. Lavez et hachez le persil plat. Pelez et hachez finement 2 gousses d'ail.

Dans un saladier, mettez la chair à saucisse et ajoutez successivement, en mélangeant à la fourchette, le persil plat haché, la mie de pain pressée, le riz rond, l'œuf entier, l'ail haché et la crème liquide. (N'assaisonnez pas car la chair à saucisse est déjà salée et poivrée.) Réservez au réfrigérateur.

Nettoyez les moules. Ouvrez-les à l'aide d'un couteau en sectionnant bien le nerf et en prenant soin de laisser les 2 coquilles attachées. Récupérez le jus et filtrez-le à travers une passoire très fine. Remplissez chaque moule d'1 bonne cuillerée à soupe de farce, puis refermez-la et retirez l'excédent.

Dans une poêle, chauffez 1 cuillerée à soupe d'huile d'olive. Déposez-y délicatement les moules, arrosez-les d'1 cuillerée à soupe d'huile d'olive et saisissez-les de chaque côté 2 minutes. Réservez-les sur une grille. (Cette opération très rapide permet aux coquilles de se bloquer et de rester bien fermées.)

Pelez et hachez finement les oignons. Dans une large cocotte, faites-les suer avec l'huile d'olive restante, sans coloration, pendant 1 à 2 minutes. Déglacez ensuite avec le vin blanc, portez à ébullition et laissez réduire d'un tiers.

Trempez les tomates dans l'eau bouillante, pelez-les, fendez-les en deux, épépinez-les et coupez la pulpe en dés. Pelez 2 gousses d'ail, fendez-les en deux, dégermez-les et écrasez-les. Lorsque le vin a assez réduit, ajoutez les dés de tomates, le concentré de tomate, le thym, le laurier et l'ail écrasé.

Poivrez, laissez cuire 1 bonne minute sur feu doux, puis déposez délicatement les moules dans la cocotte, les unes à côté des autres, sans les faire se chevaucher. Versez le jus de moules filtré et versez de l'eau jusqu'à hauteur des moules. Portez à frémissements sur feu doux et laissez cuire à couvert de 15 à 20 minutes.

Préparez un aïoli : pelez les gousses d'ail restantes, fendez-les en deux, dégermez-les et pilez-les dans un mortier. Faites 80 g de mayonnaise moitié avec de l'huile d'olive, moitié avec de l'huile d'arachide et mélangez-la à l'ail pilé.

Lorsque les moules sont cuites, égouttez-les et dressez-les sur un plat de service creux. Retirez le thym et le laurier de la cocotte. Ajoutez à la sauce de cuisson des moules 1 cuillerée à soupe d'aïoli et mixez afin d'obtenir une sauce onctueuse. Versez cette sauce sur les moules et servez.

Astuces :

- Consommez toujours l'aïoli le jour de sa confection : même mis au réfrigérateur, il risque de tourner.
- Pour que cette recette soit réussie, ne salez à aucun moment, car la chair à saucisse et les moules sont déjà salées.
- Pour bien conserver l'huile d'olive, mettez-la dans un endroit frais et obscur, loin d'une source de chaleur et de fortes odeurs. La durée de conservation ne doit pas excéder 2 ans.

MARC MEURIN

Pot-au-feu de rattes aux moules

Pour 4 personnes

800 g de petites pommes de terre (rattes) • 800 g de moules de bouchot bien grattées et lavées • 1 tomate moyenne • 100 g de beurre • 1 échalote pelée et hachée finement • 1 petite branche de céleri ciselée • 1 petit bouquet de persil plat • 1 gousse d'ail pelée, fendue en deux et dégermée • 1 verre de vin blanc sec • 100 g de crème double • 1 pointe de couteau de curry • 1/2 citron jaune • gros sel, sel fin et poivre

Lavez les pommes de terre sans les peler. Mettez-les dans une casserole, couvrez-les d'eau froide, salez au gros sel, portez à ébullition et laissez cuire entre 20 et 25 minutes. Vérifiez leur cuisson en les piquant avec un couteau.

Mondez la tomate, coupez-la en quartiers, retirez les pépins et coupez la chair en dés de 5 mm environ.

Faites fondre doucement 50 g de beurre dans une sauteuse.

Ajoutez l'échalote, la petite branche de céleri et 2 ou 3 queues de persil ciselées. Faites suer le tout pendant 1 minute.

Ajoutez la gousse d'ail et les moules en les roulant dans le beurre. Poivrez, mouillez avec le vin blanc et portez à ébullition. Dès que l'ébullition commence, couvrez et laissez chauffer pendant environ 2 minutes, le temps que les moules s'ouvrent. Puis, sur feu doux, versez la crème, mélangez bien et retirez du feu.

Égouttez les moules tout en récupérant le jus, puis décortiquez-les.

Filtrez le jus de cuisson des moules, versez-le dans une casserole, portez à ébullition et laissez réduire d'un tiers tout en fouettant. Puis, petit à petit, incorporez sur feu doux à l'aide d'un fouet le restant de beurre bien froid coupé en petits morceaux. Ajoutez ensuite une pointe de couteau de curry, le jus de citron et les dés de tomate. Mélangez délicatement, rectifiez l'assaisonnement et réservez au chaud.

Quand les pommes de terre sont cuites, égouttez-les, laissez-les tiédir, puis pelez-les, coupez-les en deux dans la longueur. Disposez-les, côté plat sur le dessus, les unes à côté des autres dans un plat.

Mettez les moules décortiquées dans la sauce chaude, sur feu éteint, et mélangez bien. Versez les pommes de terre sur la sauce et les moules. Décorez avec quelques pluches de persil plat et servez.

COQUILLAGES ET MOLLUSQUES

Moule

ÉRIC FRÉCHON

Soupe de moules au curry

Pour 4 personnes

2 litres de moules de bouchot bien nettoyées •
1 blanc de poireau • 1 oignon moyen •
2 pommes de terre (BF 15) • 1 gousse d'ail •

50 g de beurre • 1 bouquet garni • 20 cl de vin blanc sec • 85 cl de crème fraîche liquide • 6 pointes de couteau de curry en poudre • sel et poivre

Lavez, épluchez et émincez finement le blanc de poireau. Pelez et émincez moyennement l'oignon. Pelez les pommes de terre, lavez-les puis détaillez-les en triangles. Pelez la gousse d'ail, fendez-la en deux et retirez le germe.

Dans une cocotte, faites fondre le beurre, ajoutez les légumes et faites-les suer à couvert, sans coloration, pendant 2 à 3 minutes sur feu doux. Ajoutez les moules dans la cocotte, le bouquet garni et la gousse d'ail et portez à feu vif. Versez le vin blanc et laissez cuire à couvert pendant 3 minutes en remuant de temps en temps.

Dès que les moules s'ouvrent, retirez le bouquet garni et sortez les moules de la cocotte à l'aide d'une écumoire. Égouttez-les puis décoquillez-les.

Dans le jus de cuisson des moules, ajoutez 75 cl de crème fraîche puis portez à ébullition et laissez réduire pendant 10 minutes.

Quand la sauce a réduit, éteignez le feu et ajoutez les trois quarts des moules. Versez le tout dans le bol d'un mixeur et mixez pour obtenir une soupe lisse et onctueuse. Versez-la dans une casserole et maintenez-la chaude.

Dans un récipient, lui-même placé dans un autre plus grand contenant des glaçons, versez 10 cl de crème liquide bien froide, ajoutez le curry en poudre, salez puis montez la crème en chantilly jusqu'à ce qu'elle tienne bien au fouet.

Remuez la soupe de moules au fouet puis rectifiez l'assaisonnement. Mettez le reste de moules dans une soupière, versez la soupe puis disposez délicatement quelques cuillerées à soupe de chantilly au curry sur le dessus et servez.

MICHEL DE MATTEIS

Tuiles de tapenade avec des moules

Pour 4 personnes

1,5 kg de moules de Bouzigues (ou de bouchot) • 1 échalote • 1 cuil. à soupe de persil plat concassé • 1 petit verre de vin blanc sec • 100 g de beurre • 15 cl d'huile d'olive • 5 feuilles de basilic • 1 petit bouquet de thym • sel et poivre

Pour l'appareil à tuiles :

100 g de tapenade • 50 g de farine • 2 blancs d'œufs • fleur de thym • 15 g de parmesan râpé

Préchauffez le four en position gril.

Mélangez la tapenade avec la farine. Ajoutez les blancs d'œufs et mélangez à l'aide d'un fouet. Lorsque le mélange est bien homogène, incorporez 2 cuillerées à soupe d'eau froide et poivrez.

À l'aide d'une cuiller à soupe, faites des petits tas de l'appareil à tuiles (la valeur d'un tiers de cuillerée à soupe) sur une plaque de cuisson en les espaçant. Étalez-les en forme de disques minces avec le dos de la cuiller mouillée à l'eau froide. Confectionnez 8 tuiles, puis saupoudrez-les de fleur de thym et de parmesan râpé. Glissez la plaque dans le four et faites cuire 5 minutes.

Grattez bien et lavez les moules. Pelez et hachez finement l'échalote. Faites chauffer 2 cuillerées à soupe d'huile d'olive dans un poêlon large, faites-y suer l'échalote, ajoutez le persil et les moules. Mélangez bien, mouillez avec le vin blanc sec, couvrez et portez à ébullition. Dès que les moules s'ouvrent, décortiquez-les, couvrez-les d'un film pour qu'elles restent tièdes et filtrez le jus de cuisson.
Récupérez 25 cl de jus de cuisson (si vous en obtenez moins, complétez avec de l'eau froide). Portez à ébullition dans une casserole, puis incorporez petit à petit au fouet le beurre bien froid coupé en morceaux. Quand le beurre est fondu, ajoutez 10 cl d'huile d'olive, puis retirez la casserole du feu et rectifiez l'assaisonnement.
Coupez les feuilles de basilic en julienne.
Dressez 1 cuillerée à soupe de moules au centre de chaque assiette, poivrez, nappez d'1 petite cuillerée à soupe de sauce, couvrez d'une tuile de tapenade, puis d'une seconde cuillerée à soupe de moules, nappez à nouveau de sauce, puis ajoutez une seconde tuile. Décorez le dessus de 2 ou 3 moules et d'une brindille de thym. Versez un cordon de sauce tout autour, répartissez la julienne de basilic sur cette dernière et dégustez sans attendre en hors-d'œuvre.

Alain Passard

Velouté de capucines aux moules de bouchot

Pour 2 personnes

24 fleurs de capucines (non lavées) • 24 moules de bouchot • 1/2 verre de vin blanc sec • 40 g de beurre • 10 pistils de safran • quelques gouttes de jus de citron vert • fleur de sel

Lavez et grattez soigneusement les moules de bouchot sans les faire tremper. Portez à ébullition dans un poêlon le vin blanc. Dès que le vin commence à bouillir, ajoutez les moules. Remuez-les bien et laissez-les s'ouvrir. Dès que les moules s'entrebâillent, égouttez-les, récupérez leur jus et réservez-les en les couvrant.

Portez à ébullition 20 cl d'eau, avec le beurre et le jus de cuisson des moules filtré. Puis sur feu très doux, ajoutez les pistils de safran et les fleurs de capucines, puis laissez infuser 40 secondes. Versez le tout dans le bol du mixeur et mixez. Ajoutez une pincée de fleur de sel, quelques gouttes de jus de citron vert et mixez de nouveau.

Décortiquez les moules en retirant et en éliminant leur coquille supérieure, mais en prenant soin de les conserver dans leur coquille inférieure.

Dressez-les au fond d'une soupière (à défaut, dans un plat creux ou dans 2 assiettes creuses), versez délicatement dessus le velouté de capucines bien chaud et servez aussitôt.

Astuce : Pour obtenir un velouté jaune fluorescent, choisissez de préférence des fleurs de capucines très jaunes : évitez les plus orangées qui donneront un velouté plus sombre.

PATRICE DEMANGEL

Coquillages gratinés à la poudre d'algues,
piment d'Espelette et beurre d'escargot

Pour 2 personnes

6 amandes de mer • 6 belles palourdes grises • 1/2 gousse d'ail • 80 g de beurre pommade • 1 cuil. à soupe de persil plat concassé • 1/2 cuil. à soupe de cerfeuil concassé • 1/2 cuil. à soupe d'estragon concassé • 1 cuil. à soupe d'algues séchées concassées • 1 petite pincée de piment d'Espelette en poudre (ou, à défaut, de poivre) • 1 soupçon d'alcool anisé • 2 cuil. à soupe de chapelure blanche • gros sel

Nettoyez bien les amandes de mer et les palourdes.
Versez 1/2 verre d'eau dans une casserole et mettez à chauffer. Dès que l'eau bout, ajoutez les amandes de mer et les palourdes, couvrez et portez à feu vif. Lorsque les coquillages sont ouverts, égouttez-les dans une passoire, récupérez le jus et

filtrez-le. Éliminez les coquilles supérieures et conservez les fruits de mer dans les coquilles inférieures.

Pelez, dégermez et hachez finement la 1/2 gousse d'ail. Dans un récipient, mélangez à la fourchette le beurre en pommade coupé en petits morceaux avec les herbes et les épices (persil plat, cerfeuil, estragon, ail, algues séchées et piment). Ajoutez 1 cuillerée à soupe du jus des coquillages, un soupçon d'alcool anisé et mélangez.

Préchauffez le four en position gril.

Faites un lit de gros sel sur un plat allant au four. Couvrez chaque coquillage de beurre composé, disposez-les sur le gros sel, puis parsemez chacun d'1 pincée de chapelure.

Glissez le plat au four environ 5 minutes, le temps que la chapelure gratine. Dégustez sans attendre.

COQUILLAGES ET MOLLUSQUES

Coquillages divers

Hélène Darroze

Nems de coquillages au gingembre

Pour 4 personnes

250 g de coques • 250 g de moules • 1 citron jaune • 5 cuil. à soupe de graisse de canard • 1 échalote pelée et ciselée • 1 verre de vin blanc sec • 100 g de petites pousses d'épinards • 1/2 cuil. à café de gingembre en poudre • 4 cl de sauce soja • 2 feuilles de pâte à filo • 3 morceaux de sucre • 10 cl de jus de veau • sel et poivre

Nettoyez bien les coques et les moules. Pour bien dessabler les coques, faites-les dégorger dans de l'eau pendant 12 heures au réfrigérateur avant de les utiliser.

Lavez le citron et, à l'aide d'un économe, prélevez le zeste de la moitié en prenant soin de bien séparer l'écorce de la partie amère et blanchâtre de la peau. Taillez ce zeste en fine julienne.

Faites fondre sans coloration 1 cuillerée à soupe de graisse de canard dans un poêlon. Faites-y suer l'échalote ciselée pendant 1 minute. Ajoutez les coques et les moules, mélangez à l'aide d'une spatule en bois, mettez sur feu vif, mouillez avec le vin blanc et portez à ébullition. Dès que les coquillages s'ouvrent, égouttez-les, laissez-les tiédir, puis décortiquez-les et hachez-les grossièrement. Lavez les pousses d'épinards et égouttez-les. Faites fondre 1 cuillerée à soupe de graisse de canard dans un poêlon, mettez-y les pousses d'épinards, salez légèrement, poivrez et faites-les tomber pendant 2 minutes.

Préparez la farce des nems : mélangez les pousses d'épinards tièdes avec les coquillages également tièdes, la julienne de zeste de citron, le gingembre en poudre, 1 cuillerée à café de sauce soja, du sel et du poivre. Si vous n'utilisez pas des petites pousses d'épinards mais des feuilles plus grosses, concassez-les avant de les mélanger.

Faites fondre 2 cuillerées à soupe de graisse de canard. Disposez, bien à plat sur le plan de travail, 1 feuille de pâte à filo, graissez-la au pinceau avec la graisse de canard fondue. Superposez-y la seconde feuille de pâte à filo en la graissant également. Taillez dans ces 2 feuilles superposées 4 carrés de 10 cm.

Au centre de chaque carré, mettez 1 bonne cuillerée à soupe de farce. Rabattez les côtés des carrés, comme une enveloppe, pour fermer ces petits nems. Si vous les réalisez la veille, entreposez-les recouverts d'un linge bien propre et humide au réfrigérateur.

Préparez une sauce soja : versez 2 cuillerées à soupe de sauce soja dans une casserole, ajoutez les morceaux de sucre et portez à ébullition jusqu'à obtenir un caramel. Incorporez le jus de veau et portez de nouveau à ébullition ; la sauce doit être sirupeuse. Retirez

la casserole du feu et laissez refroidir (il faut la servir tempérée).
Faites chauffer dans une poêle le restant de graisse de canard. Saisissez les nems et faites-les colorer sur chaque face. Comptez 3 à 4 minutes de cuisson en tout (l'intérieur doit être bien chaud). Égouttez-les sur un papier absorbant afin d'éliminer l'excédent de graisse.

Dressez les nems dans un plat de service, nappez-les d'un cordon de sauce soja et dégustez-les en apéritif. (Si vous les préparez à l'avance, passez-les 1 minute au four bien chaud juste avant de servir pour les réchauffer.)

COQUILLAGES ET MOLLUSQUES

Coquillages divers

Alain Dutournier

Soupe de haricots aux coquillages

Pour 4 personnes

300 g de moules de bouchot • 12 palourdes • 300 g de petites coques • 500 g de haricots tarbais frais (ou 300 g de haricots secs) • 1 poireau • 3 oignons moyens • 2 carottes moyennes • 1 branche de céleri • 3 gousses d'ail • 1 bouquet garni • 3 échalotes grises • 12 cl de vin blanc sec • 80 g de beurre • 3 cuil. à soupe de persil plat concassé • 20 feuilles de basilic lavées • sel et poivre

Si vous utilisez des haricots secs, mettez-les dans un récipient, couvrez-les d'eau fraîche et faites-les tremper 24 heures au réfrigérateur avant de les cuisiner. (En gonflant, le poids des haricots augmente : avec 300 g au départ, on obtient environ 500 g après trempage.) Après 24 heures, les haricots ont gonflé, égouttez-les. (Si vous utilisez des haricots frais, sachez qu'ils se conservent très bien au réfrigérateur.)

Grattez et lavez soigneusement, séparément, les moules, les palourdes et les coques.

Mettez les haricots dans une casserole et couvrez-les de 2 litres d'eau. (Pour qu'ils cuisent de façon uniforme, il faut les recouvrir de quatre fois leur poids en volume d'eau.)

Épluchez le poireau, les oignons, les carottes et la branche de céleri. Lavez le poireau. Pelez les gousses d'ail, fendez-les en deux et dégermez-les. Ajoutez le tout, ainsi que le bouquet garni, dans la casserole. Cuisez à petits frémissements pendant 1 heure 30. Salez après 1 heure de cuisson.

Pelez et hachez finement les échalotes. Rincez-les pour retirer l'amertume et égouttez-les. Faites chauffer le vin blanc dans un grand poêlon. Quand il est chaud, ajoutez les échalotes, donnez une ébullition, versez les moules, couvrez et faites-les cuire jusqu'à ce qu'elles s'ouvrent. Égouttez-les à l'aide d'une écumoire et conservez le jus de cuisson dans le poêlon.

Portez ce jus à ébullition, ajoutez-y les palourdes et les coques, couvrez et laissez-les s'ouvrir. Dès qu'elles s'ouvrent, égouttez-les, récupérez le jus de cuisson et filtrez-le.

Décortiquez les moules, les palourdes et les coques.

Après 1 heure 30 de cuisson, les haricots sont cuits. Retirez la garniture aromatique. Versez dans le bol d'un mixeur les trois quarts du jus de cuisson, ajoutez la moitié des haricots et mixez. Ajoutez le beurre bien froid coupé en petits morceaux, le persil, le jus de cuisson des moules filtré et mixez de nouveau. Rectifiez l'assaisonnement, poivrez.

Mettez les coquillages décortiqués dans une soupière, ajoutez les haricots restants et les feuilles de basilic, versez le velouté de haricots bien chaud et servez sans attendre.

Crustacés

Pascal Barbot

Chair de crabe à l'avocat

Pour 2 personnes

120 g de chair de crabe • 1 avocat mûr • 2 pincées de zeste de citron vert haché • 1 cuil. à café de ciboulette • 4 cuil. à soupe d'huile d'amande douce • 1 citron vert • fleur de sel, sel fin et poivre du moulin

Assaisonnez la chair de crabe avec de la fleur de sel, ajoutez le zeste de citron vert, la ciboulette ciselée finement, 3 cuillerées d'huile d'amande douce, le jus de la moitié du citron vert, poivrez légèrement. Mélangez délicatement à l'aide d'une fourchette. Réservez à température ambiante.

Coupez, à l'aide d'une mandoline, 1 avocat non pelé (noyau compris) dans la longueur en tranches très fines. Vous obtenez des tranches non pelées avec ou sans noyau. Retirez ensuite la peau de chaque tranche et le noyau.

Dressez sur chaque assiette plate 3 grandes tranches d'avocat trouées les unes à côté des autres. Répartissez dans les trous la chair de crabe, puis recouvrez cette dernière d'autres tranches d'avocat plus petites non trouées. Assaisonnez les tranches d'avocat d'une pincée de fleur de sel, de poivre du moulin, de quelques gouttes de jus de citron vert et d'un filet d'huile d'amande douce.

Dégustez sans attendre.

BABETTE DE ROZIÈRES

Crabes farcis

Pour 4 personnes

4 petits tourteaux de 350 g • 1/4 de baguette rassise • 2 cuil. à soupe d'huile d'arachide • 1 cuil. à soupe de beurre • 1 oignon moyen pelé et haché finement • 1 cuil. à soupe de cive pelée et ciselée (ou, à défaut, de ciboulette) • 1 cuil. à café de fleur de thym • 1 petit bouquet de persil plat concassé • 1 gousse d'ail pelée et hachée • 1 petit morceau de piment antillais • 1 pointe de couteau de cumin en poudre • 1/4 de cuil. à café d'arôme de patrelle • 30 g de chapelure • sel, poivre du moulin, gros sel

La veille, mettez à tremper la baguette rassise dans un saladier d'eau pendant 12 heures, à température ambiante.

Le lendemain, rincez les tourteaux sous l'eau, puis plongez-les dans un faitout rempli d'eau bouillante salée et faites-les cuire pendant 15 minutes. Laissez-les refroidir sur une grille, décortiquez-les et émiettez leur chair. Nettoyez les carapaces et réservez-les. (Vous pouvez aussi utiliser de la chair de crabe déjà décortiquée et demander au poissonnier des carapaces de crabe.)

Égouttez le morceau de baguette, pressez-le entre vos mains afin de retirer un maximum d'eau, mettez-le dans le bol d'un mixeur, mixez et réservez.

Preparez la farce : dans une cocotte, faites chauffer l'huile et le beurre, sans colorer. Ajoutez dans la cocotte, en remuant à l'aide d'une spatule en bois, l'oignon haché, la cive ciselée, la fleur de thym, le persil plat et l'ail. Laissez suer pendant 2 à 3 minutes. Ajoutez le pain, puis, sur feu un peu plus fort, incorporez la chair de crabe. Mélangez bien.

Passez le morceau de piment antillais dans un presse-ail, récupérez-en le jus et versez-le dans la farce. Ajoutez le cumin, l'arôme de patrelle, salez et poivrez.

Préchauffez le four en position gril.

Remplissez généreusement les carapaces des crabes avec la farce. Disposez-les sur un lit de gros sel sur une plaque de cuisson, parsemez-les de chapelure et enfournez-les 5 à 10 minutes.

Sortez les crabes du four, disposez-les sur un plat de service et décorez avec quelques feuilles de persil plat.

CRUSTACÉS

Crabe, araignée, tourteau

ALAIN SOLIVÉRÈS

Nage de tourteau aux légumes

Pour 2 personnes

2 tourteaux cuits • 2 petits blancs de poireaux • 2 gousses d'ail • 1 branche de céleri • 20 cl d'huile d'olive • 5 ou 6 queues de basilic ficelées • 1 cuil. à soupe de concentré de tomate • 20 fèves • 1 cuil. à soupe de petits pois • 1 tomate • 7 haricots verts • 1/2 oignon • 1 carotte • 1 petit navet • 1/2 courgette • 1 cuil. à café de parmesan râpé • 1 cuil. à soupe de feuilles de basilic ciselées finement • fleur de sel, sel fin et poivre du moulin

Décortiquez les tourteaux, réservez la chair et concassez les carapaces.

Nettoyez les blancs de poireaux et émincez-les. Pelez 1 gousse d'ail, fendez-la en deux et dégermez-la. Lavez la branche de céleri, retirez les filandres et émincez-la.

Faites chauffer 3 cuillerées à soupe d'huile d'olive dans une cocotte. Faites-y revenir les morceaux de carapaces. Ajoutez 1 blanc de poireau, l'ail dégermé, les queues de basilic, la branche de céleri, mélangez bien. Ajoutez le concentré de tomate, mouillez à hauteur d'eau, portez à frémissements et comptez 20 minutes de cuisson.

Plongez les fèves dans de l'eau bouillante salée pendant 1 minute, passez-les sous l'eau froide, écossez-les et pelez-les. Écossez les petits pois et lavez-les. Coupez les haricots verts en bâtonnets de 1 cm de long. Mondez la tomate, fendez-la en quatre, épépinez-la et coupez la pulpe en petits dés.

Faites cuire les fèves de 1 à 2 minutes dans de l'eau bouillante salée avec les petits pois et les bâtonnets de haricots verts. Rafraîchissez ces légumes dans de l'eau bien froide et égouttez-les.

Écrasez la deuxième gousse d'ail sans la peler. Pelez l'oignon et hachez-le finement. Pelez la carotte et le navet, lavez-les et coupez-les, ainsi que la demi-courgette non pelée, en dés de 2 à 3 mm.

Faites chauffer 4 cuillerées à soupe d'huile d'olive dans une cocotte avec l'ail écrasé. Faites-y suer l'oignon avec le blanc de poireau émincé, les dés de carotte, de navet et de courgette. Salez et poivrez. Mouillez à hauteur avec le bouillon de tourteau en le passant à travers un chinois, et comptez 2 à 3 minutes de cuisson à frémissements. Éliminez la gousse d'ail, ajoutez les légumes verts et les dés de tomate, donnez une ébullition, rectifiez l'assaisonnement, mélangez bien et, juste avant de dresser, parsemez des feuilles de basilic ciselées.

Répartissez la chair des tourteaux dans 2 assiettes creuses, disposez dessus les petits légumes et le bouillon de tourteau. Parsemez chaque assiette d'1 pincée de parmesan râpé et d'1 cuillerée à soupe d'huile d'olive. Dégustez aussitôt.

CRUSTACÉS

Crabe, araignée, tourteau

THIOU

Riz sauté au crabe

Pour 4 personnes

250 g de riz thaï • 100 g de chair de crabe • 1 gousse d'ail • 2 œufs • 3 cuil. à soupe d'huile d'arachide • 3 cuil. à soupe de sauce soja • 2 cuil. à soupe de ciboulette thaïe • poivre du moulin

Versez 1 litre d'eau froide dans une casserole, ajoutez le riz, portez à ébullition et remuez régulièrement à l'aide d'une spatule en bois. Comptez environ 5 minutes de cuisson après l'ébullition, puis égouttez.

Mettez le riz égoutté dans une cocotte, couvrez et faites chauffer sur feu doux pendant 5 minutes, en remuant de temps en temps.

Pelez la gousse d'ail, fendez-la en deux dans la longueur, dégermez-la et écrasez-la.

Faites chauffer l'huile d'arachide dans un poêlon et faites-y blondir la gousse d'ail. Lorsque l'huile est parfumée, retirez la gousse d'ail.

Battez les œufs au fouet, puis versez-les dans l'huile parfumée sans cesser de remuer à l'aide d'une spatule en bois. Ajoutez le riz et la chair de crabe; mélangez bien. Ajoutez la sauce soja, poivrez généreusement.
Lorsque le riz sauté au crabe est bien chaud, ajoutez la ciboulette thaïe ciselée, mélangez et servez aussitôt.

CRUSTACÉS

Crabe, araignée, tourteau

Jean-André Charial

Soupe de favouilles

Pour 4 personnes

600 g de favouilles (petits crabes vert et marron) bien vivants • 1 carotte • 1 oignon • 1 petit fenouil • 1 gousse d'ail • 2 cuil. à soupe d'huile d'olive • 1 trait de pastis • 1 cuil. à soupe de concentré de tomate • 1 verre de vin blanc sec • 1 litre de fumet de poisson • 10 pistils de safran • 10 cl de crème fraîche liquide • 4 pluches de cerfeuil • sel fin et poivre du moulin

Rincez les favouilles puis coupez-les en quatre.
Épluchez la carotte, l'oignon et le fenouil, puis coupez-les en petits morceaux. Pelez la gousse d'ail, fendez-la en deux et dégermez-la.
Faites chauffer 2 cuillerées à soupe d'huile d'olive dans une cocotte et faites-y rougir les favouilles. Ajoutez les morceaux de carotte, d'oignon et de fenouil, mélangez bien et faites suer de 2 à 3 minutes. Ajoutez un trait de pastis, l'ail, le concentré de

tomate, mélangez bien, puis déglacez avec le vin blanc sec. Versez le fumet de poisson, ajoutez les pistils de safran, portez à frémissements et laissez cuire 40 minutes à feu doux.

Dans un récipient placé dans un autre plus grand contenant des glaçons, fouettez la crème fraîche bien froide. Réservez au réfrigérateur.

Après 40 minutes de cuisson, versez les favouilles avec le bouillon de cuisson et la garniture aromatique dans le bol d'un mixeur et mixez. Rectifiez l'assaisonnement, puis passez à travers un chinois en foulant bien pour en exprimer tous les sucs. Réchauffez si nécessaire : la soupe doit être bien chaude.

Versez la soupe dans des tasses individuelles, ajoutez délicatement dans chacune 1 cuillerée à soupe de crème fouettée et disposez dessus une petite pluche de cerfeuil. Servez bien chaud (ou glacé l'été).

CRUSTACÉS

Crevette, gamba

Thiou

Brochettes de crevettes

Pour 2 personnes

4 belles crevettes • 1 gousse d'ail • 1 cuil. à soupe de sauce de soja thaïe • 1 cuil. à soupe de sauce d'huître • 4 cuil. à soupe d'huile d'arachide • 1 cuil. à soupe de pluches de coriandre concassées • 1 cuil. à café de cognac • 10 cuil. à soupe de sucre semoule • 1 cuil. à soupe de vinaigre d'alcool blanc • 1 pointe de cuil. à soupe de purée de piment • 10 cacahuètes • sel fin et poivre du moulin

Séparez la queue de la tête des crevettes, puis éliminez les têtes et décortiquez les queues tout en conservant le dernier anneau et le petit bout de queue. Ensuite, à l'aide d'un couteau, incisez le dessus de chaque queue afin d'éliminer le boyau disgracieux.
Pelez et hachez finement la gousse d'ail. Mélangez la sauce de soja thaïe avec la sauce d'huître, 3 cuillerées à soupe d'huile d'arachide, la gousse d'ail hachée, les pluches de coriandre, poivrez, puis versez le cognac et mélangez.
Disposez les queues de crevette dans cette sauce, puis laissez-les mariner pendant 15 minutes.
Portez à ébullition 10 cuillerées à soupe d'eau et le sucre semoule sur feu doux jusqu'à l'obtention d'un caramel blond. Décuisez-le avec précaution petit à petit sur feu doux avec 5 cuillerées à soupe d'eau. Réservez.
Incorporez ensuite successivement sur feu éteint le vinaigre d'alcool blanc, la purée de piment, et salez.
Décortiquez et concassez les cacahuètes.
Embrochez chaque crevette marinée sur une brochette en bois sur toute sa longueur, sous le ventre, le plus près possible de la peau.
Faites chauffer un filet d'huile d'arachide dans une poêle. Disposez-y et faites-y cuire environ 1 minute les brochettes sur chaque face à feu très doux.
Dressez les brochettes de crevettes, accompagnées de la sauce caramel tempérée, parsemée de quelques cacahuètes concassées.

Christian Willer

Crevettes de Méditerranée à la vapeur
au thym citron

Pour 4 personnes

8 grosses crevettes n° 2 • 1 bouquet de thym citron • 2 échalotes • 95 g de beurre • 7 cl de vin blanc sec • 7 cl de jus de citron jaune • 10 cl de crème fraîche liquide • sel fin, poivre du moulin

Décortiquez les crevettes : ne séparez pas les queues des têtes, retirez uniquement les anneaux de carapace des queues en prenant soin de laisser les deux derniers. Conservez ces crevettes au réfrigérateur.

Pelez et hachez finement les échalotes.

Faites fondre 20 g de beurre dans une casserole, ajoutez-y les échalotes et faites-les suer, puis mouillez avec le vin blanc. Ajoutez le jus de citron, portez à ébullition et laissez réduire de moitié. Incorporez ensuite, tout en fouettant, la crème fraîche, puis laissez réduire d'un tiers.

Montez cette sauce avec 75 g de beurre bien froid et coupé en petits dés. Dès que le beurre est incorporé, transvasez la sauce dans un récipient froid afin d'en stopper la cuisson, salez et poivrez.

Portez de l'eau à ébullition dans la partie inférieure d'un couscoussier.

Salez, poivrez et parsemez les crevettes de feuilles de thym citron. Disposez-les délicatement dans la partie supérieure du couscoussier, ajoutez quelques brindilles de thym citron, puis couvrez et comptez 3 minutes de cuisson.

Dressez les crevettes sur un plat de service, nappez les queues d'un cordon de sauce et servez en amuse-bouche. Présentez le restant de sauce en saucière.

CRUSTACÉS

Crevette, gamba

CHRISTOPHE CUSSAC

Crevettes frites à l'aubergine

Pour 4 personnes

12 grosses crevettes • 1 aubergine longue pas trop grosse • 250 g de pommes de terre (BF 15, à purée) • 1 rouleau de pâte à filo • huile de friture • 1 boîte de 50 g d'anchois à l'huile • 1 échalote • 1 gousse d'ail • 8 cuil. à soupe d'huile d'olive • 1 cuil. à soupe de ciboulette ciselée finement • 2 poignées de salade amère (roquette, par exemple) • 1 filet de vinaigre de vin rouge • gros sel, sel

Lavez les pommes de terre non pelées, mettez-les dans une casserole, couvrez-les d'eau froide, salez au gros sel, portez à ébullition et faites cuire pendant 20 à 25 minutes à frémissements. Vérifiez leur cuisson en les piquant avec la pointe d'un couteau, qui doit s'enfoncer facilement.

Pelez l'aubergine. Coupez-la en tranches très fines dans la longueur à l'aide d'une mandoline (coupe-légumes à 2 lames) ; comptez 3 tranches par personne.

Conservez le rouleau de pâte à filo dans le papier de protection. Encore enroulée, coupez une bande de pâte de 2 cm environ. (La pâte à filo est une pâte très fine et très fragile qui sèche très rapidement ; conservez le reste du rouleau pour une autre recette, enveloppé dans un film étirable au réfrigérateur.)

Décortiquez les crevettes. Enroulez chaque crevette dans une tranche d'aubergine en commençant par la partie la plus étroite. Faites 2 tours complets et éliminez le surplus.

Retirez le papier de protection de la bande de pâte à filo. Vous obtenez ainsi plusieurs petits morceaux de pâte. Enroulez-les autour de chaque crevette afin de recouvrir toute l'aubergine. Si vous faites cette préparation à l'avance, conservez les crevettes dans un film étirable au réfrigérateur.

Préchauffez une friture à 180 °C.

Après 20 à 25 minutes de cuisson, les pommes de terre sont cuites. Égouttez-les, laissez-les refroidir, puis pelez-les. Écrasez-les à la fourchette.

Coupez les anchois en petits morceaux. Pelez et hachez finement l'échalote et la gousse d'ail. Faites chauffer dans une casserole 3 cuillerées à soupe d'huile d'olive. Ajoutez les anchois et saisissez-les à feu vif. Baissez le feu et, sur feu doux, ajoutez l'échalote et la gousse d'ail hachées et laissez suer. Ajoutez les pommes de terre écrasées, mélangez bien à l'aide d'une spatule en bois. En fonction de la consistance, incorporez 2 cuillerées à soupe d'huile d'olive. Laissez tiédir.

Faites frire les crevettes 6 par 6 dans l'huile bien chaude à 180 °C, pendant 2 à 3 minutes ; la pâte à filo doit être blonde. Égouttez-les, disposez-les sur un papier absorbant et salez-les légèrement.

Quand elle est tiède, ajoutez dans la brandade d'anchois la cuillerée à soupe de ciboulette et mélangez bien.

Sur le plat de service, faites un lit de brandade d'anchois, couvrez de salade amère, assaisonnez de 3 cuillerées à soupe d'huile d'olive et d'un filet de vinaigre de vin rouge. Dressez les crevettes frites par-dessus et servez.

CRUSTACÉS

Crevette, gamba

GHISLAINE ARABIAN

Gratinée d'endives aux crevettes grises

Pour 1 personne

2 endives • 50 g de crevettes grises décortiquées • 20 g de beurre • 30 cl de bouillon de volaille • noix de muscade • 1 tranche de pain toastée • 2 cuil. à soupe de gruyère râpé • poivre du moulin

Débarrassez les endives de leurs feuilles abîmées. Passez-les sous l'eau rapidement pour éviter de les rendre amères et essuyez-les. Enlevez leur base, défaites les feuilles et coupez-les grossièrement dans la longueur.

Faites fondre le beurre dans un poêlon. Faites-y revenir les endives sur feu vif en remuant avec une spatule en bois. Lorsqu'elles sont colorées, versez le bouillon de volaille et comptez 15 minutes de cuisson à petits frémissements.

Préchauffez le four en position gril.

La cuisson finie, poivrez la soupe d'endives, ajoutez 1 râpure de noix de muscade et mélangez.

Mettez les crevettes décortiquées dans un bol à gratiner, versez

dessus la soupe d'endives, ajoutez une tranche de pain toastée, parsemez copieusement de gruyère râpé.
Glissez le bol dans le four, laissez gratiner, puis dégustez.

CRUSTACÉS

Crevette, gamba

Patrice Demangel

Tournedos de gambas à la ventrèche et aux pruneaux

Pour 3 personnes

6 gambas • 6 tranches de ventrèche • 3 pruneaux • 1/2 carotte • 1/2 oignon • 1 petite tomate • 1 petite cuil. à soupe d'huile d'olive • 1 gousse d'ail • 1 bouquet garni • 1 blanc de poireau moyen • gros sel, sel fin et poivre

Décortiquez les gambas : séparez les queues des têtes. Fendez les têtes en deux et retirez les poches sableuses. Décortiquez les queues, retirez les anneaux de carapace en conservant le petit bout de queue pour pouvoir tenir les gambas avec les doigts.
Préparez la garniture aromatique : pelez et coupez la moitié d'une carotte en petits morceaux. Pelez et hachez finement la moitié d'un oignon. Lavez la petite tomate, essuyez-la, fendez-la en deux, retirez les graines et coupez-la en petits dés.
Faites chauffer 1 petite cuillerée à soupe d'huile d'olive dans un poêlon pas trop large (de 15 à 18 cm de diamètre envi-

ron). Lorsque l'huile est chaude, ajoutez les têtes des gambas, faites-les revenir avec la garniture aromatique ; les sucs doivent caraméliser. Comptez environ 2 minutes de cuisson et pressez légèrement les têtes.

Pelez et dégermez la gousse d'ail. Ajoutez-la avec le bouquet garni dans le poêlon, mouillez avec 25 cl d'eau et portez à frémissements pendant 15 minutes.

Nettoyez le blanc de poireau. Portez de l'eau à ébullition dans une casserole, salez-la au gros sel, puis plongez le blanc de poireau et laissez-le cuire pendant 5 à 6 minutes. (Vérifiez la cuisson en le piquant avec la lame d'un couteau, qui doit s'enfoncer facilement.) Plongez ce blanc de poireau dans de l'eau glacée ; dès qu'il est froid, égouttez-le.

Coupez les pruneaux en deux dans la largeur et retirez les noyaux. Coupez le blanc de poireau en rouelles de 2 cm.

Posez à plat les 6 tranches de ventrèche sur le plan de travail. À l'une des extrémités de chaque tranche, disposez à plat 1 gamba crue, le petit bout restant de carapace de la queue vers l'extérieur. Les gambas formant une sorte d'« équerre », disposez au niveau du creux de chacune d'entre elles, sur la ventrèche, 1 morceau de pruneau et 1 rouelle de poireau, puis roulez le tout dans la ventrèche en laissant bien dépasser le petit bout de queue. Maintenez le tout avec une pique en bois.

Après 15 minutes de cuisson, éliminez les têtes des gambas et le bouquet garni du poêlon, puis versez le jus et la garniture aromatique, gousse d'ail comprise, dans le bol d'un mixeur et mixez. Vérifiez l'assaisonnement. Passez cette sauce au chinois dans une casserole tout en foulant bien pour en exprimer tous les sucs.

Disposez les tournedos de gambas dans une poêle bien chaude sans matière grasse, faites-les cuire sur feu doux pendant 4 à 5 minutes, en les retournant fréquemment.

Disposez les tournedos de gambas sur un plat de service, ajoutez un cordon de sauce tout autour (servez la sauce restante en saucière) et dégustez sans attendre.

Guy Guilloux

Langoustines au four parfumées au lambig

Pour 2 personnes

4 langoustines de 100 g • 2 cuil. à soupe de lambig • 80 g de beurre salé • jus de 1/2 citron • 4 pincées de piment d'Espelette • 1 cuil. à soupe d'estragon • 10 cl de crème liquide

Sortez le beurre du réfrigérateur. Fendez en deux les langoustines dans la longueur, retirez leur intestin et la poche à cailloux, et réservez-les sur un plat.

Dans un récipient, mettez 50 g de beurre salé, incorporez le jus de citron et ajoutez 1 pincée de piment d'Espelette, puis mélangez à l'aide d'une fourchette.

Préchauffez le four en position gril.

À l'aide d'un pinceau, badigeonnez de beurre citronné les demi-langoustines et saupoudrez-les d'1 pincée de piment d'Espelette. Disposez-les dans une sauteuse beurrée et enfournez-les 2 minutes. Sortez la sauteuse du four, rebeurrez les langoustines et enfournez à nouveau 2 minutes.

Mettez la sauteuse sur le feu et déglacez les langoustines avec le lambig. Laissez réduire, baissez le feu et déglacez les sucs avec 3 cuillerées à soupe d'eau froide. Débarrassez les langoustines sur un plat de service, recouvrez-les d'une feuille d'aluminium pour les maintenir chaudes et réservez-les à température ambiante.

Préparez la sauce : concassez l'estragon. Passez au chinois les sucs restants, versez-les dans une petite casserole et portez à ébullition. Diminuez le feu sous la casserole, ajoutez la crème liquide en mélangeant à l'aide d'un fouet, puis l'estragon concassé et, enfin, 25 g de beurre coupé en dés. Remuez bien au fouet, salez et versez 2 pincées de piment d'Espelette.
Retirez la feuille d'aluminium et nappez de sauce les langoustines.

Astuce : Lors de la cuisson au gril des langoustines, enfournez-les pinces côté porte du four, la chaleur étant moindre.

CRUSTACÉS

Langoustine

JEAN COUSSAU

Langoustines aux girolles

Pour 4 personnes

8 langoustines de 80 g à 100 g • 200 g de girolles (landaises de préférence) • 5 cuil. à soupe d'huile d'arachide • 10 cl de vin blanc sec • 100 g de beurre • 10 pistils de safran • 1 échalote • 1 cuil. à soupe de ciboulette ciselée finement • 1 petite cuil. à soupe de persil plat concassé • sel fin et poivre du moulin

Décortiquez les queues des langoustines. Dans une passoire, conservez et égouttez les têtes, les carapaces et les pattes. Réservez les queues au réfrigérateur.

Chauffez 2 cuillerées à soupe d'huile dans une cocotte. Ajoutez les carapaces, les têtes et les pattes de langoustines, et faites revenir de 2 à 3 minutes.

Mouillez avec le vin blanc, portez à ébullition et laissez réduire d'un tiers. Ajoutez un petit verre d'eau, 1 pincée de sel et laissez réduire de moitié à frémissements.

Filtrez ce fumet, transvasez-le dans une petite casserole, portez à petite ébullition, puis incorporez petit à petit tout en fouettant 80 g de beurre froid coupé en petits morceaux. Ajoutez les pistils de safran et salez. Mélangez bien et retirez du feu.

Faites bouillir une grande quantité d'eau. Pendant ce temps, nettoyez les girolles. Pelez et hachez finement l'échalote. Plongez les girolles dans l'eau bouillante. Dès que l'ébullition reprend, égouttez-les.

Faites chauffer le reste de beurre dans un poêlon. Dès qu'il mousse, faites-y sauter les girolles. Ajoutez, en mélangeant à l'aide d'une spatule en bois, l'échalote, la ciboulette et le persil plat. Salez et poivrez légèrement, puis réservez sur feu éteint.

Faites chauffer 3 bonnes cuillerées à soupe d'huile dans une poêle (elle doit être bien chaude, fumante). Saisissez-y les queues des langoustines (elles doivent être bien colorées mais pas trop cuites) environ 30 secondes. Égouttez-les aussitôt sur un papier absorbant et salez-les.

Réchauffez la sauce.

Au centre de chaque assiette, dressez un petit tas de girolles, disposez 1 langoustine de chaque côté, et versez un petit cordon de sauce tout autour. Servez éventuellement le restant de sauce en saucière. Dégustez aussitôt en amuse-bouche.

Alain Dutournier

Langoustines pimentées à la nougatine d'ail doux

Pour 4 personnes

4 grosses langoustines • 6 huîtres • 1 tête d'ail • 20 cl de lait entier • 50 g d'amandes • 50 g de gingembre • 50 g de sucre semoule • 50 g de beurre • 50 g de crème fraîche liquide • 50 g de farine tamisée • 10 g de poivre noir mignonnette • 12 cl de muscat • 2 cuil. à soupe de fond de veau • 2 cuil. à soupe de jus de citron jaune • 4 cuil. à soupe d'huile de sésame • 5 g de piment d'Espelette séché moulu • 3 cuil. à soupe d'huile d'olive • 1 cébette (oignon vert) • sel fin

Préchauffez le four à 50 °C (thermostat 1-2).

Pelez les gousses d'ail et coupez-les en dés. Faites-les blanchir : mettez le lait à bouillir dans une casserole, ajoutez les dés d'ail et, dès que l'ébullition reprend, laissez infuser pendant 20 à 30 secondes en prenant soin de ne pas laisser déborder le lait. Égouttez-les, répartissez-les sur une plaque de cuisson anti-adhésive et glissez au four pendant 2 heures pour déshydrater l'ail sans le cuire.

Lorsque les 2 heures sont écoulées, retirez l'ail et augmentez la température du four à 150 °C (thermostat 5).

Concassez les amandes. Pelez le morceau de gingembre et coupez-le en petits dés.

Mettez le sucre semoule, le beurre et 1 pincée de sel dans un poêlon, versez dessus la crème fraîche et portez à ébullition tout en remuant. L'ébullition obtenue, retirez la casserole du feu et incorporez la farine en pluie tout en mélangeant, jusqu'à obtenir une préparation bien lisse. Ajoutez ensuite les dés d'ail séchés, les amandes concassées, 30 g de gingembre coupé en dés et le poivre noir. Mélangez bien.
Garnissez 3 moules ronds antiadhésifs de 7 à 8 cm de diamètre de la nougatine d'ail, étalez-la bien à la fourchette, puis enfournez pour 15 minutes. Démoulez ensuite les nougatines et coupez-les en deux. (Elles peuvent être réalisées la veille.)
Ouvrez les huîtres, récupérez le jus, hachez-les grossièrement et réservez-les dans leur jus.
Versez le muscat dans une petite casserole, portez à petits frémissements et laissez-le réduire à couvert jusqu'à ce qu'il devienne sirupeux (vous devez en obtenir une réduction de 2 à 3 cl). Sur feu doux, ajoutez à cette réduction le fond de veau, le jus de citron, les 20 g de dés de gingembre restants, l'huile de sésame et portez à ébullition. L'ébullition obtenue, retirez la casserole du feu, ajoutez les huîtres concassées et leur jus, 1 pincée de piment d'Espelette moulu et mélangez.
Préchauffez le four à 250 °C (thermostat 9) ou en position gril.
Dans un petit récipient, mélangez l'huile d'olive avec 1 cuillerée à café de piment d'Espelette. Fendez les langoustines en deux dans la longueur, éliminez les petites poches sableuses des têtes. Disposez-les sur une plaque de cuisson, côté chair sur le dessus. Salez délicatement leur chair, badigeonnez-les d'huile pimentée à l'aide d'un pinceau et glissez-les dans le four très chaud pendant 5 à 8 minutes selon leur grosseur.
Pelez et ciselez l'oignon vert ; mettez-le dans la sauce tiède.
Dressez les langoustines sur un plat de service, nappez-les de sauce, décorez avec les nougatines d'ail et servez avec un vin blanc (sauternes, par exemple).

BRUNO OGER

Langoustines royales à la provençale

Pour 2 personnes

4 langoustines royales • 2 bulbes de fenouil • 1 cuil. à café de pastis • 6 petites tomates en grappes • 100 g de beurre • 4 gousses d'ail • huile d'olive • 2 cuil. à café de jus de citron jaune • 1 cuil. à soupe de persil plat concassé • sel, fleur de sel et poivre du moulin

Parez les bulbes de fenouil, lavez-les et fendez-les en deux. Portez 1 litre d'eau à ébullition dans une casserole. Salez-la et plongez-y les bulbes de fenouil. Faites-les cuire à frémissements pendant 20 à 30 minutes. Égouttez-les. Mettez-les dans le bol d'un mixeur, ajoutez le pastis, poivrez et mixez.

Lavez les tomates, décalottez-les du côté du pédoncule. Avec une petite cuiller, enlevez les graines sans percer la peau et pressez légèrement les tomates pour éliminer l'eau ; creusez la pulpe pour pouvoir mettre la farce. Salez et poivrez l'intérieur, garnissez chacune copieusement de 2 cuillerées à café de purée de fenouil ; remettez les chapeaux.

Faites chauffer le beurre dans une casserole jusqu'à ce qu'il prenne une couleur noisette. Disposez une petite casserole dans un récipient plus grand contenant des glaçons et posez dessus une passoire. Dès que le beurre est couleur noisette, versez-le à travers la passoire et laissez-le refroidir 1 minute sur la glace, puis réservez-le à température ambiante.

Préchauffez le four à 180 °C (thermostat 6).

Portez une casserole d'eau à ébullition, mettez-y à blanchir l'ail pendant 10 secondes, puis rafraîchissez-le rapidement dans de l'eau froide et égouttez-le sur un papier absorbant. Mettez-le ensuite dans le beurre noisette, mélangez et réservez à température ambiante.

Fendez les langoustines en deux dans le sens de la longueur et retirez dans chaque tête la poche sableuse. Rangez-les sur une plaque de cuisson, côté chair sur le dessus, ajoutez à côté les petites tomates farcies. Arrosez le tout d'un filet d'huile d'olive, ajoutez quelques grains de fleur de sel et du poivre du moulin. Enfournez pour 5 à 6 minutes de cuisson.

Faites tiédir le beurre noisette à l'ail sur feu doux, ajoutez le jus de citron, salez, poivrez et, au dernier moment, ajoutez le persil plat concassé.

Dressez les langoustines et les tomates sur un plat de service, nappez les langoustines du beurre à l'ail et dégustez.

Joël Robuchon & Éric Bouchenoire

Papillotes de langoustines au basilic

Pour 2 personnes

6 grosses langoustines •
50 g de feuilles de basilic + 6 grandes feuilles •
10 cl d'huile d'olive • 1 gousse d'ail • 2 feuilles de brick •
huile d'arachide (ou de soja) pour friture •
sel fin et poivre du moulin

La veille, placez l'huile d'olive au réfrigérateur.
Pelez puis hachez finement la gousse d'ail. Mixez les 50 g de feuilles de basilic avec l'huile d'olive froide, la gousse d'ail hachée, 1 pincée de sel et du poivre du moulin. Réservez au réfrigérateur.
Étendez et superposez les feuilles de brick sur le plan de travail. Coupez-les en trois afin d'obtenir 6 triangles. Superposez-les et enveloppez-les dans un linge humide.
Équeutez les 6 grandes feuilles de basilic.
Décortiquez les langoustines, incisez le dessus et retirez délicatement le boyau disgracieux ; poivrez-les sur chaque face (mais ne les salez pas). Posez 1 feuille de basilic sur chaque langoustine. Disposez chaque langoustine sur un triangle de feuille de brick, le long du bord arrondi, et roulez-les en serrant bien jusqu'à la pointe ; maintenez avec des piques en

bois. Débarrassez-les sur une assiette, recouvrez-les d'un film alimentaire et placez-les au réfrigérateur.

Faites chauffer l'huile de la friteuse à 170-180 °C. Faites-y frire les papillotes de langoustines 40 secondes environ, jusqu'à qu'elles soient dorées. Égouttez-les sur un papier absorbant, salez-les légèrement.

Dressez les langoustines dans 2 assiettes chaudes, versez un cordon de sauce au basilic tout autour et dégustez sans attendre.

Astuce : Si les feuilles de brick sont sèches, disposez-les sur un torchon propre humidifié ; elles retrouveront immédiatement leur souplesse.

CRUSTACÉS

Langoustine

Jean-Marc Le Guennec

Pressés de langoustines

Pour 4 personnes

12 langoustines • 4 pommes de terre (vitelottes ou rattes) • 10 cl de vinaigre balsamique • 15 cl d'huile de noix • 15 cl d'huile de pépins de raisin • 1 cuil. à soupe de coriandre fraîche concassée • 1 cuil. à soupe d'aneth concassé • 1 cuil. à soupe de ciboulette ciselée finement • 1 cuil. à soupe de citronnelle concassée • 1 tomate • 1/4 de concombre • quelques pluches de cerfeuil • sel fin, gros sel et poivre du moulin

Lavez les pommes de terre non épluchées. Mettez-les dans une casserole, recouvrez-les d'eau froide, ajoutez 1 pincée de gros sel, portez à ébullition et laissez cuire 30 minutes. Égouttez-les, pelez-les et coupez-les en rondelles.

Mélangez au fouet 1 pincée de sel et du poivre du moulin avec le vinaigre balsamique. Ajoutez l'huile de noix, l'huile de pépins de raisin, la coriandre, l'aneth, la ciboulette et la citronnelle ; mélangez.

Décortiquez les langoustines, fendez-les en deux dans la longueur et éliminez le boyau disgracieux.

Disposez les langoustines sur un plat, nappez-les généreusement de la vinaigrette aux herbes et laissez-les mariner pendant 5 à 30 minutes. Assaisonnez également les rondelles de pommes de terre de cette vinaigrette.

Disposez 4 cercles de 8 cm de diamètre environ et de 4 à 5 cm de hauteur sur un plat de service. Montez les pressés en intercalant deux fois de suite 1 couche de rondelles de pommes de terre avec 3 demi-langoustines marinées.

Lavez et mondez la tomate, pelez-la, fendez-la en quatre, puis coupez la chair en petits dés. Pelez le concombre, puis coupez-le en dés de même taille que ceux de tomate.

Retirez les cercles des pressés, parsemez tout autour les dés de concombre et de tomate, nappez-les d'un filet de vinaigrette, ajoutez un tour de moulin à poivre et quelques pluches de cerfeuil. Dégustez sans attendre.

Jacques Guillo

Salade de queues de langoustines à l'andouille de Locminé

Pour 4 personnes

12 langoustines • 4 tranches d'andouille de Locminé (épaisses de 1 cm) • 2 cuil. à soupe de vinaigre de cidre • 2 cuil. à soupe d'huile de noix • huile d'olive • 20 cl de crème fraîche liquide • 3 feuilles de tilleul • 4 poignées de salade frisée • 12 brins de ciboulette • sel, poivre du moulin

Séparez les queues des têtes des langoustines, puis décortiquez les queues en enlevant les anneaux de carapace, à l'exception des deux derniers car, à la cuisson, ils dégagent beaucoup de parfum. Arrondissez le bout des queues de langoustines avec une paire de ciseaux. À l'aide d'un petit couteau, incisez le dessus de chaque queue sur 1 à 2 cm de longueur. Le boyau disgracieux apparaît, soulevez-le délicatement avec la pointe du couteau et tirez-le sur toute la longueur.

Entreposez les queues de langoustines au réfrigérateur. (Les têtes ne sont pas utilisées dans cette recette.)

Dans un récipient, mélangez au fouet 1 pincée de sel avec un peu de poivre du moulin et 1 cuillerée à soupe de vinaigre de cidre. Incorporez ensuite l'huile de noix, émulsionnez bien et réservez.

Salez et poivrez les queues de langoustines sur chaque face. Mettez à chauffer un peu d'huile d'olive dans une poêle. Faites-y dorer les queues 1 minute de chaque côté, puis débarrassez-les sur une grille.

Dans la même poêle, réchauffez l'huile et placez les tranches d'andouille. Chauffez-les 1 à 2 minutes de chaque côté, puis réservez-les sur une grille.

Déglacez la poêle avec le vinaigre de cidre restant et laissez réduire de moitié. Ajoutez la crème liquide et le tilleul. Laissez infuser et réduire la sauce, salez, poivrez et mélangez au fouet.

Retirez les feuilles de tilleul de la sauce. Assaisonnez la salade frisée de vinaigrette et mélangez bien.

Dressez la salade au centre du plat de service et disposez dessus les tranches d'andouille. Placez les queues de langoustines tout autour, nappez-les de sauce chaude et décorez de quelques brins de ciboulette.

Astuce : Avec les têtes de langoustines, vous pouvez réaliser une bisque ou un coulis de langoustines.

Poissons

Georges Blanc

Salade d'artichauts aux filets d'anchois marinés

Pour 4 personnes

4 gros artichauts • 24 filets d'anchois marinés au vin blanc • 1 citron jaune • 15 cl de vin blanc sec • 10 cl d'huile d'olive • 1 gousse d'ail • 1 feuille de laurier • 1 petite branche de thym • 20 graines de coriandre • 1 petit bouquet de coriandre • 1 petit bouquet de cerfeuil • 1 petit bouquet de basilic • fleur de sel et poivre du moulin

Cassez la queue de chaque artichaut à la main, arasez le fond à l'aide d'un couteau en un mouvement circulaire pour enlever toutes les feuilles. Glissez le couteau juste au-dessus du fond, coupez le cône de petites feuilles tendres et éliminez-le. Au fur et à mesure, frottez les fonds avec le citron coupé en deux et réservez-les dans un récipient d'eau citronnée. Avant de cuire les artichauts, retirez le foin à l'aide d'une cuiller à soupe.
Placez les fonds d'artichauts dans une casserole, couvrez-les du vin blanc, de 10 cl d'eau et de l'huile d'olive. Ajoutez la gousse d'ail non pelée, le laurier, le thym, les graines de coriandre et 1 pincée de fleur de sel. Faites-les cuire 20 minutes en les retournant en cours de cuisson.
Lavez et effeuillez les bouquets de coriandre, de cerfeuil et de basilic. Réservez les pluches dans un saladier.

Vérifiez la cuisson des fonds d'artichauts en les piquant avec la pointe d'un couteau, qui doit s'enfoncer facilement. Égouttez-les sur une grille, en conservant le jus de cuisson, et laissez-les refroidir à température ambiante. Coupez-les ensuite en six parts égales chacun.
Répartissez 6 triangles d'artichauts sur chaque assiette. Intercalez-les avec 6 filets d'anchois. Disposez un petit tas d'herbes fraîches au centre. Nappez le tout d'un filet de jus de cuisson des artichauts (2 petites cuillerées à soupe par assiette). Parsemez les fonds d'artichauts de quelques grains de fleur de sel et de poivre du moulin.
Servez cette salade accompagnée d'un petit verre de vin blanc sec.

POISSONS

Anchois

Michel De Matteis

Tartines d'anchois aux aromates

Pour 4 personnes

200 g d'anchois frais • 4 anchois au sel • 1 citron jaune • 10 feuilles de basilic • 1 cuil. à soupe de persil plat concassé • 20 g de parmesan râpé • 7 cl d'huile d'olive • 8 tranches de pain baguette • 1 gousse d'ail • 1 citron confit au sel • sel et poivre

Faites lever les filets des anchois frais. Mettez les anchois au sel à dessaler pendant 30 minutes dans de l'eau froide.

Hachez tous les anchois avec un couteau. Mettez ce tartare dans un récipient, lui même placé dans un récipient plus grand contenant des glaçons. Arrosez le tartare du jus du citron.
Mixez les feuilles de basilic avec le persil, 10 g de parmesan râpé et 4 cuillerées à soupe d'huile d'olive. Versez ce mélange sur le tartare, rectifiez l'assaisonnement si nécessaire.
Préchauffez le four en position gril.
Toastez les tranches de pain dans le four sans trop les colorer. Frottez-les de chaque côté avec la gousse d'ail pelée et dégermée, puis arrosez-les d'un peu d'huile d'olive.
Répartissez sur chaque tranche de pain la valeur d'1 cuillerée à soupe de tartare et parsemez-la d'1 petite pincée de parmesan râpé.
Prélevez la peau du citron confit et coupez-la en julienne épaisse. Disposez 2 bâtonnets de citron sur chaque tranche. Passez ces tartines d'anchois aux aromates sous le gril du four pendant 3 à 4 minutes.
Servez en amuse-bouche ou en hors-d'œuvre.

THIERRY MAFFRE-BOGÉ

Terrine de tomates aux anchois frais

Pour 4 personnes

25 anchois frais • 1 kg de tomates (Roma de préférence) • 1 citron jaune • 25 cl d'huile d'olive • 1 botte de basilic • fleur de sel, sel fin et poivre du moulin

Demandez au poissonnier de lever les filets des anchois.

Disposez-les sur un plat, sans les faire se chevaucher, salez-les, poivrez-les, arrosez-les du jus de citron et de 10 cl d'huile d'olive. Entreposez-les de 1 heure à 24 heures au réfrigérateur.

Retirez les pédoncules des tomates, lavez-les et plongez-les 1 minute dans une grande quantité d'eau bouillante. Rafraîchissez-les dans de l'eau bien froide, égouttez-les et pelez-les. Fendez-les en deux et épépinez-les.

Chemisez une terrine ou un moule à cake de film alimentaire en le laissant déborder de façon à pouvoir, une fois le montage de la terrine terminé, recouvrir entièrement le contenu de film.

Montez la terrine : disposez d'abord une couche de tomates, côté bombé au fond de la terrine, tout en faisant se chevaucher ces morceaux d'un tiers. Salez et poivrez. Couvrez cette couche de feuilles de basilic, en les disposant de sorte que la longueur des feuilles soit parallèle à la longueur de la terrine, côté brillant des feuilles contre les tomates. Disposez ensuite les filets d'anchois parallèlement à la longueur de la terrine. Arrosez d'1 cuillerée à soupe d'huile d'olive. Renouvelez deux fois ce montage et terminez par une quatrième couche de morceaux de tomates, cette fois côté bombé sur le dessus. Salez et poivrez.

Rabattez le film alimentaire sur le contenu de la terrine. Disposez un poids dessus, pressez légèrement et entreposez la terrine 12 heures au réfrigérateur.

Démoulez la terrine et détaillez-la en tranches de 1 cm d'épaisseur.

Servez 2 tranches par personne, arrosées d'un petit filet d'huile d'olive, parsemées d'1 pincée de fleur de sel et décorées avec 1 petite feuille de basilic. Accompagnez cette terrine d'une salade de mesclun, par exemple.

PATRICE DEMANGEL

Dos de bar à la peau croustillante de sel marin

et sa béarnaise allégée

Pour 4 personnes

4 morceaux de dos de bar de 120 g, écaillés (épais d'environ 2 cm, avec la peau) • 2 cuil. à soupe d'échalote pelée et hachée • 1 cuil. à café rase de poivre mignonnette blanc • 1 branche d'estragon • 10 cl de vinaigre d'alcool blanc • 2 jaunes d'œufs • 150 g de fromage blanc à 0 % • 1 cuil. à soupe d'estragon concassé • gros sel marin, sel

Mettez dans une casserole l'échalote pelée et hachée, 1 cuillerée à café rase de poivre mignonnette blanc et la branche d'estragon. Ajoutez le vinaigre d'alcool, portez à ébullition et laissez réduire pratiquement à sec : il ne doit rester qu'1 cuillerée à soupe de vinaigre. Retirez et jetez la branche d'estragon.

Dans une petite casserole, mélangez au fouet les jaunes d'œufs avec 2 cuillerées à soupe d'eau froide et 1 petite pincée de sel. Placez cette casserole dans un récipient plus grand contenant de l'eau à frémissements. Afin d'éviter des éclaboussures, recouvrez le fond du récipient de papier sulfurisé. Tout au long de la cuisson, fouettez les jaunes énergiquement sans interruption pendant 5 minutes environ jusqu'à ce que le mélange épaississe ; vous obtenez un sabayon. Dès que fond de la casserole est visible, retirez la casserole du bain-marie et fouettez encore 1 petite minute.

Incorporez dans le sabayon 1 cuillerée à soupe de la préparation vinaigre-échalote et le fromage blanc. Ajoutez l'estragon concassé, mélangez et rectifiez l'assaisonnement si nécessaire.

Préchauffez le four en position gril.

Disposez les morceaux de bar sur une plaque de cuisson, côté peau sur le dessus. Couvrez le côté peau d'1 petite cuillerée à soupe de gros sel marin. Glissez la plaque dans le four et faites cuire les morceaux de bar pendant 10 minutes.

Réchauffez la sauce béarnaise allégée dans un bain-marie tout en la fouettant bien.

Retirez les morceaux de bar du four. Ôtez délicatement la peau avec la croûte de sel des morceaux de poisson, en prenant soin de ne pas la briser.

Dressez les morceaux de bar sur un plat de service chaud et nappez-les d'1 cuillerée à soupe de béarnaise allégée. Posez délicatement, à cheval sur le plat et les morceaux de poisson, les peaux avec le sel. Servez le reste de béarnaise en saucière.

POISSONS

Bar (ou loup)

BRUNO OGER

Loup en papillotes au confit niçois

Pour 2 personnes

2 morceaux de loup de 150 g (avec la peau) • 1 oignon • 1 gousse d'ail • 1/2 poivron rouge • 1/2 poivron vert •

1/2 poivron jaune • 1/2 courgette • 1/2 aubergine • 3 tomates • 5 cuil. à soupe d'huile d'olive • 10 feuilles de basilic • 2 brindilles de thym • sel fin et poivre du moulin

Pelez puis hachez l'oignon et la gousse d'ail. Lavez les poivrons, la courgette et l'aubergine. Coupez ces légumes en dés de 3 mm. Lavez et mondez les tomates, fendez-les en quatre, retirez les graines et coupez la pulpe en dés de 3 mm également.

Faites chauffer 4 cuillerées à soupe d'huile d'olive dans un poêlon avec l'oignon et la gousse d'ail hachés, laissez suer 1 à 2 minutes. Faites-y ensuite suer les dés de poivrons, de courgette d'aubergine et enfin de tomates, tout en mélangeant avec une spatule en bois. Salez, poivrez et laissez confire 30 minutes sur feu doux.

Incisez délicatement la peau des morceaux de loup. Salez et poivrez les morceaux de poisson sur chaque face. Faites chauffer le reste d'huile d'olive dans une poêle, ajoutez délicatement les morceaux de loup et saisissez-les côté peau. Faites-les dorer ; ne faites pas cuire le côté chair, la cuisson se terminant au four en papillote. Débarrassez-les sur une assiette.

Préchauffez le four à 200 °C (thermostat 6-7).

Coupez 2 feuilles d'aluminium de 30 x 40 cm et étalez-les sur le plan de travail. Répartissez et étalez le confit niçois sur l'une des moitiés de chaque feuille, disposez successivement dessus 4 ou 5 feuilles de basilic, le morceau de loup et 1 brindille de thym. Rabattez l'autre moitié dessus, faites un ourlet de 1 cm environ tout autour, puis réalisez sur ce dernier une série de petits plis afin de rendre la papillote bien hermétique. Disposez les papillotes sur une plaque de four et enfournez-les pour 10 minutes de cuisson.

Au terme de la cuisson, disposez une papillote sur chaque assiette et servez.

Anne-Sophie Pic

Loup rôti aux petits légumes, beurre au pastis

Pour 2 personnes

2 pavés de loup (avec la peau) • 1 petite courgette • 2 petites carottes • 2 petits navets • 2 petits fenouils • 1 gousse d'ail • 3 cuil. à soupe d'huile d'olive • 1 feuille de laurier • 1 brindille de thym • 20 cl de bouillon de volaille • 5 cl de fumet de poisson • 1 cl de pastis • 120 g de beurre • fleur de sel, sel fin et poivre du moulin

Lavez la courgette et coupez-la en rondelles de 1,5 cm d'épaisseur. Parez les carottes, les navets et les fenouils. Pelez la gousse d'ail, fendez-la en deux dans la longueur et dégermez-la.

Faites chauffer 1 cuillerée à soupe d'huile d'olive dans un poêlon. Mettez-y les légumes, l'ail, le laurier et le thym. Roulez-les dans l'huile d'olive à l'aide d'une spatule en bois, faites-les suer sur feu doux, puis mouillez-les avec le bouillon de volaille. Couvrez et laissez cuire de 10 à 15 minutes.

Versez le fumet de poisson et le pastis dans une casserole et portez à ébullition. Laissez réduire d'un tiers, puis incorporez 100 g de beurre froid coupé en petits dés. Fouettez, retirez du feu, salez, poivrez et réservez.

Faites 2 ou 3 petites incisions sur les pavés de loup côté peau. Salez-les et poivrez-les côté chair.

Faites chauffer 2 cuillerées à soupe d'huile d'olive dans une poêle. Disposez les pavés de loup côté peau et faites-les cuire sur feu doux pendant 10 minutes. Retirez-les de la poêle et disposez-les côté chair sur une assiette.
Les légumes sont cuits, le bouillon de volaille a réduit, ajoutez et laissez fondre 20 g de beurre. Enrobez bien les légumes de ce beurre, salez légèrement, réservez sur feu éteint. Éliminez la gousse d'ail, la feuille de laurier et la brindille de thym.
Émulsionnez la sauce.
Dans des assiettes individuelles, répartissez les petits légumes, disposez à côté les pavés de loup et versez tout autour un cordon de sauce. Ajoutez 1 pincée de fleur de sel et 1 petit tour de moulin à poivre sur chaque pavé. Servez aussitôt.

POISSONS
Cabillaud

Christophe Pétra

Brandade de cabillaud demi-sel, ail confit

Pour 4 personnes

4 pavés de cabillaud de 150 g (sans la peau) • 500 g de gros sel • 6 gousses d'ail • 30 cl d'huile d'olive • 500 g de pommes de terre (rattes) • 50 g de beurre • 2 cuil. à soupe de ciboulette ciselée • sel fin et poivre du moulin

Faites tiédir 10 cl d'huile d'olive dans une petite casserole. Pelez les gousses d'ail, fendez-les en deux dans la longueur,

dégermez-les, puis plongez-les dans l'huile d'olive et laissez-les confire à feu doux pendant 40 minutes.

Répartissez le gros sel dans un plat creux, posez dessus les pavés de cabillaud, enrobez-les de sel et réservez 20 minutes à température ambiante.

Pelez les pommes de terre. Lavez-les, mettez-les dans une casserole, recouvrez à hauteur d'eau froide, ajoutez le beurre, salez, portez à frémissements et laissez cuire environ 30 minutes ; l'eau de cuisson doit s'évaporer.

Écrasez les pommes de terre avec une fourchette et incorporez petit à petit 10 cl d'huile d'olive. Poivrez, salez si nécessaire et ajoutez la ciboulette. Sur feu éteint, arrosez d'un petit filet d'huile d'olive et réservez à température ambiante, recouvert d'un film étirable pour éviter que la purée sèche en surface.

Passez les pavés de cabillaud sous l'eau, puis épongez-les avec un linge bien propre. Poivrez-les sur chaque face.

Faites chauffer un filet d'huile d'olive dans une poêle. Disposez-y les pavés de cabillaud en commençant par saisir le côté où se trouvait l'arête, arrosez-les de quelques gouttes d'huile d'olive, faites-les cuire 5 minutes environ sur feu doux ; ils doivent être bien dorés de chaque côté. Réservez sur feu éteint.

Disposez la purée au centre d'un plat de service, puis les pavés de cabillaud dessus, ajoutez les gousses d'ail confites tout autour, puis 1 petite cuillerée à café de l'huile parfumée à l'ail confit sur chaque pavé. Dégustez sans attendre.

Régis Mahé

Cabillaud au parmentier d'andouille

Pour 3 personnes

3 morceaux de cabillaud de 160 à 180 g (avec la peau) • 200 g d'andouille de Vire • 3 pommes de terre (bintjes) de même grosseur • 1 échalote • 1 cuil. à soupe de vinaigre balsamique • 1/3 de cuil. à café de moutarde de Dijon • 3 cuil. à soupe d'huile de noix • 1 pincée de persil plat concassé • 1 oignon moyen • 1 gousse d'ail • 1 cuil. à soupe de beurre • 1/2 cuil. à café de sucre semoule • 1 verre de crème fraîche liquide • huile d'olive • gros sel, sel fin et poivre du moulin

Pelez les pommes de terre et lavez-les. Plongez-les dans une grande casserole remplie d'eau froide, salez au gros sel, portez à ébullition, et faites cuire 20 à 25 minutes à frémissements.

Préparez une vinaigrette à l'huile de noix : pelez et hachez l'échalote. Mélangez à l'aide d'un fouet le vinaigre balsamique avec la moutarde de Dijon, du sel et du poivre. Ajoutez l'huile de noix, puis la moitié de l'échalote hachée et le persil.

Pelez, puis hachez finement l'oignon et la gousse d'ail. Coupez d'andouille de Vire en dés de 1 cm.

Faites fondre le beurre dans une casserole. Faites-y suer l'oignon et la gousse d'ail. Saupoudrez du sucre semoule, laissez colorer, ajoutez les dés d'andouille sur feu plus doux, et laissez compoter de 3 à 4 minutes tout en mélangeant à l'aide d'une spatule en bois.

Ajoutez la crème fraîche liquide et laissez mijoter sur feu doux pendant 15 minutes.

Égouttez les pommes de terre cuites, mettez-les dans une casserole et écrasez-les à la fourchette. Incorporez cette purée à la compote d'andouille, mélangez bien et réservez sur feu très doux.

Salez et poivrez chaque face des morceaux de cabillaud et arrosez-les d'un filet d'huile d'olive. Saisissez-les côté peau dans une poêle chaude pendant 4 à 5 minutes, retournez-les et faites-les cuire de nouveau 4 à 5 minutes.

Dans des assiettes individuelles, répartissez le parmentier d'andouille, disposez dessus les morceaux de cabillaud, arrosez-les d'1 cuillerée à soupe de vinaigrette à l'huile de noix et dégustez.

POISSONS

Cabillaud

Georges Paineau

Cabillaud aux herbes au beurre blanc nantais

Pour 2 personnes

2 pavés de cabillaud de 120 g (sans la peau et les arêtes) • 4 échalotes • 8 cl de vin blanc sec • 8 cl de vinaigre d'alcool coloré • 2 œufs • coriandre • persil plat • 150 g de beurre • 1 cuil. à soupe d'huile d'arachide • sel, poivre du moulin

Pelez et hachez finement les échalotes. Mettez-les dans une casserole, ajoutez le vin blanc sec et le vinaigre d'alcool. Portez à ébullition puis laissez réduire à sec et sur feu doux, jusqu'à obtenir la valeur d'1/2 cuillerée à soupe d'échalotes (comptez 15 minutes de cuisson).

Salez et poivrez les morceaux de cabillaud sur toutes les faces.

Battez les œufs dans un bol à l'aide d'un fouet et versez-les dans une assiette creuse. Concassez finement un peu de coriandre et de persil plat, et disposez-les dans une deuxième assiette creuse. Passez un à un les morceaux de cabillaud (côté où il y avait la peau) dans les œufs battus, puis dans les herbes concassées. Réservez-les ensuite dans une autre assiette à température ambiante.

Préparez le beurre blanc nantais : reprenez la réduction d'échalotes, ajoutez 2 cuillerées à soupe d'eau et portez à ébullition. À l'aide d'un fouet, incorporez sur feu doux le beurre froid coupé en petits dés, rectifiez l'assaisonnement et réservez ce beurre blanc sur feu éteint.

Dans une poêle antiadhésive, faites chauffer l'huile d'arachide, puis saisissez les morceaux de cabillaud en commençant par le côté herbes, pendant quelques minutes et sans trop les colorer.

Dressez-les dans un plat de service chaud et entourez-les d'un cordon de beurre blanc.

Astuce : Évitez de saisir les pavés de cabillaud à feu trop fort, car les herbes risqueraient de brûler.

MARC MENEAU

Cabillaud en croûte de céleri

Pour 2 personnes

1 morceau de cabillaud de 350 g (avec la peau) • 200 g de céleri-rave • 250 g de farine • 1 blanc d'œuf • 1/2 cuil. à soupe de brindilles de thym • 50 g de sel fin • 110 g de gros sel • 25 g de céleri branche • 200 g de beurre • 20 g de fleur de sel • 5 ou 6 feuilles de céleri • 1 œuf • 1 citron

Pelez le céleri-rave, citronnez-le, râpez-le et réservez-le. Sortez le beurre du réfrigérateur.

Mélangez dans un saladier la farine tamisée avec le blanc d'œuf. Versez, peu à peu, de l'eau froide en malaxant avec les mains. Ajoutez le thym, le sel fin et 100 g de gros sel, et incorporez le céleri-rave râpé. Formez une boule et laissez reposer 15 à 20 minutes au réfrigérateur.

Hachez le céleri branche. Dans un saladier, mélangez 200 g de beurre ramolli avec la fleur de sel et le céleri branche haché.

Retirez l'arête centrale du morceau de cabillaud, mais gardez-lui la peau du dos. Frottez-le délicatement avec 10 g de gros sel mélangé avec un peu d'eau, puis, à l'aide d'un couteau, glissez les feuilles de céleri sous sa peau.

Faites une caissette avec 4 feuilles d'aluminium superposées de 50 cm sur 30 cm. Recouvrez son fond de 2 cuillerées à soupe de beurre de céleri, puis placez dessus le cabillaud et mettez le tout au réfrigérateur.

Préchauffez le four à 200 °C (thermostat 6-7).

Farinez le plan de travail et étalez la pâte de céleri sur une épaisseur de 5 à 6 mm. Préparez une dorure en battant l'œuf dans un bol. Sortez la caissette du réfrigérateur, placez-la au centre de la pâte pour l'envelopper, puis dorez la pâte à l'aide d'un pinceau. Enfournez le cabillaud pour 20 minutes.

Quand il est cuit, sortez le cabillaud du four et laissez-le reposer 10 minutes. Puis, à l'aide d'une pointe de couteau, découpez un rectangle dans le sommet de la croûte pour mettre le restant du beurre de céleri à fondre sur le cabillaud.

Retirez ensuite la croûte, puis la caissette d'aluminium et après avoir ôté un peu de peau sur le cabillaud, découpez deux parts en biais. Dressez-les sur un plat, nappez-les d'une noix de beurre.

Servez accompagné de pousses d'épinard simplement tombées au beurre et arrosées d'un filet de jus de citron.

Astuce : Pour vérifier la cuisson d'un plat en croûte (poisson, foie gras, etc.), sondez la croûte avec une longue aiguille pendant 16 secondes. Retirez l'aiguille et posez-la sur vos lèvres. Si elle est tiède, c'est que la cuisson est parfaite.

CHRISTOPHE MOISAND

Cabillaud rôti à l'embeurrée au persil

Pour 4 personnes

4 pavés de cabillaud de 140 g (avec la peau) • 4 grosses pommes de terre (charlottes ou BF 15) • 100 g de beurre • 2 cuil. à soupe de persil plat concassé • 1 tomate • 1 citron jaune • 12 cl d'huile d'olive • 1 cuil. à soupe de câpres • gros sel, fleur de sel, sel fin et poivre du moulin

Préparez l'huile aromatisée 3 à 4 heures à l'avance : pelez la tomate, fendez-la en quatre, épépinez-la et coupez la pulpe en petits dés. Pelez le citron à vif, prélevez les segments et coupez-les en petits dés. Mélangez 8 cl d'huile d'olive avec 1 cuillerée à soupe de persil plat concassé, les câpres, les dés de citron et de tomate, et entreposez cette huile au réfrigérateur.

Lavez les pommes de terre non pelées. Mettez-les dans une casserole, recouvrez-les d'eau froide, salez au gros sel et faites cuire environ 30 minutes à frémissements.

Égouttez les pommes de terre, pelez-les encore chaudes et écrasez-les grossièrement à la fourchette, dans une casserole, sur feu très doux. Incorporez-y le beurre, 1 cuillerée à soupe d'huile d'olive, le reste de persil plat concassé, assaisonnez avec de la fleur de sel, couvrez d'un film alimentaire et réservez sur feu très doux, juste pour maintenir cette embeurrée chaude.

Salez et poivrez les pavés de cabillaud de chaque côté.

Faites chauffer 1 cuillerée à soupe d'huile d'olive dans une poêle. Faites-y colorer les pavés côté peau pendant 3 minutes environ. Retournez-les délicatement et comptez encore 2 minutes de cuisson.
Salez et poivrez l'huile aromatisée.
Dressez l'embeurrée de pommes de terre sur un plat de service. Disposez les pavés de cabillaud par-dessus, côté peau au-dessus. Versez un cordon d'huile aromatisée tout autour et sur les morceaux de cabillaud. Servez et dégustez aussitôt.

POISSONS
Cabillaud

Guillaume Tirel

Dos de cabillaud au chou-fleur

Pour 4 personnes

4 pavés de cabillaud • 1/2 chou-fleur • 1 cuil. à soupe de moutarde aux aromates • 1 orange • 1 cuil. à soupe de zeste d'orange haché finement • 10 cl d'huile d'olive • 1 échalote • 3 poireaux moyens • 80 g de beurre • 1 cuil. à soupe de persil plat concassé • gros sel, sel fin et poivre du moulin

Mélangez, à l'aide d'un fouet, la moutarde aux aromates avec le jus de l'orange, salez, poivrez.
Ajoutez le zeste d'orange, incorporez l'huile d'olive et mélangez au fouet.

Versez une grande quantité d'eau dans une casserole, salez au gros sel et portez à ébullition. Divisez l'inflorescence du chou-fleur en bouquets. Lavez-les, puis plongez-les et cuisez-les dans l'eau à ébullition (ils doivent rester un peu fermes). Rafraîchissez-les dans de l'eau bien froide et égouttez-les.
Pelez l'échalote et hachez-la finement.
Épluchez les poireaux, lavez-les bien, puis coupez-les en tronçons de 2 cm. Versez une grande quantité d'eau dans une casserole, salez au gros sel et portez à ébullition. Plongez-y les tronçons de poireaux, faites-les cuire 2 minutes, puis rafraîchissez-les dans de l'eau bien froide et égouttez-les.
Salez et poivrez les pavés de cabillaud sur chaque face. Faites chauffer 40 g de beurre dans une poêle, puis disposez-y sur feu doux les pavés de cabillaud. Faites-les cuire pendant 3 minutes de chaque côté ; ils doivent être bien dorés. Débarrassez-les sur une grille et posez une feuille d'aluminium dessus pour les maintenir chauds.
Faites fondre 20 g de beurre dans un poêlon, mettez-y les bouquets de chou-fleur et les tronçons de poireaux, 20 g de beurre, puis mélangez. Lorsque les légumes sont chauds, ajoutez le persil plat et l'échalote.
Répartissez les légumes sur un plat de présentation, disposez les pavés de cabillaud dessus, assaisonnez les légumes d'un cordon de vinaigrette à l'orange et dégustez sans attendre. Servez le restant de vinaigrette en saucière.

HERVÉ PAULUS

Dos de cabillaud aux radis rouges

Pour 4 personnes

4 pavés épais de cabillaud de 140 g (avec la peau) • 2 bottes de radis ronds rouges • 75 cl de bière • 75 g de sucre semoule • 50 g de beurre • 1 cuil. à soupe de graisse d'oie • fleur de sel

Coupez les racines et les fanes des radis. Conservez quelques petites feuilles pour la décoration.

Lavez les radis, puis mettez-les dans une cocotte, versez dessus 50 cl de bière, ajoutez 50 g de sucre semoule et le beurre. Portez à ébullition et comptez 10 minutes de cuisson en remuant régulièrement avec une spatule en bois.

Portez à ébullition dans une casserole le restant de bière avec celui de sucre semoule et laissez réduire aux trois quarts jusqu'à obtenir une consistance sirupeuse. Réservez sur feu éteint.

Salez le côté chair des pavés de cabillaud.

Faites chauffer la graisse d'oie dans une poêle.

Disposez délicatement les pavés de cabillaud côté peau, et faites-les cuire à l'unilatérale 4 à 5 minutes environ. Retournez-les dans la poêle sur feu éteint.

Dressez les radis avec leur jus de cuisson sur un plat de service, disposez dessus les pavés de cabillaud, nappez-les de sirop de bière, décorez de quelques petites feuilles de radis et dégustez sans attendre.

GHISLAINE ARABIAN

Mille-feuilles de cabillaud aux légumes

Pour 2 personnes

2 pavés de cabillaud de 160 à 180 g • 150 g de pommes de terre • 1 assortiment de légumes cuits dans un bouillon ou un pot-au-feu (par exemple, 2 feuilles de chou, 2 tranches de céleri-rave et 2 carottes) • 20 cl de lait fermenté (ou battu) • 40 g de beurre • 1 tomate • 1 filet d'huile d'arachide (ou d'olive) • sel fin et poivre du moulin

Demandez au poissonnier de détailler chaque pavé de cabillaud en 3 tranches de 1 cm d'épaisseur environ.

Épluchez les pommes de terre, puis coupez-les en petits morceaux, lavez-les et égouttez-les. Mettez-les dans une casserole, recouvrez du lait fermenté et laissez cuire à petits frémissements pendant 20 minutes.

Faites fondre le beurre dans une petite casserole, laissez-le chauffer jusqu'à ce qu'il devienne couleur noisette.

Quand ils sont cuits, mixez les morceaux de pommes de terre avec le lait, le beurre noisette, du sel et du poivre afin d'obtenir une sauce bien lisse, puis transvasez-la dans une casserole.

Préchauffez le four à 250 °C (thermostat 8-9).

Mondez la tomate, fendez-la en quatre et épépinez-la. Conservez-en uniquement deux quartiers.

Huilez légèrement une plaque de cuisson, rangez-y les tranches de cabillaud les unes à côté des autres, ajoutez les 2 quartiers de tomate, salez, glissez au four pour environ 3 à 4 minutes de cuisson. Lorsque les morceaux de cabillaud blanchissent, sortez-les du four et poivrez-les.

Afin de réaliser les mille-feuilles, coupez les légumes en tranches dans le sens de la longueur.

Montez les mille-feuilles de cabillaud sur la plaque de cuisson : répartissez sur 2 morceaux de cabillaud les tranches de carottes, recouvrez-les d'un second morceau de cabillaud, disposez ensuite les tranches de chou repliées et les tranches de céleri. Terminez en disposant les dernières tranches de cabillaud et, dessus, les quartiers de tomate.

Réchauffez ces mille-feuilles de cabillaud dans le four éteint mais encore chaud. Réchauffez la sauce au lait battu sur feu doux.

Dressez les deux mille-feuilles sur un plat de service, versez un cordon de sauce tout autour et servez aussitôt.

POISSONS

Cabillaud

Joël Césari

Tartare de cabillaud à la confiture de tomate

Pour 4 personnes

1 morceau de cabillaud de 200 g • 4 tomates • 1 oignon • 1 gousse d'ail • 1 cuil. à soupe d'huile d'olive • 2 cuil. à café de sucre semoule • 1 branche de thym • 1 cuil. à soupe d'olives noires dénoyautées

et fendues en quatre • 1 cuil. à soupe d'olives vertes dénoyautées et fendues en quatre • 1 cuil. à soupe de vinaigre de vin jaune (ou, à défaut, de vinaigre de cidre) • 1 cuil. à soupe de ciboulette ciselée • 1 cuil. à soupe de cerfeuil concassé • quelques pluches de cerfeuil pour la décoration • 1 cuil. à soupe d'estragon concassé • 4 tranches de pain de campagne • fleur de sel, sel fin et poivre du moulin

Mondez les tomates, fendez-les en deux, épépinez-les et coupez la pulpe en petits morceaux. Pelez et hachez finement l'oignon. Pelez la gousse d'ail, fendez-la en deux, dégermez-la puis hachez-la finement.

Faites chauffer l'huile d'olive dans une casserole. Ajoutez-y l'oignon et l'ail hachés. Faites-les suer pendant 30 secondes et mélangez à l'aide d'une spatule en bois. Ajoutez les morceaux de tomates, mélangez et laissez cuire encore 30 secondes. Salez et poivrez. Incorporez le sucre semoule, le thym, les olives noires et vertes. Mélangez bien et laissez compoter de 5 à 10 minutes sur feu doux jusqu'à évaporation complète de l'eau de végétation, tout en remuant régulièrement. Laissez refroidir avant de mettre au réfrigérateur.

Préparez le tartare de cabillaud : coupez le poisson en dés puis mettez-les dans un saladier. Ajoutez-y le vinaigre, 2 ou 3 pincées de fleur de sel, la ciboulette ciselée, le cerfeuil et l'estragon concassés, poivrez. Mélangez délicatement.

Dans des coupes individuelles, répartissez le tartare de cabillaud puis recouvrez de confiture de tomate froide. Ajoutez un tour de moulin à poivre et décorez de 2 ou 3 petites pluches de cerfeuil. Servez bien frais en amuse-bouche, accompagné des tranches de pain de campagne légèrement toastées.

Astuce : La confiture de tomate peut se conserver 2 à 3 jours au réfrigérateur.

André Gaüzère

Dorade à la coque de sel

Pour 2 personnes

1 dorade de 1 kg • 5 brins d'aneth • 5 brins de persil plat • 5 brins de thym frais • piment d'Espelette en poudre • 2 ou 3 poignées d'algues au sel, de 2 variétés si possible (facultatif) • 1 citron jaune 4 cuil. à soupe d'huile d'olive • 2 kg de gros sel, sel fin

Videz la dorade par le ventre, retirez éventuellement les ouïes, mais ne l'écaillez pas. Farcissez le ventre de quelques brins d'aneth, de persil plat et de thym frais, et ajoutez 1 pincée de piment d'Espelette en poudre.
Préchauffez le four à 250 °C (thermostat 8-9).
Tapissez le fond d'un plat à gratin d'une couche de gros sel épaisse de 1 à 2 cm. Humidifiez le sel avec de l'eau. Répartissez dessus une poignée d'algues, disposez-y la dorade, recouvrez-la d'1 seconde poignée d'algues. (Cette opération est facultative ; si vous n'avez pas d'algues, disposez la dorade directement sur la couche de sel.)
Recouvrez la dorade du gros sel restant, masquez-la entièrement. Humidifiez à nouveau le sel avec un peu d'eau. Glissez le plat dans le four et comptez 16 minutes de cuisson. (Ajoutez 1 minute de cuisson par 100 g de dorade supplémentaires.)
Preparez la sauce : rincez à l'eau quelques algues puis hachez-les afin d'obtenir la valeur d' 1 cuillerée à soupe (facultatif). Mélangez le jus du citron et 2 pincées de sel fin avec l'huile d'olive. Ajoutez 2 pincées de piment d'Espelette en poudre et les algues hachées.

Retirez la dorade du four, laissez-la reposer 10 minutes à température ambiante. Cassez et retirez la croûte de sel avec un couteau, retirez la peau de la dorade et levez les filets. Dégustez avec la sauce.

JEAN-ANDRÉ CHARIAL

Dorade au vin rouge

Pour 2 personnes

1 dorade d'environ 600 g • 1 échalote • 1 oignon moyen • 1 gousse d'ail • 1/2 blanc de poireau • 3 cuil. à soupe d'huile d'olive • 75 cl de vin rouge • 2 cuil. à soupe de beurre • 1 cuil. à soupe de dés de tomate séchée • 40 petites olives noires dénoyautées • 12 pluches de persil plat • sel fin et poivre du moulin

Demandez au poissonnier de lever la dorade en filets, de retirer l'arête et de la couper en petits morceaux.
Pelez et émincez l'échalote et l'oignon. Pelez la gousse d'ail, coupez-la en deux et dégermez-la. Épluchez le poireau et émincez-le finement.
Faites chauffer 1 cuillerée à soupe d'huile d'olive dans une casserole, ajoutez les morceaux d'arête, l'échalote, le poireau, l'oignon et l'ail et faites suer 2 minutes. Mouillez avec le vin, portez à ébullition et laissez réduire tout en écumant régulièrement. Il ne doit rester qu'environ 10 cl de vin.
Passez cette sauce au chinois dans une casserole, en foulant bien. Portez-la à ébullition, laissez-la réduire si nécessaire car

elle doit être sirupeuse. À l'aide d'un fouet, incorporez petit à petit le beurre bien froid coupé en petits morceaux. Rectifiez l'assaisonnement et réservez.

Préparez une garniture : faites chauffer dans une casserole 1 cuillerée à soupe d'huile d'olive, ajoutez les dés de tomate séchée, les olives noires et les pluches de persil plat et faites juste chauffer.

Faites 2 petites incisions dans chaque filet de dorade, côté peau, ce qui évite aux filets de se rétracter à la cuisson. Faites chauffer dans une poêle 1 cuillerée à soupe d'huile d'olive. Déposez-y les filets de dorade côté peau, faites-les dorer sur feu doux, salez le côté chair, puis retournez-les et terminez la cuisson. Comptez en tout 2 à 3 minutes de cuisson.

Dans 2 assiettes, répartissez la garniture, nappez d'un lit de sauce au vin, disposez dessus un filet de dorade et servez.

POISSONS

Dorade

GUY GUILLOUX

Émincé de dorade grise en petite nage

Pour 4 personnes

1 dorade de 800 g, levée en filets • 2 carottes • 2 oignons • 1 poireau • 1 bouquet garni • 1 cuil. à café de graines de coriandre • 1 orange • 15 cl de vin blanc sec • 35 g de beurre • 1 cuil. à soupe de cerfeuil • 1/2 cuil. à soupe d'estragon • 1 cuil. à café de brindilles de thym • sel, gros sel, poivre du moulin

Sortez le beurre du réfrigérateur.

Pelez et taillez en rouelles les carottes et les oignons; émincez la partie verte du poireau. Dans une casserole, portez à ébullition 50 cl d'eau, plongez les rouelles de carottes 2 minutes, puis les rouelles d'oignons et le bouquet garni encore 2 minutes. Ajoutez l'émincé de poireau et les graines de coriandre, et laissez cuire à petite ébullition 10 minutes.

Prélevez à l'économe 3 zestes sur l'orange, taillez-les en filaments et réservez-les dans une assiette.

Préparez la nage : dans la casserole où les légumes ont cuit, ajoutez le vin blanc. Reportez à ébullition, ajoutez 2 pincées de gros sel et du poivre du moulin, et laissez cuire 10 minutes sur feu moyen.

Mettez les filaments d'orange dans une passoire et plongez-les dans une petite casserole d'eau bouillante, puis faites blanchir le temps d'un bouillon. Versez ensuite les filaments d'orange blanchis dans la nage.

Préchauffez le four à 200 °C (thermostat 6-7).

Étalez du beurre pommade sur 4 assiettes allant au four, salez et poivrez. Escalopez finement les filets de dorade (3 à 4 mm d'épaisseur), puis répartissez ces escalopes dans les quatre assiettes en les disposant côte à côte. Beurrez de nouveau, salez et poivrez, puis réservez à température ambiante.

Égouttez les légumes en éliminant le bouquet garni, réservez-les et portez la nage à ébullition. Ajoutez le cerfeuil et l'estragon ciselés, les brindilles de thym et 15 g de beurre coupé en dés, fouettez et laissez infuser le temps de 2 bouillons. Réservez cette sauce sur feu éteint.

Répartissez les légumes sur les escalopes de dorade et passez les assiettes au four 2 à 3 minutes. Versez la nage sur l'émincé de dorade et dégustez.

Astuces :

- Pour bien réussir la nage de légumes, ne mettez jamais le vin blanc en même temps que l'eau, car l'acidité du vin blanc empêche la cuisson des légumes. De plus, pensez à mettre les poireaux en dernier afin de préserver leur couleur verte.

- Pour bien réussir la cuisson d'un poisson, laissez-le un peu à température ambiante : s'il est trop froid, la cuisson s'en trouvera altérée.

ROGER VERGÉ

Filets de daurade piqués à la sauge et à l'ail,

rôtis au vin rouge

Pour 2 personnes

2 filets de daurade royale de 250 g • quelques petites feuilles de sauge • 1 gousse d'ail • 5 cl de vin rouge corsé • 1 citron • 1 cuil. à soupe de beurre • 4 petits bulbes de fenouil • farine • 1/2 bâton de cannelle • 1 feuille de laurier • 2 cuil. à soupe de vinaigre balsamique • quelques branches de fenouil sec • 1 pincée de thym • huile d'olive • sel, poivre

Ôtez les tiges des bulbes de fenouil et, tout en tournant les bulbes, arrondissez-les à l'aide d'un couteau. Chauffez de l'eau dans une casserole. Dès qu'elle bout, versez le jus du citron et cuisez les bulbes 30 minutes. Égouttez-les sur un papier absorbant et roulez-les dans un peu de farine.

Faites fondre dans une cocotte 1 cuillerée à soupe de beurre coupé en petits dés. Disposez dedans les bulbes de fenouil farinés, ajoutez la cannelle et le laurier et faites dorer les bulbes sur chaque face. Laissez cuire, à couvert, pendant 30 minutes sur feu doux, en remuant toutes les 10 minutes.

Pendant ce temps, faites réduire de moitié le vin. Ajoutez le vinaigre, redonnez un bouillon, puis éteignez le feu.

Préchauffez le four à 280-300 °C (thermostat 10).

Préparez les filets de daurade : pelez la gousse d'ail et coupez-la en petits pétales. À l'aide d'un couteau, piquez les 2 filets, quatre fois sur la longueur, et glissez les pétales d'ail et les petites feuilles de sauge dans les incisions. Salez et poivrez chaque face des filets.

Disposez les branches de fenouil sec dans un plat de cuisson, couchez dessus les filets de daurade et arrosez-les de la réduction de vin et de vinaigre. Parsemez le plat d'une pincée de thym, arrosez d'un filet d'huile d'olive et enfournez pendant 10 minutes.

Sortez les filets de daurade du four, arrosez-les du jus de cuisson et disposez les bulbes de fenouil dans le plat juste avant de servir.

Astuces :

- À défaut de daurade royale, vous pouvez réalisez cette recette avec du sabre ou du loup. Laissez la peau sur les filets, leur saveur n'en sera que meilleure.
- Pour une bonne cuisson des légumes, gardez en mémoire les chiffres suivants : 10 g de sel pour 1 litre d'eau.

ANGELO ORILIERI

Tartare de poisson au yaourt

Pour 4 personnes

400 g de filets de dorade grise • 4 œufs de caille • 3 cuil. à soupe de jus de citron jaune • 1 échalote pelée et hachée finement • 1 cuil. à soupe de persil plat concassé • 1 cuil. à soupe de cornichons coupés en petits dés • 1/2 carotte • 1/2 poireau • 2 cl d'huile de pépins de raisin • 1 yaourt nature • 1 petit bouquet de cerfeuil • sel fin et poivre

Pour la mayonnaise :

1 jaune d'œuf • 1 cuil. à café de moutarde • 8 cl d'huile de pépins de raisin • 1/4 de cuil. à café de vinaigre d'alcool blanc • 2 cuil. à soupe de fromage blanc à 0 % • sel

Préparez la mayonnaise : dans un récipient, mélangez au fouet le jaune d'œuf avec la moutarde et 1 pincée de sel. Incorporez petit à petit 8 cl d'huile de pépins de raisin, puis le vinaigre d'alcool et, pour terminer, le fromage blanc. L'huile de pépins de raisin ne figeant pas, vous pouvez réserver cette mayonnaise au réfrigérateur.

Hachez le plus finement possible les filets de dorade. Mettez cette chair dans un saladier. Ajoutez 2 cuillerées à soupe de jus de citron, l'échalote, le persil plat, les cornichons, salez, poivrez et mélangez. Incorporez 2 cuillerées à soupe de mayonnaise, mélangez, couvrez d'un film et réservez au réfrigérateur 1 à 2 heures.

Faites cuire les œufs de caille 5 minutes dans l'eau bouillante.
Épluchez la carotte et le poireau, puis taillez-les en fine julienne. Assaisonnez séparément les 2 juliennes : salez, poivrez, ajoutez quelques gouttes d'huile de pépins de raisin et le restant de jus de citron. Mélangez et laissez macérer pendant 2 à 3 minutes.
Écalez les œufs de caille. Mélangez le yaourt.
Quand le tartare est bien frais, moulez au centre de chaque assiette, à l'aide d'un cercle, 1/4 du tartare de poisson. Répartissez autour de chaque tartare la julienne de poireau et de carotte, et 2 cuillerées à café de yaourt en ajoutant un petit peu de poivre sur le yaourt. Disposez sur chaque tartare quelques pluches de cerfeuil, 1 œuf de caille fendu en deux et servez.

POISSONS

Lotte (ou baudroie)

Gilles Goujon

Bullinada de baudroie et moules

Pour 4 personnes

4 petites lottes de 180 à 200 g • 20 moules de bouchot • 4 pommes de terre (bintjes) • 40 g de lard gras, rance de préférence • 1/2 poivron rouge • 2 cuil. à café d'ail haché • 4 cuil. à soupe de cébettes émincées (ou, à défaut, d'oignon) • 2 cuil. à soupe de persil plat concassé • 1 pincée de piment d'Espelette moulu • 1 cuil. à café de safran en poudre • 1 litre de soupe de poisson • 8 tranches de pain baguette • fleur de sel, sel et poivre

Pour l'aïoli :

1 jaune d'œuf • 1 cuil. à café de moutarde • 2 cuil. à café d'ail haché • 15 cl d'huile d'olive • sel et poivre

Préparez un aïoli : dans un récipient, mélangez au fouet le jaune d'œuf avec la moutarde, l'ail haché, du sel et du poivre. Incorporez ensuite 15 cl d'huile d'olive petit à petit, tout en mélangeant. Réservez.

Pelez et coupez les pommes de terre en rondelles. Coupez le lard gras et le demi-poivron en dés.

Faites fondre dans une cocotte les dés de lard gras. Faites suer les dés de poivron rouge, l'ail haché, la cébette émincée, tout en mélangeant avec une spatule en bois. Ajoutez le persil plat, 1 bonne pincée de piment d'Espelette, le safran et les rondelles de pommes de terre. Mélangez bien, salez d'1 pincée de fleur de sel et mouillez avec la soupe de poisson. Portez à frémissements, couvrez et laissez cuire pendant 8 minutes.

Salez et poivrez les lottes sur chaque face. Après 8 minutes de cuisson, retirez la cocotte du feu, plongez les lottes dedans, couvrez et réservez hors du feu. Les lottes vont cuire dans le bouillon chaud.

Préchauffez le four en position gril.

Grattez et nettoyez les moules. Mettez-les dans un poêlon bien chaud, poivrez, mélangez bien, portez à feu vif et laissez-les s'ouvrir. Lorsqu'elles sont ouvertes, répartissez-les dans la cocotte, couvrez et réservez, toujours hors du feu.

Tartinez les tranches de pain de l'aïoli réservé, mettez-les sur une plaque allant au four et passez-les 1 minute à 1 minute 30 sous le gril du four. Quand elles sont gratinées, retirez-les.

Servez la bullinada dans des assiettes creuses, accompagnée des petits toasts d'aïoli et servez le reste de l'aïoli en saucière.

Régis Mahé

Crème de lotte au safran et chorizo

Pour 4 personnes

1 lotte de 800 g à 1 kg • 40 g de chorizo piquant • 1 oignon moyen • 1 blanc de poireau • 1 branche de céleri • 2 gousses d'ail • 3 cuil. à soupe d'huile d'olive • 40 cl de crème fraîche liquide • 1 pointe de couteau de safran en poudre • 100 g de beurre • sel fin et poivre du moulin

Demandez au poissonnier de lever les deux filets de la lotte, de conserver l'arête et de la couper en morceaux.
Pelez et émincez l'oignon.
Lavez le blanc de poireau et émincez-le. Effilez la branche de céleri et émincez-la. Pelez les gousses d'ail, fendez-les en deux dans la longueur et dégermez-les.
Faites chauffer 2 cuillerées à soupe d'huile d'olive dans une casserole. Faites-y suer sur feu doux l'oignon avec le blanc de poireau et la branche de céleri, ajoutez les gousses d'ail, mélangez bien à l'aide d'une spatule en bois.
Mettez les morceaux d'arête dans la casserole et laissez-les suer en mélangeant bien. Mouillez à mi-hauteur d'eau (20 cl environ), donnez une ébullition, versez la crème fraîche, ajoutez le safran, portez à frémissements et laissez cuire 20 minutes.
Filtrez la crème de lotte, versez-la dans le bol d'un mixeur, ajoutez le beurre très froid coupé en petits morceaux et émul-

sionnez bien. Rectifiez éventuellement l'assaisonnement. Transvasez la crème dans une casserole et maintenez-la chaude sur feu doux ; ne la laissez surtout pas bouillir.
Coupez les filets de lotte en deux, salez-les et poivrez-les sur chaque face et arrosez-les d'un filet d'huile d'olive. Disposez-les délicatement dans une poêle bien chaude, et faites-les dorer de chaque côté. Lorsqu'ils sont cuits, débarrassez-les sur une grille.
Coupez le chorizo piquant en fins bâtonnets.
Disposez les morceaux de lotte dans une soupière ou dans un plat creux, versez dessus la crème au safran bien chaude et parsemez des bâtonnets de chorizo. Dégustez sans attendre en hors-d'œuvre.

POISSONS

Lotte (ou baudroie)

Jacques Le Divellec

Curry de lotte

Pour 4 personnes

1 queue de lotte de 1 kg découpée en 12 médaillons • curry • 1 oignon • 1 pomme • 1 banane • 2 cuil. à soupe d'huile d'olive • 20 cl de vin blanc sec • 20 cl de fumet de poisson (ou, à défaut, d'eau) • 2 bulbes de fenouil • 50 g de beurre • 10 cl de crème fraîche liquide • sel, poivre du moulin

Salez, poivrez et badigeonnez de curry chaque face des médaillons de lotte. Pelez et hachez finement l'oignon. Pelez la pomme et coupez-la en dés.

Ôtez la peau de la banane et découpez-la en rondelles très minces.

Dans une cocotte, faites suer l'oignon haché dans l'huile d'olive pendant 2 minutes. Disposez les médaillons dans la cocotte et, sur feu doux, faites-les dorer pendant 2 minutes sur chaque face.

Versez le vin blanc sur la lotte, portez à ébullition en retournant les médaillons de temps en temps. Puis ajoutez le fumet de poisson et reportez à ébullition.

Incorporez les dés de pomme et les rondelles de banane, et laissez cuire à légers frémissements pendant 5 minutes en mélangeant un peu à mi-cuisson. Retirez ensuite les médaillons de la cocotte et réservez-les sur une grille, recouverts d'une cloche ou d'une feuille d'aluminium. Gardez la sauce dans la cocotte sur feu doux.

Lavez et fendez en deux les bulbes de fenouil.

Dans une autre cocotte, faites fondre le beurre froid coupé en morceaux, ajoutez le fenouil et faites-le suer pendant 10 minutes. Puis versez 4 bonnes louches de sauce avec quelques morceaux de fruits sur le fenouil et laissez cuire 20 minutes à couvert, pour bien imprégner le fenouil du curry.

Pendant ce temps, laissez mijoter le restant de sauce pendant 10 minutes environ, pour bien faire fondre les fruits. Mixez cette sauce mijotée, incorporez-lui la crème liquide et mixez à nouveau quelques secondes.

Salez à votre convenance.

Au dernier moment, disposez délicatement les morceaux de lotte réservés sur les bulbes cuits, nappez-les de sauce mixée et portez à ébullition pour réchauffer.

Astuce : Pour conserver toute la saveur d'une poudre de curry, placez-la dans une boîte hermétique et à l'abri de la lumière.

Guy Guilloux

Gigotin de lotte, carottes nouvelles confites

Pour 4 personnes

1 queue de lotte de 800 g • 300 g de carottes nouvelles • 8 tranches fines de poitrine fumée • 4 brindilles de thym • 4 feuilles de laurier • 40 g de beurre • 3 pincées de sucre • 1 orange • 1 cuil. à café de graines de cumin • 1 cuil. à soupe de persil plat • 1 cuil. à soupe d'estragon • 5 framboises • 1 cuil. à soupe de vinaigre de vin • 2 cuil. à soupe d'huile d'olive • 1/2 cuil. à soupe d'aneth • sel, poivre du moulin

Demandez au poissonnier de dépiauter la queue de lotte et de retirer la membrane qui l'entoure.

Poivrez la lotte sur toutes ses faces, entourez-la des tranches de poitrine fumée et ficelez-la. Glissez, entre le gigotin de lotte et la ficelle, le thym enroulé dans 1 feuille de laurier.

Lavez, pelez et découpez en fines rondelles les carottes. Mettez 20 g de beurre à fondre dans une cocotte, ajoutez les rondelles de carottes, 2 pincées de sel et de 3 de sucre, puis ajoutez de l'eau à niveau. Portez à ébullition et laissez cuire à découvert pendant 20 minutes à feu doux.

Préchauffez le four à 180-200 °C (thermostat 6-7).

Dans une autre cocotte, faites fondre le beurre restant et laissez colorer le gigotin de lotte sur toutes ses faces. Dès coloration, retirez la cocotte du feu et mettez au four

20 minutes. Prenez soin de retourner le gigotin de temps en temps et de l'arroser de son jus de cuisson.

Juste avant la fin de la cuisson des carottes, arrosez-les du jus de l'orange. Ajoutez les graines de cumin et laissez réduire à sec. Coupez le feu sous la cocotte et réservez-la.

Retirez le gigotin du four, posez-le sur une grille et maintenez-le au chaud à couvert. Conservez bien le jus de cuisson dans la cocotte.

Préparez la vinaigrette aux herbes : concassez le persil plat et l'estragon. Dans un bol, écrasez à la fourchette les framboises, incorporez-leur au fouet le vinaigre, l'huile d'olive et le jus de cuisson de lotte réservé. Passez la vinaigrette dans un chinois, salez, poivrez, et ajoutez l'aneth, le persil plat et l'estragon concassés.

Sur un plat de service chauffé, disposez les carottes et déposez dessus le gigotin de lotte après avoir retiré la ficelle. Versez un cordon de vinaigrette aux herbes.

Astuce : Ne mettez surtout pas le jus d'orange en début de cuisson des carottes, car son acidité empêcherait leur cuisson.

POISSONS

Lotte (ou baudroie)

Jeanne Moréni-Garron

Lotte à la provençale

Pour 2 personnes

2 tronçons de lotte • 2 pommes de terre (BF 15) •
6 cuil. à soupe d'huile d'olive •
4 oignons moyens •

4 tomates • 3 gousses d'ail •
3 tiges de fenouil sèches •
3 pincées de graines de fenouil •
2 cuil. à soupe de persil plat concassé •
1 verre de vin blanc sec •
sel fin et poivre du moulin

Lavez les pommes de terre et faites-les cuire à l'eau avec la peau de 25 à 30 minutes, puis égouttez-les, pelez-les et coupez-les en rondelles.

Pelez et émincez les oignons.

Faites chauffer un filet d'huile d'olive dans un poêlon, ajoutez et faites-y suer pendant 4 à 5 minutes les oignons émincés, salez et poivrez, puis réservez sur feu éteint.

Préchauffez le four à 180-200 °C (thermostat 6-7) en chaleur tournante de préférence.

Mondez les tomates, fendez-les en quatre, épépinez-les et coupez la chair en petits dés. Pelez les gousses d'ail, dégermez-les et hachez-les finement.

Mettez les tiges de fenouil sèches dans un plat allant au four, ajoutez les graines de fenouil et un filet d'huile d'olive. Disposez dessus les tronçons de lotte, salez, poivrez, recouvrez successivement des oignons, des dés de tomates, salez, poivrez, ajoutez le persil plat concassé et les gousses d'ail hachées; tassez délicatement avec une fourchette. Ajoutez les rondelles de pommes de terre tout autour, poivrez-les. Mouillez avec le vin blanc et un filet d'huile d'olive.

Glissez le plat dans le four et comptez 20 à 25 minutes de cuisson.

Servez sans attendre.

Brut Wout

Lotte à la provençale en gaspacho

Pour 4 personnes

600 g de lotte • 8 tomates moyennes bien mûres • 120 g de concombre • 1/2 poivron rouge • 1/2 oignon moyen • 10 g de feuilles de menthe • 10 g de feuilles de basilic • 2 cuil. à soupe de ketchup (non épicé) • 4 gousses d'ail • 1 cuil. à soupe de basilic haché • 4 olives noires • 1 cuil. à soupe de vinaigre de xérès • 4 petits cœurs de basilic • 25 cl d'huile d'olive • sel fin et poivre du moulin

Lavez 4 tomates, puis coupez-les en quatre après avoir éliminé les pédoncules. Pelez puis coupez en morceaux le concombre (sans retirer les graines). Épépinez le poivron rouge, puis coupez-le en morceaux. Pelez l'oignon et coupez-le en morceaux.

Dans le bol d'un mixeur, mixez les quartiers de tomates. Ajoutez les morceaux de concombre, de poivron rouge, d'oignon, les feuilles de menthe, les feuilles de basilic et le ketchup, puis mixez bien. Salez et poivrez. Passez ce gaspacho au chinois, puis mettez-le au réfrigérateur, recouvert d'un film alimentaire.

Mondez 4 tomates, puis fendez-les en quatre, épépinez-les et coupez la pulpe en dés. Pelez et hachez finement 4 gousses d'ail.

Préparez la marinade de tomate : dans un large sautoir mis à

chauffer sur feu très doux, ajoutez tout en mélangeant les dés de tomates, les gousses d'ail hachées, le basilic haché, les olives, le vinaigre. Salez, poivrez, ajoutez 20 cl d'huile d'olive, puis couvrez et laissez tiédir sur feu doux.

Émincez la lotte en lamelles (comptez 3 morceaux par personne), salez et poivrez sur chaque face.

Faites chauffer 1 cuillerée à soupe d'huile d'olive dans une poêle et faites-y revenir les morceaux de lotte environ 30 secondes sur chaque face. Égouttez-les sur une grille pendant 5 minutes.

Disposez les morceaux de lotte dans le sautoir, nappez-les de la marinade de tomate et laissez mijoter 5 minutes sur feu doux.

Dressez les morceaux de lotte au centre d'un plat de service et nappez-les de marinade de tomate. Versez tout autour le gaspacho bien frais, décorez avec quelques petits cœurs de basilic. Servez le restant de gaspacho en saucière.

Dégustez cette lotte en gaspacho tiède ou froide.

POISSONS

Maquereau, lisette

GUY GUILLOUX

Crêpes croustillées au tartare de maquereaux

Pour 4 personnes

2 maquereaux de 250 g • 1 crêpe de blé noir • 1 tomate • 1/2 avocat • 10 g de beurre • 1 cuil. à soupe de cerfeuil • 2 cuil. à soupe d'huile d'olive • 1 cuil. à café de moutarde à l'ancienne •

1 cuil. à soupe de jus de citron •
quelques graines de moutarde •
sel, poivre du moulin

Demandez au poissonnier de lever les filets des maquereaux, d'ôter la peau et les arêtes.

Divisez en deux les 4 filets de maquereaux, coupez-les en dés et réservez-les dans un bol au réfrigérateur.

Lavez et enlevez le pédoncule de la tomate. Plongez-la 15 secondes dans une casserole d'eau bouillante, puis dans de l'eau glacée. Égouttez-la, mondez-la et coupez-la en quartiers. Ensuite, épépinez les quartiers et coupez-les en dés.

Retirez la peau de la moitié d'avocat, coupez la chair en dés. Sur une assiette, réservez-les avec ceux de la tomate à température ambiante.

À l'aide d'un emporte-pièce, détaillez la crêpe de blé noir en 4 ronds de 6 cm de diamètre.

Dans une poêle, faites fondre le beurre et faites-y croustiller les petites crêpes sur les deux côtés. Dès coloration, retirez-les et posez-les sur un rouleau à pâtisserie pour leur donner une forme de tuile.

Concassez le cerfeuil.

Salez et poivrez les dés de maquereaux. Versez dessus l'huile d'olive, mélangez bien et ajoutez le cerfeuil concassé, les dés de tomate et d'avocat. Incorporez ensuite la moutarde à l'ancienne et le jus de citron. Mélangez et rectifiez l'assaisonnement si nécessaire.

Dressez les crêpes sur un plat de service, garnissez-les de tartare de maquereaux et parsemez-les de quelques graines de moutarde.

Astuce : Ne préparez pas les dés d'avocat à l'avance, ou citronnez-les légèrement pour éviter qu'ils noircissent.

VINCENT THIESSÉ

Filets de maquereaux et poireaux marinés

Pour 4 personnes

3 maquereaux • 2 blancs de poireaux • 15 cl d'huile d'olive • quatre-épices • 1 échalote • 5 cl de vinaigre de xérès • 2 cuil. à soupe de ciboulette ciselée finement • fleur de sel, sel fin et poivre du moulin

Demandez au poissonnier de lever les filets des maquereaux et de fendre chaque filet en deux dans la longueur.

La veille, préchauffez le four en position gril.

Graissez une plaque de cuisson avec un filet d'huile d'olive. Assaisonnez les filets de maquereaux de sel fin et de quatre-épices de chaque côté. Disposez-les sans les faire se chevaucher, côté chair sur la plaque de cuisson, côté peau au-dessus. Enfournez et laissez-les cuire 2 à 3 minutes. Débarrassez les filets dans un plat de service creux et réservez-les à température ambiante.

Lavez les blancs de poireaux, puis coupez-les en sifflets de 1 cm d'épaisseur.

Portez à ébullition de l'eau dans une casserole, salez-la. Plongez-y les sifflets de poireaux et faites-les cuire à ébullition pendant 1 minute. Rafraîchissez-les rapidement dans de l'eau bien froide, puis égouttez-les.

Préparez une vinaigrette : pelez et hachez finement l'échalote. Mélangez-la avec le vinaigre de xérès, salez, ajoutez 1 pincée de quatre-épices, 10 cl d'huile d'olive et la ciboulette.

Parsemez les sifflets de poireaux sur les filets de maquereaux dans le plat de service, et nappez le tout de la vinaigrette. Recouvrez d'un film alimentaire, entreposez au réfrigérateur et laissez mariner 24 heures.
Ajoutez quelques grains de fleur de sel et un tour de moulin à poivre avant de les déguster en hors-d'œuvre.

POISSONS

Maquereau, lisette

Patricia Gomez

Filets de maquereaux, tombée de tomates au basilic,

râpée d'asperges crues, vinaigrette aux herbes

Pour 4 personnes

4 filets de maquereaux • 2 tomates moyennes • 2 asperges vertes • 1 bouquet d'estragon • 1 bouquet de cerfeuil • 1 cuil. à soupe de vinaigre de banyuls (ou, à défaut, de vin vieux ou de xérès) • 8 cuil. à soupe d'huile d'olive • 1 gousse d'ail • 1 bouquet de basilic • 1 cuil. à café de sauce soja • 2 cuil. à soupe de farine • fleur de sel, sel, poivre

Lavez les tomates et retirez les pédoncules. Plongez-les dans de l'eau bouillante 30 secondes, retirez-les et rafraîchissez-les dans de l'eau fraîche. Dès qu'elles sont froides, égouttez-les, pelez-les, coupez-les en quatre et épépinez-les. Coupez la pulpe en dés.

Lavez l'estragon et le cerfeuil, égouttez-les et effeuillez-les. Lavez les asperges vertes. À l'aide d'un économe, faites de petits copeaux avec la partie verte des asperges et réservez-les.

Préparez la vinaigrette : dans un petit saladier, fouettez le vinaigre avec 1 pincée de sel et du poivre. Ajoutez 3 cuillerées à soupe d'huile d'olive et mélangez.

Pelez et hachez finement la gousse d'ail. Passez sous l'eau le basilic, égouttez-le, effeuillez-le et hachez les feuilles. Versez et chauffez 3 cuillerées à soupe d'huile d'olive dans une casserole, ajoutez l'ail haché finement, les dés de tomates et remuez à l'aide d'une spatule en bois. Ajoutez le basilic haché, la sauce soja, salez légèrement et poivrez. Comptez à peine 1 minute de cuisson, car il faut juste chauffer les tomates mais ne pas les cuire. Réservez hors du feu.

Farinez légèrement, salez et poivrez les filets de maquereaux sur chaque face. Chauffez un filet d'huile d'olive dans une poêle et, dès qu'elle est chaude, sur feu doux, placez les filets de maquereaux côté peau. Faites-les dorer pendant 1 bonne minute, retournez-les et laissez-les cuire à peine 30 secondes côté chair. Retirez-les de la poêle et mettez-les sur un papier absorbant.

Répartissez les dés de tomates sur le fond d'un plat de service, placez dessus les filets de maquereaux et parsemez-les de copeaux d'asperges. Ajoutez un cordon de vinaigrette, parsemez le tout d'1 cuillerée à soupe de feuilles d'estragon et de cerfeuil. Mettez 1 pincée de fleur de sel et servez.

Astuces :

- Lorsque la vinaigrette est faite, ajoutez quelques gouttes de vinaigre de banyuls pour exciter les papilles lors de la dégustation.
- Afin d'éviter les éclaboussures quand vous déposez des filets de poisson dans une poêle contenant de la matière grasse, déposez toujours en premier le côté le plus épais du filet et couchez-le délicatement la queue à l'opposé de vous.
- Lorsque vous faites frire un poisson déjà gras au départ (du maquereau, par exemple), placez-le sur du papier absorbant après cuisson.

MICHEL PORTOS

Maquereau court-bouillonné, nage au gingembre

Pour 4 personnes

4 maquereaux de 300 g (vidés et étêtés) • 2 carottes moyennes • 1 oignon rouge • 5 cl de vinaigre d'alcool blanc • 30 cl de vin blanc sec • 1 cuil. à café de sucre semoule • 120 g de beurre • 25 g de gingembre pelé et haché • 1 cuil. à soupe de ciboulette ciselée finement • quelques graines de grenade (facultatif) • gros sel et poivre mignonnette

Pelez et lavez les carottes, puis cannelez-les et coupez-les en rondelles. Pelez l'oignon et coupez-le en rondelles.

Versez dans une casserole 75 cl d'eau, le vinaigre et le vin blanc. Ajoutez le sucre, 1 pincée de poivre mignonnette, les rondelles de carottes et d'oignon, 1 pincée de gros sel, portez à ébullition et comptez 10 minutes de cuisson. Les carottes doivent être légèrement croquantes.

Badigeonnez le fond d'une large cocotte de beurre en pommade, parsemez d'1 pincée de gros sel et d'1 pincée de poivre mignonnette. Disposez tête-bêche les maquereaux dans la cocotte, versez dessus la nage avec la garniture, portez à ébullition, retournez les maquereaux s'ils ne sont pas complètement immergés. Couvrez et laissez pocher de 5 à 6 minutes sur feu éteint.

Prélevez la nage de cuisson sans la garniture à l'aide d'une louche, versez-la dans une casserole, portez-la à ébullition et laissez-la réduire de moitié. Hors du feu, ajoutez le gingembre pelé et haché, et laissez infuser pendant 2 à 3 minutes.
Versez ce bouillon bien chaud dans le bol d'un mixeur, ajoutez petit à petit 100 g de beurre froid coupé en petits morceaux tout en émulsionnant.
Versez cette sauce sur les maquereaux, parsemez de ciboulette ciselée et éventuellement de quelques graines de grenade.
Servez ces maquereaux tièdes ou chauds, en plat principal.

POISSONS

Maquereau, lisette

Paul Bocuse & Roger Jaloux

Maquereaux au vin blanc

Pour 3 personnes

6 lisettes (étêtées et vidées) • 4 carottes • 2 oignons moyens • 4 gousses d'ail • 2 feuilles de blanc de poireau de 7 cm de longueur environ • 5 ou 6 queues de persil • 1 petit morceau de céleri branche • 1 petite feuille de laurier • quelques brindilles de thym frais • quelques brindilles d'estragon • 1 petite cuil. à soupe de grains de poivre noir • 1 petite cuil. à soupe de graines de coriandre • 1 petite cuil. à soupe de graines de cumin • 2 clous de girofle • 20 cl de vin blanc • 20 cl de vinaigre d'alcool blanc • sel de Guérande • sel fin et poivre du moulin

La veille, pelez et cannelez les carottes, puis coupez-les en rondelles, légèrement en biseau. Pelez les oignons et coupez-les en fines rondelles épaisses de 1 mm environ. Pelez les gousses d'ail, fendez-les en deux dans la longueur, dégermez-les et hachez-les grossièrement.

Préparez un bouquet garni : enveloppez dans les 2 feuilles de blanc de poireau les queues de persil, le céleri branche, le laurier et le thym et liez le tout avec une ficelle.

Liez les brindilles d'estragon avec de la ficelle afin d'obtenir un petit bouquet à peu près de même taille que le premier.

Portez 2 litres d'eau à ébullition dans une cocotte. Ajoutez les rondelles de carottes, le bouquet garni, le bouquet d'estragon, les rondelles d'oignons, les gousses d'ail, les grains de poivre noir, les graines de coriandre et de cumin, les clous de girofle, 2 à 3 pincées de sel de Guérande. Portez à frémissements à couvert pendant 15 minutes.

Salez et poivrez les lisettes sur chaque face.

La cuisson terminée, versez le vin blanc et le vinaigre d'alcool blanc dans la nage. Donnez une ébullition, puis éteignez le feu. Disposez-y délicatement les lisettes et laissez-les pocher à température ambiante pendant 1 à 2 heures. Dès que la nage et les lisettes sont refroidies, entreposez la cocotte au réfrigérateur toute la nuit.

Servez les lisettes avec quelques aromates et la gelée obtenue.

BERNARD LEPRINCE

Marinade de lisettes au chou-fleur et raifort

Pour 3 personnes

12 filets de lisettes • 1 petit chou-fleur • 1 cuil. à soupe de raifort râpé • 10 g de gingembre • 1 citron jaune • huile d'olive • 1 jaune d'œuf • 1 cuil. à café de moutarde • 10 cl d'huile de pépins de raisin • ciboulette • sel, poivre

Demandez au poissonnier de lever les filets des lisettes, de retirer les têtes et les arêtes.

Taillez le gingembre en fine julienne et réservez. Pressez le citron.

Disposez sur un plat les filets de lisettes côté peau, salez-les, poivrez-les et parsemez-les de la julienne de gingembre. Arrosez-les du jus de citron, puis d'un filet d'huile d'olive. Réservez cette marinade 20 minutes dans un endroit frais, mais pas au réfrigérateur.

Préparez la mayonnaise au raifort : dans un saladier, mettez le jaune d'œuf, du sel, du poivre, la moutarde, puis versez peu à peu l'huile de pépins de raisin, tout en montant la mayonnaise à l'aide d'un fouet. Incorporez le raifort râpé à la mayonnaise et réservez-la.

Préparez le taboulé de chou-fleur : lavez le chou-fleur et retirez les feuilles vertes. Râpez-le en tournant autour du cœur. Mettez ce taboulé dans un grand saladier, ajoutez-lui la mayonnaise au raifort et mélangez bien. Rectifiez l'assaisonnement et réservez.

Dressez les filets de lisettes marinés sur un plat de service en quinconce, en alternant côté chair et côté peau. Formez ensuite, à l'aide de deux cuillers à soupe, 3 quenelles de taboulé pour la présentation. Parsemez les quenelles de ciboulette ciselée et arrosez le plat de la marinade restante.

Servez ce plat accompagné de tartines de pain grillé.

Astuces :

- Pour la marinade, mettez le jus de citron avant l'huile d'olive, l'huile risquant de faire écran et d'empêcher le citron de cuire le poisson.
- L'utilisation d'huile de pépins de raisin pour la mayonnaise permet de la conserver au réfrigérateur.

POISSONS

Maquereau, lisette

JACQUES GUILLO

Rillettes de maquereaux à la bretonne

Pour 4 personnes

4 maquereaux de 200 g (vidés et étêtés) • 1 carotte • 1 oignon • 25 cl de vin blanc sec • 6 cl de vinaigre de vin rouge • 10 grains de poivre noir • 1 jaune d'œuf • 2 cuil. à soupe de moutarde • 20 cl d'huile de pépins de raisin • 1 échalote • 2 cuil. à soupe de ciboulette • 1 pointe de curry en poudre • sel, poivre

Pelez et émincez la carotte et l'oignon. Dans une cocotte (ovale de préférence) versez 1 litre d'eau, le vin blanc, 5 cl de vinaigre de vin rouge, les grains de poivre, la carotte et l'oignon émincés. Salez légèrement et portez à ébullition pendant 10 minutes.

Disposez les maquereaux dans la cocotte les uns à côté des autres sans les superposer. Donnez un bon bouillon et éteignez le feu. Laissez les maquereaux pocher et refroidir doucement. Leur chair va s'imprégner des aromates et devenir moelleuse.

Préparez la mayonnaise : dans un saladier, mélangez avec un fouet le jaune d'œuf avec 1 cuillerée à soupe de moutarde, salez et poivrez. Incorporez ensuite, petit à petit, l'huile de pépins de raisin.

Pelez et hachez finement l'échalote. Ciselez finement la ciboulette. Égouttez les maquereaux pochés sur une grille et retirez leur peau. Levez les filets et retirez les arêtes. Émiettez ces filets à l'aide de 2 fourchettes et ajoutez l'échalote hachée, la ciboulette ciselée, 1 pointe de curry en poudre, 1 cuillerée à soupe de moutarde, 3 cuillerées à soupe de mayonnaise, et mélangez. Ajoutez 1/2 cuillerée à soupe de vinaigre et mélangez bien.

Dressez et servez le plus frais possible, en amuse-bouche sur des petits croûtons ou en hors-d'œuvre.

Astuces :

• Un poisson mis à pocher dans un court-bouillon chaud risque d'éclater. Pour cette recette, ce n'est pas grave car la chair du poisson est émiettée, mais si vous souhaitez conserver le poisson intact, plongez-le dans un court-bouillon froid.

• Pour faire une mayonnaise, il faut que tous les ingrédients nécessaires à sa préparation soient à même température. Pour qu'elle soit bien ferme, mettez beaucoup d'huile, et si vous voulez la conserver au réfrigérateur, utilisez de l'huile de pépins de raisin, qui ne fige pas.

• Ces rillettes de maquereaux peuvent se conserver de 24 à 48 heures au réfrigérateur, seulement si la mayonnaise est à base d'huile de pépins de raisin. Sinon, consommez-les le jour même.

GUILLAUME TIREL

Rillettes de maquereaux en craquelin

Pour 4 personnes

4 maquereaux de 250 g (vidés et étêtés) • 1 boîte de craquelins de Saint-Malo • 1 citron jaune • 1 carotte • 1 oignon moyen • 1 cuil. à café de grains de poivre blanc • 1 cuil. à café de baies roses • 3 branches de thym • 3 feuilles de citronnelle (ou, à défaut, 1/2 bâton de citronnelle) • 1 feuille de laurier • 1 litre de vin blanc • 5 cuil. à soupe de vinaigre d'alcool coloré • 3 cuil. à soupe d'huile d'arachide • 1 échalote • 2 cuil. à soupe de mayonnaise • 1 cuil. à soupe de ciboulette ciselée finement • 2 cuil. à soupe de crème fraîche liquide • 1 pincée de piment de Cayenne • 1 cuil. à café de vinaigre de xérès • gros sel de mer, sel fin et poivre du moulin

Lavez le citron et coupez-le en fines tranches.
Pelez et émincez finement la carotte. Pelez l'oignon et défaites-en les anneaux.
Mettez dans un large poêlon les tranches de citron, les rondelles de carotte, l'oignon, 20 g de gros sel, les grains de poivre blanc, les baies roses, le thym, la citronnelle et le laurier. Mouillez avec le vin blanc, le vinaigre d'alcool, l'huile d'arachide, et portez à ébullition.
Lorsque la marinade bout, retirez le poêlon de la plaque de cuisson, ajoutez les maquereaux, immergez-les bien, couvrez et laissez refroidir.

Lorsque les poissons sont pochés et bien froids, égouttez-les, retirez la peau et levez les filets.
Pelez l'échalote et hachez-la finement.
Dans un saladier, écrasez les filets à l'aide d'une fourchette. Ajoutez la mayonnaise, la ciboulette, l'échalote, la crème fraîche, mélangez et rectifiez l'assaisonnement si nécessaire.
Relevez ces rillettes avec le piment de Cayenne et le vinaigre de xérès; mélangez bien. Tartinez chaque craquelin d'1 cuillerée à café de rillettes de maquereau et posez dessus 2 ou 3 grains de gros sel.

Astuce : Vous pouvez préparer la marinade de maquereaux la veille.

POISSONS

Maquereau, lisette

ANNE-SOPHIE PIC

Tartes fines de lisettes, sauce vierge,

copeaux de parmesan

Pour 4 personnes

12 lisettes de 80 à 100 g (levées en filets) • 20 g de copeaux de parmesan • 200 g de pâte feuilletée • 6 grosses tomates • 1 gousse d'ail • 1 oignon moyen • 10 cl + 2 cuil. à soupe d'huile d'olive • 1 petite branche de thym • 1 petite feuille de laurier • 2 pincées de sucre semoule • 1 échalote • 16 olives noires dénoyautées • 1 cuil. à soupe de chiffonnade de basilic • 1 citron jaune • 20 g de tapenade • piment d'Espelette moulu • sel fin et poivre du moulin

Préchauffez le four à 200 °C (thermostat 6-7).

Étalez la pâte feuilletée sur 2 mm d'épaisseur et découpez 4 fonds de tarte de 12 cm de diamètre. Disposez-les sur une plaque de cuisson et entreposez-les 20 minutes au réfrigérateur. Recouvrez-les ensuite d'une feuille de papier sulfurisé, puis disposez dessus une seconde plaque. Glissez ces plaques dans le four et comptez de 15 à 20 minutes de cuisson.

Mondez 4 tomates, fendez-les en quatre, épépinez-les et concassez la pulpe. Pelez l'ail et dégermez-le. Pelez et hachez finement l'oignon.

Faites chauffer 2 cuillerées à soupe d'huile d'olive dans un poêlon, faites-y suer l'oignon, ajoutez l'ail, le thym et le laurier et faites cuire pendant 2 à 3 minutes. Ajoutez les tomates concassées, salez légèrement, versez le sucre semoule et mélangez. Laissez compoter sur feu doux de 5 à 7 minutes, pour dessécher cette concassée de tomates.

Préparez la sauce vierge : mondez les 2 autres tomates, fendez-les en quatre, épépinez-les et coupez la pulpe en petits dés. Pelez et ciselez l'échalote. Fendez les olives en quatre dans la longueur. Mélangez le tout avec le basilic et l'huile d'olive. Salez un peu et poivrez. Ajoutez la moitié du jus du citron et réservez à température ambiante.

Étalez 1 cuillerée à café de tapenade sur chaque fond de tarte en laissant un bord de 2 cm libre environ tout autour. Étalez dessus 1 cuillerée à soupe de concassée de tomate, en laissant un bord libre de 1 cm.

Escalopez les filets des lisettes. Salez-les, poivrez-les et disposez-les sur chaque fond de tarte en formant une rosace, côté peau sur le dessus. Badigeonnez les escalopes à l'aide d'un pinceau du reste de jus de citron.

Glissez les tartes dans le four. Dès que les escalopes commencent à blanchir, retirez-les du four.

Dressez les tartes sur des assiettes, arrosez d'1 cuillerée à soupe de sauce vierge, saupoudrez d'1 pincée de sel et de piment d'Espelette moulu. Disposez 5 ou 6 copeaux de parmesan sur chaque tarte, entourez d'un petit cordon de sauce vierge et dégustez sans attendre.

POISSONS

Merlan

ALAIN SOLIVÉRÈS

Filets de merlan aux fleurs de courgettes

Pour 2 personnes

2 filets de merlan (avec la peau) • 4 fleurs de courgettes • 4 tranches fines de lomo • 1 poignée de feuilles de roquette • 5 cuil. à soupe d'huile d'olive • 1 gousse d'ail • 2 tomates moyennes • 1 cuil. à soupe de concentré de tomate • 5 feuilles de basilic • 2 brindilles d'estragon • 1 pincée de pluches de cerfeuil • 1 cuil. à soupe de vinaigre de xérès • 1 cuil. à café de tapenade • sel fin et poivre du moulin

Lavez puis égouttez les feuilles de roquette.
Faites chauffer 1 cuillerée à soupe d'huile d'olive dans un poêlon assez large, ajoutez la gousse d'ail légèrement écrasée, les feuilles de roquette et faites-les tomber.
Coupez les filets de merlan en deux, salez-les et poivrez-les.
Disposez sur chaque morceau de filet 1 fine tranche de lomo puis répartissez dessus les feuilles de roquette.
À l'aide d'un couteau, retirez le pédoncule (les petites feuilles

vertes) et le pistil des fleurs de courgettes. Écartez ensuite, délicatement, les pétales de chaque fleur, puis glissez dans chacune d'elles 1 morceau de merlan.

Lavez les tomates, retirez-en les pédoncules puis coupez-les en 4 morceaux. Mettez-les avec la moitié du concentré de tomate et 1 cuillerée à soupe d'huile d'olive dans le bol d'un mixeur puis mixez brièvement. Ajoutez le basilic, l'estragon, le cerfeuil, salez et poivrez. Versez 2 cuillerées à soupe d'huile d'olive, le reste de concentré de tomate, le vinaigre de xérès et mixez le tout. Rectifiez l'assaisonnement, puis réservez au réfrigérateur.

Faites chauffer 1 cuillerée à soupe d'huile d'olive dans une poêle. Disposez-y délicatement les fleurs de courgettes en les faisant d'abord cuire côté merlan, pendant 2 minutes. Retournez-les, côté lomo, et comptez 20 secondes de cuisson. Égouttez ensuite les fleurs de courgettes sur un papier absorbant.

Nappez un plat de service de sauce tomate, dressez les fleurs de courgettes dessus, ajoutez 1 pointe de couteau de tapenade sur chacune. Servez aussitôt.

Astuce : Vous pouvez déguster ces filets de merlan aux fleurs de courgettes froids. Dans ce cas, laissez-les refroidir à température ambiante et non au réfrigérateur.

ANTOINE WESTERMANN

Filets de merlan poêlés avec des pommes de terre fondantes

Pour 4 personnes

2 merlans de 250 g • 4 pommes de terre (roseval) • 2 gousses d'ail • 1 feuille de laurier • 2 ou 3 brindilles de thym • 1 cuil. à café de moutarde • 2 cuil. à soupe de vinaigre de vin rouge • 2 cuil. à soupe d'huile d'arachide • 2 cuil. à soupe d'huile d'olive • 1 cuil. à soupe de coriandre fraîche concassée • gros sel • sel fin et poivre

Demandez au poissonnier de lever les filets des merlans en conservant la peau.

Lavez les pommes de terre sans les peler. Pelez les gousses d'ail et écrasez-les légèrement avec la paume de la main.

Mettez les pommes de terre dans une casserole, recouvrez-les d'eau froide, ajoutez les gousses d'ail, la feuille de laurier et les brindilles de thym. Salez au gros sel et laissez cuire pendant 30 minutes à couvert.

Préparez une vinaigrette : dans un récipient, mélangez à l'aide d'un fouet la moutarde avec 1 cuillerée à soupe de vinaigre de vin rouge et 1 pincée de sel. Poivrez bien puis incorporez l'huile d'arachide.

Salez et poivrez les filets de merlan sur chaque face.

Faites chauffer 1 cuillerée à soupe d'huile d'olive dans une poêle. Déposez-y les filets de merlan côté peau et faites-les cuire pendant 2 minutes sans chercher à les faire colorer. Retournez-les et comptez 1 petite minute de cuisson côté chair. Débarrassez ces filets sur une assiette.

Retirez la poêle du feu, déglacez-la avec 1 cuillerée à soupe de vinaigre de vin rouge et 1 cuillerée à soupe d'huile d'olive, ajoutez une pincée de sel et poivrez. Ajoutez la coriandre fraîche concassée et mélangez.

Lorsque les pommes de terre sont cuites, égouttez-les, pelez-les et coupez-les en dés. Assaisonnez-les de la vinaigrette, mélangez bien, rectifiez éventuellement l'assaisonnement.

Dressez 4 petits lits de pommes de terre sur un plat de service, disposez dessus les filets de merlan tièdes, assaisonnez du jus à la coriandre et servez en hors-d'œuvre.

POISSONS

Merlan

FRÉDÉRIC ANTON

Merlan en papillotes croustillantes,

crème légère d'avocats au piment doux

Pour 2 personnes

2 filets de merlan • 2 avocats • 4 piments doux en boîte • 2 cercles de feuilles de brick • 8 petites feuilles de basilic • 1 citron • huile d'arachide pour friture • sel, poivre du moulin

Coupez les filets de merlan en deux dans la longueur, puis à nouveau en deux, mais dans la largeur, pour obtenir 8 goujonnettes de merlan.

Coupez 2 piments en petits dés. Taillez les 2 autres en lamelles, dans la longueur, pour obtenir 8 lamelles en tout.

Superposez les cercles de feuilles de brick sans retirer le papier qui les protège. Coupez-les en deux, puis chaque moitié en trois, en partant du centre comme pour couper une tarte. Vous obtenez 12 morceaux (mais seulement 8 seront utilisés). Retirez le papier de protection.

Salez et poivrez les goujonnettes de merlan. Disposez chaque goujonnette sur la partie la plus large d'un morceau de feuille de brick, à 1 cm du bord. Mettez sur chaque goujonnette 1 lamelle de piment doux et 1 petite feuille de basilic. Enroulez les goujonnettes dans les feuilles de brick, en partant du côté le plus large et en serrant bien. Roulez jusqu'à la pointe, puis maintenez ces papillotes à l'aide d'une pique en bois.

Fendez les avocats en deux afin de retirer le noyau, pelez-les, puis coupez-les en morceaux. Mixez finement ces morceaux d'avocats, ajoutez le jus du citron, salez et poivrez. Ajoutez les dés de piments doux et mélangez délicatement. Réservez cette purée en saucière.

Préchauffez une friteuse d'huile d'arachide à 180 °C. Plongez-y les papillotes. Laissez-les jusqu'à coloration (2 minutes environ). Retirez-les de la friteuse et salez-les légèrement.

Dressez ces papillotes sur un plat de service et servez-les avec la purée d'avocats au piment doux.

Astuces :

- Si les feuilles de brick sont sèches, posez-les sur un torchon propre humidifié ; elles retrouveront immédiatement toute leur souplesse.
- Pour rouler la papillote, il est préférable de mettre le côté le plus lisse de la feuille de brick vers l'extérieur.

Régis Mahé

Merlan poêlé, bouillon de lentilles et palourdes

Pour 4 personnes

4 filets de merlan (avec la peau) • 80 g de lentilles vertes • 16 palourdes • 2 branches de céleri • 1 petit blanc de poireau • 2 oignons moyens • 1 cuil. à soupe de persil plat concassé • 130 g de beurre • 10 cl de vin blanc sec • huile d'olive • gros sel, sel fin et poivre du moulin

Mettez les lentilles dans une casserole, recouvrez-les d'eau froide et portez à feu vif. Dès que l'eau frémit, égouttez les lentilles dans une passoire, rafraîchissez-les rapidement sous l'eau froide et égouttez-les à nouveau.

Pelez et hachez grossièrement 1 oignon. Effilez les branches de céleri et coupez-les en petits morceaux. Lavez le blanc de poireau, puis coupez-le en petits morceaux.

Faites fondre 30 g de beurre dans une casserole, faites-y suer l'oignon, les branches de céleri et le blanc de poireau. Ajoutez les lentilles blanchies, mélangez avec une spatule en bois, mouillez à hauteur d'eau froide, salez au gros sel, portez à frémissements et laissez cuire 20 minutes.

Pelez et hachez finement le second oignon. Versez le vin blanc sec dans une casserole, ajoutez l'oignon haché et portez à ébullition. Ajoutez les palourdes bien nettoyées et couvrez. Dès qu'elles s'ouvrent (comptez 2 minutes de cuisson environ), retirez-les délicatement de la casserole, disposez-les sur une assiette et recouvrez-les d'une feuille d'aluminium afin de les maintenir chaudes.

Récupérez leur jus de cuisson, filtrez-le et versez-le dans un poêlon puis donnez une ébullition. Ensuite, sur feu doux, incorporez, à l'aide d'un fouet, les 100 g restants de beurre bien froid coupé en petits morceaux. Ajoutez les lentilles et les palourdes, parsemez du persil plat concassé, couvrez et réservez sur feu très doux.

Salez et poivrez de chaque côté les filets de merlan. Badigeonnez-les d'un filet d'huile d'olive, puis disposez-les délicatement dans une poêle chaude et faites-les cuire 5 minutes sur chaque face en commençant par le côté peau.

Disposez les filets sur un plat de service, ajoutez dessus les palourdes et le bouillon de lentilles, et dégustez sans attendre.

Lionel Poilâne

Pain de poisson au four

Pour 4 personnes

6 filets de merlan • 150 g de mie de pain au levain • 1 citron • 2 œufs • 1 cuil. à soupe de sauce à l'anchois (ou, à défaut, de tapenade) • 2 cuil. à soupe de persil plat concassé • 10 g de beurre • 30 g de chapelure • 1 oignon moyen • 1 gousse d'ail • 4 tomates • 2 cuil. à soupe d'huile d'olive • 1 bouquet garni • sel et poivre

Salez et poivrez les filets de merlan puis faites-les cuire à la vapeur pendant 3 à 4 minutes. Effeuillez-les délicatement à l'aide d'une fourchette dans un saladier, ajoutez la mie de pain, mélangez et réservez.

Lavez le citron et râpez quelques zestes.

Dans un saladier, mélangez les œufs à l'aide d'une fourchette avec les zestes de citron, la sauce à l'anchois et le persil plat. Salez et poivrez. Incorporez-y le poisson avec la mie de pain et mélangez délicatement.

Préchauffez le four à 150-160 °C (thermostat 5).

Beurrez un moule de 18 cm de diamètre à l'aide d'un pinceau puis chemisez-le avec la chapelure. Versez-y la préparation sans trop la tasser, recouvrez d'une feuille d'aluminium et mettez au four pendant 45 minutes.

Pelez et émincez finement l'oignon. Pelez, fendez en deux et dégermez la gousse d'ail. Lavez les tomates et coupez-les en quartiers.

Versez l'huile d'olive dans un poêlon et faites-y suer l'oignon pendant 2 minutes. Ajoutez les tomates, l'ail, le bouquet garni, salez et poivrez. Couvrez et laissez cuire pendant 15 minutes.

Ôtez le bouquet garni, versez la sauce tomate dans le bol d'un mixeur, mixez quelques secondes (pas trop longtemps car elle pourrait blanchir), puis passez-la au travers d'un chinois au-dessus d'une casserole. Foulez à l'aide d'une petite louche et réchauffez sur feu doux.

Sortez le pain de poisson du four, laissez-le tiédir 4 à 5 minutes puis démoulez-le et dressez-le sur un plat de service. Versez un cordon de sauce tomate tout autour et servez.

Babette de Rozières

Acras de morue

Pour 4 personnes

1 morceau épais de 200 g de morue salée • quelques brins de persil plat • 1/2 paquet de levure chimique • huile de friture

Pour le mélange d'épices :

4 brins de cive (ou, à défaut, de ciboulette) • 1 oignon • 4 gousses d'ail • 1 brin de persil plat • 1 petit morceau de piment antillais

Pour la pâte :

300 g de farine tamisée • 3 verres de lait • 1 cuil. à café de fleur de thym

Deux jours auparavant, faites griller le morceau de morue salée côté peau. Plongez-le dans un récipient d'eau froide. Laissez-le dessaler pendant 24 heures.

Le lendemain, portez de l'eau à ébullition dans une casserole, déposez-y délicatement le morceau de morue et faites-le cuire pendant 20 minutes. Égouttez-le à l'aide d'une écumoire et laissez-le refroidir sur une grille.

Préparez le mélange d'épices : épluchez les brins de cive et l'oignon, coupez l'oignon en quatre. Pelez les gousses d'ail, fendez-les en deux dans la longueur et retirez les germes. Mettez la cive, les brins de persil plat, les morceaux d'oignon, l'ail et le petit morceau de piment antillais dans le bol d'un mixeur. Hachez le tout.

Préparez la pâte : dans un saladier, à l'aide d'une spatule, mélangez la farine tamisée avec le lait. Assaisonnez avec le mélange d'épices et la cuillerée à café de fleur de thym. Réservez.

Retirez la peau de la morue et enlevez les arêtes. Émiettez finement la chair. Incorporez-la à la pâte, puis réservez le mélange au réfrigérateur pendant 24 heures.

Le jour de la dégustation, préchauffez une friteuse d'huile d'arachide à 180 °C.

Sortez la préparation du réfrigérateur. Incorporez-y la levure chimique.

Prélevez de petites quantités de pâte de la valeur d'1 cuillerée à café et plongez-les au fur et à mesure dans la friteuse. Laisser-les dorer, retournez-les délicatement à l'aide d'une écumoire. Les acras triplent de volume à la cuisson. Égouttez-les sur une feuille de papier absorbant, disposez-les dans un plat de service, décorez avec quelques pluches de persil plat.

Dégustez les acras en apéritif, accompagnés d'un verre de punch antillais !

Xavier Mathieu

Acras de morue, tomate verte au miel

Pour 4 personnes

75 g de morue salée • 18 tomates cerises vertes (ou 4 belles tomates vertes) • 1 cuil. à soupe de miel • 1 échalote • 100 g de farine • 1/4 de cuil. à café de levure chimique • 12,5 cl d'eau froide • 1 œuf • 1 cuil. à soupe d'estragon concassé grossièrement • 1/2 oignon • 1 gousse d'ail • 10 cl d'huile d'olive • 1 friture d'huile d'arachide • Tabasco • sel fin et poivre du moulin • huile de friture

Faites dessaler la morue pendant 3 heures en renouvelant l'eau plusieurs fois. Hachez-la.

Pelez et hachez finement l'échalote.

Battez l'œuf. Dans un batteur électrique, mélangez la farine avec la levure chimique, puis incorporez 7,5 cl d'eau froide. Lorsque la pâte se rassemble en boule, incorporez l'œuf battu et mélangez jusqu'à ce que la pâte soit bien lisse. Ajoutez ensuite successivement la morue dessalée et hachée, l'échalote hachée et l'estragon concassé grossièrement. Laissez reposer cette pâte 30 minutes minimum au réfrigérateur.

Lavez et coupez les tomates cerises vertes en huit. Si vous utilisez des grosses tomates, il est préférable de les monder. Pelez et hachez finement le 1/2 oignon. Pelez la gousse d'ail, fendez-la en deux, dégermez-la et hachez-la.

Faites chauffer l'huile d'olive dans une casserole avec le 1/2 oignon et l'ail hachés sur feu très doux, laissez suer sans coloration pendant 2 à 3 minutes. Ajoutez successivement les morceaux de tomates, 5 cl d'eau et le miel. Salez, poivrez, mélangez avec une spatule en bois et laissez confire 20 minutes en remuant régulièrement.

Faites chauffer une friture d'huile d'arachide à 160 °C.

Prélevez la pâte à acras par demi-cuillerées à soupe et faites-les glisser dans la friture chaude. Laissez cuire et dorer les acras (ils doivent être croustillants à l'extérieur et moelleux à l'intérieur) ; comptez 5 minutes de cuisson environ. Retirez-les de la friture avec une écumoire et égouttez-les sur un papier absorbant.

Ajoutez quelques gouttes de Tabasco à la tomate verte au miel pour la relever. Dressez et dégustez sans attendre ces acras de morue avec la tomate verte au miel.

POISSONS

Morue, haddock

Gilles Goujon

Aïado languedocien aux olives et petits-gris

Pour 4 personnes

1 morceau de morue salée de 200 g •
20 escargots petits-gris cuits et décoquillés •
2 pommes de terre (bintjes) • 20 cl d'huile d'olive •
1 jaune d'œuf • 3 gousses d'ail • 2 cuil. à soupe d'olives vertes de Lucques • 1 cuil. à soupe de persil concassé •
2 traits d'alcool anisé • 4 rondelles de tomate •

8 bâtonnets de poivron rouge cru •
4 petites cébettes (petits oignons verts) •
4 petites feuilles de basilic • gros sel, fleur de sel, •
sel fin et poivre

La veille, faites dessaler la morue en changeant l'eau de trempage régulièrement.

Le lendemain, préchauffez le gril du four.

Lavez les pommes de terre sans les peler. Mettez-les dans une casserole d'eau froide (elles doivent être bien immergées), salez au gros sel, portez à ébullition et laissez cuire pendant 25 minutes environ.

Égouttez le morceau de morue, disposez-le sur une plaque de cuisson, arrosez-le de 2 cuillerées à soupe d'huile d'olive et poivrez. Enfournez pour 8 à 10 minutes de cuisson. Sortez la plaque du four et couvrez le morceau de morue d'une feuille d'aluminium pour le maintenir tiède.

Lorsque les pommes de terre sont cuites, égouttez-les, pelez-les, remettez-les dans une casserole et écrasez-les avec une fourchette. Incorporez-y successivement 1 jaune d'œuf, 2 gousses d'ail pelées et hachées finement, du poivre et 8 cl d'huile d'olive en filet. Rectifiez l'assaisonnement, puis ajoutez les olives dénoyautées et concassées. Réservez à température ambiante.

Faites chauffer dans une casserole 2 cuillerées à soupe d'huile d'olive. Faites-y revenir les escargots avec la dernière gousse d'ail pelée et hachée finement. Poivrez, salez et ajoutez 1 cuillerée à soupe de persil concassé. Déglacez avec l'alcool anisé, mélangez bien et retirez du feu.

Effeuillez le morceau de morue.

Dressez, au centre de chaque assiette, 1 rondelle de tomate, assaisonnez-la d'1 pincée de fleur de sel. Posez dessus un quart de l'aïado en faisant un dôme, plantez dans ce dernier 2 bâtonnets de poivron rouge cru et 1 petite cébette.

Recouvrez d'1 petite feuille de basilic. Ajoutez 1 feuille de morue, 5 escargots et arrosez d'un filet d'huile d'olive. Servez sans attendre.

POISSONS

Morue, haddock

OLIVIER BELLIN

Joues de morue, compote de tomates

Pour 2 personnes

12 joues de morue (ou de lotte) • 3 tomates • 3 pommes (granny-smith) • 200 g de beurre • 1 petite cuil. à soupe de vinaigre de cidre • 10 g de gingembre frais • 20 cl de bouillon de volaille • huile d'arachide • 1 gousse d'ail • 1 cuil. à soupe de pignons • 1 cuil. à soupe de ciboulette ciselée finement • sel fin et poivre du moulin

Pelez les pommes, fendez-les en deux, épépinez-les et coupez la pulpe en dés de 2 à 3 mm.

Plongez les tomates quelques secondes dans de l'eau bouillante, passez-les sous l'eau froide et pelez-les. Coupez-les en quartiers, épépinez-les et coupez la pulpe en dés de 2 à 3 mm.

Faites fondre 30 g de beurre dans un petit poêlon. Faites-y colorer les dés de pomme. Dès qu'ils commencent à prendre couleur, ajoutez les dés de tomate et faites cuire 5 à 10 minutes. Salez et poivrez en fin de cuisson. Retirez du feu, arrosez cette compote du vinaigre de cidre et mélangez. Réservez hors du feu.

Préparez un beurre de gingembre : pelez et hachez le gingembre. Versez le bouillon de volaille et le gingembre dans une casserole, portez à ébullition et laissez réduire de moitié. Incorporez ensuite petit à petit, sur feu doux, 150 g de beurre bien froid coupé en morceaux, tout en fouettant. À la première ébullition, retirez la casserole du feu.

Salez et poivrez les joues de morue. Faites chauffer un filet d'huile d'arachide dans une poêle avec le reste de beurre. Ajoutez la gousse d'ail non pelée mais écrasée et les joues de morue. Faites-les bien dorer 2 à 3 minutes sur chaque face. Égouttez-les sur une grille.

Torréfiez les pignons de pin à sec dans une poêle.

Réchauffez à feu doux le beurre de gingembre et la compote de tomates et de pommes.

Étalez soigneusement la compote au centre d'un plat de service, disposez délicatement les joues de morue, nappez de beurre de gingembre, parsemez de pignons et de ciboulette. Servez aussitôt, avec le restant de beurre de gingembre en saucière.

POISSONS

Morue, haddock

DOMINIQUE TOULOUSY

Morue aux chips d'ail

Pour 4 personnes

4 morceaux épais de morue de 120 g (avec la peau) • 10 gousses d'ail • 10 cl d'huile d'olive • 1/2 poivron rouge • 1/2 oignon • 4 tomates moyennes •

10 cl de vinaigre de xérès (ou de verjus) • 20 cl de fumet de poisson • quelques pluches de cerfeuil • sel fin et poivre du moulin

Préparez les chips d'ail : pelez et émincez finement les gousses d'ail, retirez le germe. Faites chauffer 5 cl d'huile d'olive dans une poêle. Faites-y frire les gousses sur feu doux. Dès qu'elles sont blondes et croustillantes, prélevez-les à l'aide d'une écumoire et égouttez-les sur un papier absorbant.

Pelez puis émincez le poivron rouge et l'oignon. Mondez les tomates moyennes, coupez-les en quartiers et retirez les graines.

Faites chauffer 2 cuillerées à soupe d'huile d'olive dans une casserole. Ajoutez sur feu doux l'oignon et le poivron émincés, la moitié des chips d'ail, salez et poivrez, puis laissez suer 2 à 3 minutes tout en remuant avec une spatule en bois. Déglacez avec le vinaigre, portez à ébullition sur feu vif et laissez réduire pratiquement à sec.

Faites suer les quartiers de tomates dans la casserole, versez le fumet de poisson et laissez réduire de moitié. Rectifiez l'assaisonnement si nécessaire et réservez ce bouillon sur feu éteint.

Faites chauffer 1 cuillerée à soupe d'huile d'olive dans une poêle. Salez et poivrez le côté peau des morceaux de morue. Disposez-les côté peau et poêlez-les 2 à 3 minutes sur chaque face ; assaisonnez-les juste avant de les retourner.

Disposez les morceaux de morue sur un plat de service, côté peau sur le dessus, ajoutez le bouillon avec sa garniture tout autour, parsemez dessus les chips d'ail restantes, quelques pluches de cerfeuil et dégustez sans attendre.

Jean-Michel Lorain

Morue fraîche à la purée d'ail et à l'huile pimentée

Pour 4 personnes

1 filet de cabillaud de 600 g (avec la peau) • 1 gros piment rouge • 1 gros piment vert • 15 cl d'huile d'olive • 150 g de gousses d'ail • 300 g de pommes de terre (bintjes ou belles-de fontenay) • 10 cl de crème fraîche liquide • 40 g de beurre • 1 cuil. à soupe de ciboulette ciselée • gros sel de mer • sel fin et poivre

La veille, mettez le filet de cabillaud, côté peau, dans un plat creux, recouvrez le côté chair de gros sel de mer et entreposez au réfrigérateur pendant 1 heure. Après 1 heure, retirez l'excédent de sel qui n'a pas fondu en grattant délicatement le filet de cabillaud avec une cuiller à soupe. Plongez ce filet dans une grande quantité d'eau bien froide, côté peau vers le haut, et laissez dessaler 30 minutes. Au bout de ce temps, retirez le filet de cabillaud de l'eau, posez-le sur un linge propre, enveloppez-le et réservez-le au réfrigérateur pendant 24 heures. (Cette opération a pour but de raffermir la chair du poisson.)

La veille, préparez l'huile pimentée : fendez les piments en deux et éliminez les graines. Coupez la chair en dés afin d'obtenir 1 cuillerée à soupe de chaque. Versez 10 cl d'huile d'olive dans un récipient, ajoutez les piments et laissez infuser 24 heures au réfrigérateur. (Pensez à la sortir du réfrigérateur avant de vous en servir afin qu'elle ne soit pas figée.)

Le lendemain, pelez, coupez en deux et dégermez les gousses d'ail. Mettez-les dans une casserole, couvrez-les d'eau froide et portez à ébullition. Quand l'eau bout, égouttez les gousses. Remettez-les dans la casserole, faites-les blanchir une seconde fois et égouttez-les.

Pelez les pommes de terre et coupez-les en morceaux. Mettez-les dans une casserole, couvrez-les d'eau, ajoutez les gousses d'ail, salez légèrement et portez à ébullition. Laissez cuire pendant 20 minutes. Égouttez les morceaux de pommes de terre et les gousses d'ail, puis passez le tout au moulin à légumes pour obtenir une purée. Mettez-la dans une casserole sur feu doux et détendez-la en incorporant la crème liquide tiède petit à petit à l'aide d'une spatule en bois. Incorporez ensuite 30 à 40 g de beurre bien froid et salez légèrement.

Coupez le filet de cabillaud en deux dans la largeur, puis dédoublez ces morceaux. Faites chauffer 2 cuillerées à soupe d'huile d'olive dans une poêle, déposez-y les morceaux de cabillaud, faites-les colorer de chaque côté et poivrez-les en fin de cuisson.

Réchauffez avec précaution la purée de pommes de terre et d'ail. Ajoutez la cuillerée à soupe de ciboulette ciselée dans l'huile pimentée.

Dressez un lit de purée sur un plat de service, disposez dessus les morceaux de morue et assaisonnez-les d'huile pimentée. Dégustez sans attendre.

Georges Blanc

Morue fraîche à l'embeurrée de pommes de terre au gingembre

Pour 4 personnes

6 pommes de terre (charlottes) • 4 morceaux de morue fraîche de 120 g • 1 morceau de gingembre • 60 g de beurre • 1 cuil. à soupe d'huile d'olive • 1 cuil. à soupe de ciboulette ciselée • 1 cuil. à soupe de cerfeuil concassé • sel et poivre

Pour la sauce :

15 cl de vin blanc sec • 1 cuil. à soupe de vinaigre de vin rouge • 2 échalotes pelées et hachées très finement • 1 cuil. à soupe de crème fraîche épaisse • 100 g de beurre • 1 filet de sauce soja • 2 pointes de curry en poudre

Lavez les pommes de terre sans les peler. Faites-les cuire dans de l'eau salée pendant 25 minutes.

Préparez la sauce : versez le vin blanc dans une casserole, ajoutez le vinaigre, les échalotes hachées et laissez réduire à sec. Puis versez la crème fraîche en mélangeant et laissez réduire à nouveau jusqu'à que ce que la sauce devienne très sirupeuse. À l'aide d'un fouet, incorporez ensuite petit à petit le beurre bien froid coupé en dés ; salez légèrement et poivrez. Ajoutez enfin la sauce soja et le curry. Réservez sur feu éteint.

Épluchez et taillez le morceau de gingembre en brunoise (très petits dés) afin d'en obtenir la valeur d'1 cuillerée à café.

Lorsque les pommes de terre sont cuites, égouttez-les, pelez-les et taillez-les en rondelles de 5 mm d'épaisseur.

Dans une sauteuse ou une poêle, faites fondre le beurre, disposez-y les pommes de terre sans les faire se chevaucher et faites-les légèrement dorer. Ajoutez la brunoise de gingembre, rectifiez l'assaisonnement et réservez au chaud.

Salez et poivrez les morceaux de morue fraîche sur chaque face. Faites chauffer l'huile d'olive dans une poêle antiadhésive. Mettez-y les morceaux de morue et faites-les cuire doucement sans coloration pendant 10 à 15 minutes. Réservez-les sur une grille.

Dressez les pommes de terre sur un plat de service, posez les morceaux de morue dessus, parsemez de ciboulette et de cerfeuil et ajoutez un tour de moulin à poivre.

Servez en accompagnement la sauce en saucière.

CHRISTOPHE CUSSAC

Morue fraîche au bellet rouge et poires épicées

Pour 4 personnes

4 morceaux de morue fraîche de 120 g • 4 poires moyennes • 1 orange • 50 cl de vin rouge de Bellet • 1 bâton de cannelle • 1 tranche de pain d'épice • 6 graines de coriandre • 2 grains de poivre blanc • 6 graines de fenouil • 1 pointe de cuil. à café de paprika • 1 pointe de cuil. à café de curry • 100 g de beurre • huile d'olive • 20 g de lardons de poitrine fumée • quelques pluches de persil plat • sel et poivre

Pelez les poires, coupez-les en six dans la longueur, éliminez les cœurs et les pépins.
Lavez soigneusement l'orange, prélevez le zeste de la moitié à l'aide d'un économe.
Versez le vin dans une casserole et faites-le chauffer. Ajoutez les zestes d'orange, le bâton de cannelle et les morceaux de poires. Donnez une bonne ébullition, puis réservez sur feu éteint.
Mettez la tranche de pain d'épice dans le bol d'un petit mixeur avec les graines de coriandre, les grains de poivre, les graines de fenouil, le paprika, le curry et mixez.
Égouttez les poires, mettez-les dans une casserole, versez une

bonne louche de vin de cuisson pour les réchauffer au moment de les servir.

Portez le reste du vin de cuisson à ébullition et laissez réduire pratiquement à sec : il doit être sirupeux. Retirez le bâton de cannelle et les zestes d'orange. Incorporez ensuite au fouet, petit à petit sur feu plus doux, le beurre bien froid coupé en petits morceaux. Salez et poivrez lorsque le beurre est incorporé, puis réservez au chaud, sans laisser frémir.

Salez et poivrez les morceaux de morue sur chaque face. Faites chauffer dans une poêle un filet d'huile d'olive, disposez-y les morceaux de morue et faites-les cuire 2 à 3 minutes de chaque côté. En fin de cuisson, ajoutez les lardons de poitrine fumée.

Faites réchauffer les poires.

Dressez les morceaux de morue dans un plat de service, répartissez les lardons dessus, disposez les poires tout autour, nappez ces dernières du beurre rouge et saupoudrez-les du mélange d'épices. Décorez avec quelques pluches de persil plat et servez.

POISSONS

Morue, haddock

ANNE-MARIE DE GENNES

Salade de haddock et lentilles aux épices

Pour 4 personnes

1 filet de haddock de 200 g • 300 g de lentilles vertes du Puy • 1 oignon moyen • 2 gousses d'ail • 1 échalote •

5 cuil. à soupe d'huile d'olive • 15 graines de cardamome verte • 1 cuil. à café rase de cumin moulu • 1 cuil. à soupe de graines de coriandre • 1 citron vert • 1 citron jaune • 1 petit bouquet de coriandre fraîche • sel et poivre

Demandez au poissonnier d'escaloper le filet de haddock en tranches fines (4 par personne).

Faites blanchir les lentilles : mettez-les dans une casserole, couvrez-les d'eau froide et portez à ébullition. Dès que l'eau bout, égouttez les lentilles.

Pelez et émincez l'oignon, les gousses d'ail et l'échalote. Faites chauffer 2 cuillerées à soupe d'huile d'olive dans un poêlon, faites-y suer l'oignon, l'échalote et les gousses d'ail pendant 1 minute, puis ajoutez les graines de cardamome, le cumin et les graines de coriandre, en mélangeant bien. Ajoutez ensuite les lentilles, mouillez d'eau à hauteur et portez à ébullition. Laissez cuire à frémissements pendant 20 à 30 minutes. Salez à mi-cuisson.

À l'aide d'un pinceau, badigeonnez les tranches de haddock du jus du citron vert.

Préparez une vinaigrette : mélangez le jus du citron jaune avec 3 cuillerées à soupe d'huile d'olive, salez et poivrez.

Après cuisson, égouttez les lentilles, éliminez la cardamome, ajoutez 2 cuillerées à soupe de feuilles de coriandre, préalablement lavées et concassées, 2 cuillerées à soupe de vinaigrette et mélangez bien. Rectifiez l'assaisonnement si nécessaire.

Lorsque les lentilles sont tièdes, dressez-les dans un plat de service creux, disposez les tranches de haddock dessus, assaisonnez le tout de 2 cuillerées à soupe de vinaigrette, décorez avec quelques pluches de coriandre et servez.

GEORGES PAINEAU

Filets de carrelet à la mousse de tomates en barbouille

Pour 2 personnes

4 filets de carrelet de 70 g • 3 tomates • 3 échalotes • 65 g de beurre • 10 cl de vin blanc sec • 20 cl de crème fraîche liquide • sel, poivre du moulin

Lavez les tomates, retirez les pédoncules et plongez-les rapidement dans une casserole d'eau bouillante. Rafraîchissez-les dans un récipient d'eau glacée, mondez-les, épépinez-les et taillez-les en dés.

Pelez et ciselez 1 échalote. Dans un poêlon, mettez 15 g de beurre puis l'échalote ciselée et, sur feu doux, faites-la suer sans coloration pendant 1 minute. Remuez, puis ajoutez les dés de tomates et laissez cuire 1 à 2 minutes. Arrêtez la cuisson, salez, poivrez, mélangez et réservez la barbouille dans le poêlon.

Pelez et ciselez les 2 échalotes restantes. Beurrez un plat de cuisson et parsemez-le des échalotes ciselées. Disposez dedans, côte à côte, 2 filets ventraux de carrelet, côté peau contre le fond. Assaisonnez-les et recouvrez-les de la barbouille de tomates. Salez et poivrez le côté peau des 2 filets restants et posez-les sur la barbouille de manière à reconstituer les carrelets. Versez ensuite dessus le vin blanc sec et la crème liquide. Portez à ébullition, puis laissez cuire à couvert pendant 6 minutes sur feu plus doux.

Débarrassez les carrelets cuits sur une assiette, couvrez-les de papier d'aluminium ou du couvercle de cuisson, et réservez-les.
Redonnez un coup d'ébullition sous le plat de cuisson pour épaissir la sauce barbouille tout en remuant, puis passez-la au travers d'un chinois en écrasant bien les morceaux d'échalotes et de tomates pour récupérer le plus de jus possible.
Réchauffez la sauce et, sur feu éteint, incorporez-lui, à l'aide d'une cuiller, le beurre froid restant, coupé en petits dés. Assaisonnez à votre convenance.
Dressez sur un plat de service les filets de carrelet réservés au chaud et nappez-les de la mousse de tomates en barbouille. Vous pouvez servir ces filets avec des légumes verts.

Astuce : Évitez de saler tout de suite les dés de tomates : le sel faisant rendre leur eau, vous obtiendriez rapidement une purée de tomates au lieu de conserver les dés.

PHILIPPE HARDY

Filets de carrelet au romarin

Pour 4 personnes

4 filets de carrelet de 120 g (épais de 2 cm, avec la peau) • 120 g de haricots cocos • 1 bouquet garni • 2 gousses d'ail • 10 cl d'huile d'olive • 20 g de beurre • 1 cuil. à café de gingembre pelé et haché finement • 20 cl de crème fraîche liquide • 5 petits cœurs et quelques brindilles de romarin • sel fin, fleur de sel et poivre du moulin

La veille, faites tremper les haricots dans de l'eau froide et placez-les au réfrigérateur pendant 24 heures.

Égouttez-les, mettez-les dans une casserole, recouvrez-les d'eau froide, salez, poivrez, ajoutez le bouquet garni, et faites-les cuire 1 heure 30 à frémissements. La cuisson terminée, égouttez-les et retirez le bouquet garni.

Pelez et hachez finement les gousses d'ail.

Faites chauffer dans un poêlon un filet d'huile d'olive avec le beurre. Sur feu doux, versez-y les haricots, roulez-les délicatement dans la matière grasse à l'aide d'une spatule en bois. Ajoutez les gousses d'ail et le gingembre et laissez chauffer 2 minutes.

Versez 1 cuillerée à soupe d'eau froide dans une casserole, ajoutez la crème fraîche, portez à frémissements et laissez réduire de moitié. Assaisonnez de fleur de sel, du poivre du moulin, mélangez délicatement ; la crème doit être lisse et onctueuse. Ajoutez le romarin, retirez la casserole du feu et laissez la sauce infuser 5 minutes à couvert.

Préchauffez le four à 220 °C (thermostat 7).

Salez et poivrez le côté chair des filets de carrelet. Versez un filet d'huile d'olive sur une plaque de cuisson. Disposez dessus les filets de carrelet côté chair, arrosez-les d'un filet d'huile d'olive, puis enfournez et faites cuire 4 minutes.

Faites réchauffer les haricots sur feu doux.

Dressez les haricots et les filets de carrelet sur un plat de service, versez la sauce autour et décorez avec quelques brindilles de romarin. Servez le reste de sauce en saucière.

Astuce : Pour vérifier la bonne consistance de la crème, plongez une cuiller à soupe dans la casserole, retirez-la, passez un doigt sur le dos : la trace doit rester. Si les bords de la crème s'étalent et se rapprochent, elle n'est pas assez réduite.

Michel Bruneau

Fleurs de sole au cœur de carotte
et oseille

Pour 4 personnes

1 sole de 350 g (levée en filets) • 2 carottes • 1 botte d'oseille • 35 g de beurre • 100 g de crème fraîche épaisse • sel, poivre

Pelez les carottes. Plongez-les dans une casserole remplie d'eau bouillante salée et laissez-les cuire environ 20 minutes. Vérifiez leur cuisson en les piquant avec la pointe d'un couteau : elles doivent être légèrement fermes. Égouttez-les.

Lavez les feuilles d'oseille, puis équeutez-les sous un filet d'eau fraîche et essorez-les. Superposez plusieurs feuilles l'une sur l'autre, roulez-les comme pour faire un cigare et coupez-les en chiffonnade (lanières d'à peine 5 mm). Défaites ensuite cette chiffonnade, disposez-la dans un saladier, recouvrez-la d'un film étirable et entreposez-la au réfrigérateur.

Taillez les carottes en quatre tronçons de longueur égale à la largeur des filets de sole.

Disposez les filets de sole sur un plat, côté peau apparent et partie la plus épaisse vers vous. Sur la partie la plus large de chaque filet, posez un tronçon de carotte, salez et poivrez. Puis roulez délicatement les filets autour des tronçons de carotte en serrant bien et maintenez chaque roulade fermée avec 2 piques en bois enfoncées parallèlement. Puis tranchez en deux chaque roulade entre les piques. On obtient ainsi 8 fleurs de sole au cœur de carotte.

Faites fondre sans coloration 15 g de beurre dans une casserole. Placez-y la chiffonnade d'oseille et, tout en mélangeant, laissez-la fondre quelques secondes sur feu doux, sans la colorer. Ajoutez la crème, portez à ébullition, salez, poivrez et mélangez. Éteignez le feu dès que les bulles, grosses en début d'ébullition, deviennent plus petites. Réservez cette crème d'oseille.

Faites fondre le beurre restant dans une poêle. Dès qu'il est couleur noisette, disposez-y les fleurs de sole côté tranché au fond et laissez-les blondir 2 minutes. Retournez-les et laissez-les colorer sur l'autre face, 2 minutes également.

Dressez ces fleurs de sole sur un plat de service, retirez les piques, versez un cordon de crème d'oseille tout autour et servez le reste en saucière.

Astuces :

- Pour équeuter l'oseille, pliez chaque feuille en deux et tirez la nervure.
- La crème fraîche n'est pas aussi riche que l'on croit : elle figure parmi les matières grasses les moins calorifiques. Elle peut ainsi remplacer avantageusement l'huile dans l'assaisonnement d'une salade.

Michel Oliver

Méli-mélo de sole au citron vert

Pour 2 personnes

1 sole de 600 g • 1 gros citron vert (ou 2 petits) • 2 cuil. à soupe de sucre semoule • 4 cuil. à soupe de beurre demi-sel • 10 cl de crème fraîche liquide • 100 g de haricots verts • 1 carotte (de sable de préférence) • 1 petite courgette • gros sel, sel fin et poivre du moulin

Demandez au poissonnier de lever les filets de la sole et de les tailler en 12 goujonnettes (petits filets).

Lavez soigneusement le citron vert, essuyez-le et pelez-le à l'aide d'un économe pour récupérer le zeste ; prenez soin de bien séparer l'écorce de la partie blanchâtre et amère de la peau. Pressez le citron et récupérez le jus. Taillez le zeste en julienne.

Faites blanchir deux fois de suite la julienne de zeste : mettez-la dans une petite casserole remplie d'eau froide et faites bouillir. À la première ébullition, égouttez-la, plongez-la dans de l'eau froide et effectuez l'opération une seconde fois.

Remplissez une petite casserole d'eau froide, ajoutez le sucre semoule et 1 pincée de sel fin. Plongez-y la julienne et laissez confire pendant 45 minutes à petits bouillons.

Coupez les extrémités des haricots verts, effilez-les, lavez-les, égouttez-les et coupez-les en deux. Pelez la carotte, lavez bien la courgette, coupez chacune d'elles en 3 tronçons. Taillez les

tronçons dans le sens de la longueur en bâtonnets d'à peu près la même taille que les haricots verts.

Portez de l'eau à ébullition dans une grande casserole, salez au gros sel, plongez-y les haricots verts et les bâtonnets de carotte et faites-les cuire pendant 8 minutes. Au bout de 6 minutes de cuisson, ajoutez les bâtonnets de courgette et laissez-les cuire pendant 2 minutes. Les légumes de la garniture doivent être *al dente*. Égouttez-les et couvrez-les pour les maintenir chauds.

Faites chauffer 3 cuillerées à soupe de beurre demi-sel dans une poêle. Quand il est fondu, déposez-y délicatement les goujonnettes de sole sur feu doux et faites-les cuire de chaque côté pendant 30 secondes (la cuisson est très rapide). Retirez-les et disposez-les dans une passoire afin d'éliminer l'excédent de graisse.

Sur feu plus fort, versez le jus de citron vert dans le beurre de cuisson des goujonnettes et laissez réduire pratiquement à sec. Incorporez la crème fraîche et portez à ébullition sur feu doux. Ajoutez les goujonnettes de sole, 1 pincée de sel, du poivre et le restant de beurre demi-sel froid. Montez la sauce juste en donnant un mouvement de rotation à la poêle, sans remuer avec une spatule pour ne pas casser les goujonnettes.

Égouttez la julienne de zeste de citron vert. Répartissez les légumes chauds dans 2 assiettes, disposez dessus les goujonnettes de sole, nappez de sauce, parsemez la julienne de zeste et servez aussitôt.

GÉRARD GARRIGUES

Omelette aux asperges et goujonnettes

Pour 4 personnes

200 g de filets de limande • 5 œufs • 12 petites pointes d'asperges vertes • 15 cl de lait entier • 4 gousses d'ail rose • 1 cuil. à soupe d'huile d'olive • 30 g de farine • 3 cuil. à soupe d'huile d'arachide • 15 g de beurre • sel fin et poivre du moulin

Préchauffez le four à 180 °C (thermostat 6).

Versez 10 cl d'eau et 10 cl de lait entier dans une casserole, ajoutez les gousses d'ail non pelées, portez à ébullition pendant 1 à 2 minutes, puis égouttez-les. Mettez-les dans un petit plat de cuisson, arrosez-les d'huile d'olive. Enfournez et laissez confire les gousses de 10 à 12 minutes.

Coupez les filets de limande en goujonnettes. Versez 5 cl de lait dans un plat creux. Passez les goujonnettes dans le lait, farinez-les, puis roulez-les avec les mains pour bien les faire adhérer.

Faites chauffer 1 cuillerée à soupe d'huile d'arachide dans une poêle. Disposez-y délicatement les goujonnettes. Comptez 1 minute de cuisson. Dès qu'elles sont colorées, débarrassez-les sur une assiette et salez-les.

Lavez les pointes d'asperges et essuyez-les. Faites chauffer 1 cuillerée à soupe d'huile d'arachide dans une poêle. Faites-y sauter les pointes d'asperges, salez-les légèrement, débarrassez-les.

Laissez refroidir les gousses d'ail confites, pelez-les et écrasez-les à l'aide d'une fourchette.
Battez les œufs en omelette avec l'ail à l'aide d'une fourchette. Salez et poivrez.
Faites chauffer le beurre avec 1 cuillerée à soupe d'huile d'arachide dans une poêle à revêtement antiadhésif. Versez-y les œufs battus en récupérant bien les gousses d'ail écrasées. Laissez cuire de 4 à 8 minutes, selon que vous aimez l'omelette plus ou moins baveuse.
Aux trois quarts de la cuisson, disposez les goujonnettes et les pointes d'asperges sur l'omelette, et terminez la cuisson sur feu doux sans remuer. Servez aussitôt, en plat principal avec une salade de roquette à l'huile de noix, par exemple.

POISSONS
Poissons plats

Bruno Oger

Roulades de sole au persil et endives

Pour 4 personnes

8 filets de sole (ou de limande) • 4 endives moyennes • 100 g de beurre • 1 citron jaune • 1 cuil. à soupe de persil plat concassé • sel fin et poivre du moulin

Étendez les filets de sole sur le plan de travail, côté peau, salez, poivrez, puis roulez-les en paupiettes en partant de la queue.

Maintenez-les avec des piques en bois.

Débarrassez les endives de leurs feuilles abîmées, passez-les rapidement sous l'eau pour éviter de les rendre amères, et égouttez-les. Retirez la base et coupez-les en deux.

Faites chauffer la moitié du beurre dans un poêlon. Lorsqu'il mousse, ajoutez les feuilles d'endives, salez, poivrez, ajoutez la moitié du jus du citron, mélangez à l'aide d'une spatule en bois et laissez suer 4 à 5 minutes (elles doivent être légèrement croquantes).

Faites chauffer et laissez colorer 30 g de beurre dans une poêle. Disposez ensuite délicatement sur feu doux les roulades de sole, colorez-les sur chaque face en les retournant régulièrement à l'aide des piques en bois (comptez 5 minutes de cuisson environ). Réservez-les sur une grille ou un papier absorbant afin d'éliminer l'excédent de graisse.

Débarrassez les endives cuites dans un large poêlon (qui sera présenté à table), faites chauffer sur feu doux, dressez dessus les roulades de sole après avoir retiré les piques. Ajoutez et laissez fondre le restant de beurre, puis arrosez les roulades de quelques gouttes de jus de citron, parsemez le tout de persil plat concassé.

Présentez ces roulades de sole aux convives dans le poêlon et dégustez sans attendre.

JEAN-MARC LE GUENNEC

Roulés de limande au cidre

Pour 4 personnes

8 filets de limande • 75 cl de cidre brut • 2 échalotes • 50 g de beurre + un peu pour le poêlon • 2 poignées de tétragones (ou de jeunes pousses d'épinards) • 1 poignée d'oseille • noix de muscade • 20 cl de crème fraîche liquide • 1 cuil. à soupe de ciboulette ciselée finement • sel fin et poivre du moulin

Étendez les filets de limande sur le plan de travail, roulez-les en partant de l'extrémité la plus large (la tête) vers la plus fine, et maintenez-les enroulés avec des piques en bois. Salez et poivrez.

Pelez et hachez finement les échalotes.

Beurrez généreusement le fond et les parois d'un large poêlon. Répartissez-y les échalotes, disposez dessus les roulés de limande, mouillez avec le cidre brut et portez à ébullition. Dès que le cidre commence à bouillir, retournez délicatement les roulés de limande, couvrez, retirez le poêlon du feu et laissez pocher 5 minutes.

Équeutez puis lavez les tétragones et l'oseille. Faites fondre le beurre dans un large poêlon. Faites-y cuire sur feu doux les tétragones et l'oseille, enrobez-les bien de beurre en remuant avec une spatule en bois. Assaisonnez en fin de cuisson avec du sel, du poivre et quelques râpures de noix de muscade.

Sortez les roulés de limande de leur jus de cuisson et disposez-les sur la fondue d'oseille et de tétragones, en prenant soin de retirer les piques en bois. Couvrez et réservez.

Versez la crème fraîche dans le cidre de cuisson des filets de limande, portez à ébullition et laissez réduire de moitié en remuant régulièrement avec un fouet. Rectifiez l'assaisonnement si nécessaire.

Nappez généreusement les filets de limande de cette crème au cidre, parsemez de ciboulette et dégustez sans attendre. Servez le restant de crème dans une saucière.

POISSONS

Poissons plats

Jacques Thorel

Solettes aux noisettes et au romarin

Pour 2 personnes

2 solettes de 250 g • 30 g de poudre de noisettes • 1 branche de romarin frais • 1 jaune d'œuf • 50 g de beurre • sel, poivre

Demandez au poissonnier de retirer la peau des solettes de chaque côté, de les ébarber et de retirer la tête.

Hachez finement la branche de romarin avec un couteau ou une paire de ciseaux. Mélangez-la à la poudre de noisettes.

À l'aide d'un pinceau, badigeonnez chaque solette de jaune d'œuf sur une seule face. Panez les faces badigeonnées avec le mélange poudre de noisettes-romarin.

Faites chauffer 30 g de beurre dans une poêle, ajoutez une pointe de sel. Lorsque le beurre est couleur noisette, sur feu doux, disposez les solettes, côté pané contre la poêle. Salez et poivrez le côté non pané et laissez dorer 2 à 3 minutes. Retournez les solettes, ajoutez 20 g de beurre dans la poêle, assaisonnez le côté pané et arrosez-le du beurre de cuisson. Comptez à nouveau 2 à 3 minutes de cuisson.
Dressez les solettes sur un plat de service, sans le beurre de cuisson. Servez-les, par exemple, avec des épinards.

Astuces :

- Pour que les solettes ne collent pas sur le plat de préparation, revêtez-le d'un film étirable.
- Pour vérifier la cuisson des solettes, enfoncez une petite fourchette dedans. Si elle rentre bien, sans forcer, elles sont cuites à point.

Bruno Oger

Turbot en cocotte aux palourdes,
sauce aux huîtres

Pour 4 personnes

4 tronçons de turbot de 250 g (ou, à défaut, de barbue) • 12 palourdes bien lavées • 8 huîtres creuses moyennes • 100 g de beurre • 4 échalotes • 1 brindille de thym • 1 feuille de laurier • 1 verre de vin blanc sec • 10 cl de crème fraîche liquide • sel fin et poivre

Demandez au poissonnier de préparer les tronçons de turbot et de laisser la peau noire et la peau blanche.

Salez et poivrez les tronçons de turbot sur chaque face. Faites chauffer la moitié du beurre dans une poêle. Ajoutez délicatement les tronçons de turbot, faites-les juste saisir et dorer 1 minute de chaque côté, la cuisson se terminant en cocotte. Débarrassez-les sur une grille.

Pelez et hachez finement les échalotes. Faites chauffer le reste de beurre dans une cocotte, mettez-y à suer les échalotes hachées, ajoutez la brindille de thym et la feuille de laurier (les échalotes doivent être compotées). Déglacez avec le vin blanc sec et laissez réduire. Ajoutez les palourdes, les tronçons de turbot, couvrez et laissez cuire 5 minutes sur feu doux.

Ouvrez les huîtres, retirez-les des coquilles, récupérez le jus et filtrez-le.

Au terme de la cuisson, retirez les tronçons de turbot et les palourdes de la cocotte, réservez sur une assiette et couvrez.
Versez la crème fraîche dans le jus de cuisson des palourdes et du turbot, mélangez à l'aide d'une spatule, portez à frémissements et laissez réduire d'un tiers. Transvasez cette sauce dans le bol d'un mixeur, ajoutez les huîtres crues, le jus d'huîtres et mixez le tout.
Remettez les palourdes et les tronçons de turbot dans la cocotte, faites chauffer sur feu très doux, versez la sauce tout autour des morceaux de poisson. Présentez la cocotte aux convives et servez.

POISSONS

Rouget, grondin

XAVIER MATHIEU

Escabèche de rougets aux petits pois

Pour 2 personnes

2 rougets • 100 g de petits pois écossés • 1 carotte • 1 gousse d'ail • 6 oignons grelots • 6 cuil. à soupe d'huile d'olive • 1 bouquet garni • 1 cuil. à soupe de vinaigre de xérès • sel fin et poivre du moulin

Demandez au poissonnier d'écailler les rougets, puis de lever les filets.
Pelez et émincez finement la carotte. Pelez la gousse d'ail, fendez-la en deux et dégermez-la. Pelez les oignons et coupez-les en fines rouelles.

Faites chauffer 3 cuillerées à soupe d'huile d'olive dans un large poêlon. Faites-y suer la carotte émincée avec les rouelles d'oignons, la gousse d'ail et le bouquet garni, arrosez le tout d'un filet d'huile d'olive, salez et poivrez, mélangez avec une spatule en bois. Ajoutez les petits pois écossés, mélangez, couvrez et laissez cuire 5 minutes sur feu doux en remuant régulièrement. Après cuisson, rectifiez l'assaisonnement. Réservez sur feu doux.
Assaisonnez le côté peau des filets de rouget. Faites chauffer un filet d'huile d'olive dans une poêle. Poêlez-y les filets de rouget uniquement côté peau (environ 15 à 20 secondes de cuisson). Disposez-les ensuite, côté chair, sur la garniture. Déglacez le poêlon avec le vinaigre de xérès, puis retirez-le du feu.
Dégustez sans attendre. Si vous préférez déguster ce plat froid, laissez refroidir, puis entreposez au réfrigérateur afin de le servir bien frais. Accompagnez, par exemple, d'une salade de mesclun.

Paul Bocuse & Roger Jaloux

Filets de rouget en écailles de pomme de terre

Pour 2 personnes

1 rouget de 250 g • 1 pomme de terre moyenne (bintje) • 1 cuil. à café de fécule de pomme de terre • 1 cuil. à soupe de beurre clarifié • 1 œuf • 2 oranges • 1 petite branche de romarin • 2 cuil. à soupe de crème fraîche épaisse • 2 cuil. à soupe d'huile d'olive • 1 petite cuil. à café de vinaigre balsamique • sel fin et poivre du moulin

Demandez au poissonnier de lever les filets du rouget.
Pelez la pomme de terre, lavez-la et égouttez-la. À l'aide d'une mandoline (coupe-légumes muni de 2 lames tranchantes), coupez-la en tranches très fines. Avec un emporte-pièce, coupez ces tranches en cercles de 1 cm à 1,5 cm de diamètre environ. Plongez ces « écailles » de pomme de terre dans de l'eau bouillante, donnez une ébullition (à peine 30 secondes) puis rafraîchissez-les dans de l'eau bien froide et égouttez-les.
Mettez les « écailles » blanchies dans un saladier, saupoudrez-les de la fécule de pomme de terre et mélangez délicatement. Incorporez le beurre clarifié.

Battez l'œuf à la fourchette. Découpez 2 bandes de papier sulfurisé de même dimension que les filets de rouget. Disposez chaque filet sur une bande de papier, côté peau sur le dessus. Salez-les et poivrez-les côté peau et badigeonnez-les à l'aide d'un pinceau de l'œuf battu. Recouvrez-les, côté peau, des « écailles » de pomme de terre en les faisant se chevaucher légèrement. Réservez au réfrigérateur.
Versez le jus des oranges dans une casserole, ajoutez le romarin, portez à ébullition et laissez réduire jusqu'à obtenir un sirop. Mélangez à l'aide d'un fouet. Incorporez la crème fraîche et laissez réduire jusqu'à avoir une consistance onctueuse. Salez, poivrez, mélangez bien et réservez hors du feu.
Faites chauffer l'huile d'olive dans une poêle antiadhésive. Disposez-y délicatement les filets, les écailles contre la poêle, en vous aidant du papier sulfurisé. Retirez ensuite le papier et laissez colorer les filets uniquement sur cette face sur feu doux. Les « écailles » de pomme de terre doivent être bien colorées et croustillantes.
Dans chaque assiette, versez 2 cuillerées à soupe de sauce. Retirez les filets de la poêle et disposez-les sur la sauce, côté « écailles » sur le dessus (la chaleur va se diffuser dans le rouget et la cuisson sera parfaite). Versez le vinaigre balsamique dans la sauce et servez aussitôt. Accompagnez de fenouil braisé ou de fonds d'artichauts.

THIERRY MAFFRE-BOGÉ

Filets de rouget en gelée à l'aneth

Pour 4 personnes

4 rougets de 250 g • 1 kg de poissons de roche • 1 carotte • 1 branche de céleri • 1 petit bulbe de fenouil • 1 blanc de poireau moyen • 4 petites pommes de terre (de préférence nouvelles, ou BF 15) • 10 cl d'huile d'olive • 2 gousses d'ail • 1 cuil. à soupe de concentré de tomate • 10 cl de vin blanc sec • 1 bouquet garni • 10 g de gélatine en feuilles • 20 olives vertes • 1 bouquet d'aneth • gros sel, sel fin et poivre du moulin

Demandez au poissonnier de lever les filets des rougets.

Épluchez et coupez en dés la carotte, la branche de céleri, le bulbe de fenouil et le blanc de poireau.

Pelez les pommes de terre. Lavez tous ces légumes et égouttez-les.

Faites chauffer 10 cl d'huile d'olive dans un large poêlon. Faites-y suer les dés de carotte, de céleri, de fenouil et de poireau, avec les gousses d'ail non pelées et écrasées, pendant 2 à 3 minutes.

Lavez les poissons de roche, égouttez-les puis mettez-les dans le poêlon. Mélangez bien et faites revenir sur feu vif.

Ajoutez le concentré de tomate, mélangez, mouillez avec le vin blanc, portez à ébullition et laissez réduire de 1 à 2 minutes. Ajoutez ensuite 1,5 litre d'eau, les pommes de terre, le bouquet garni, salez légèrement au gros sel, portez à frémissements et laissez cuire de 20 à 25 minutes.

Faites tremper les feuilles de gélatine dans de l'eau froide pendant 1 heure. Dénoyautez et écrasez les olives.

Retirez les pommes de terre cuites du poêlon et réservez-les. Passez le jus de cuisson dans un chinois métallique au-dessus d'une cocotte en foulant très légèrement (la chair du poisson ne doit pas passer). Rectifiez si nécessaire l'assaisonnement.

Coupez les pommes de terre en rondelles. Dressez-les à plat, les unes à côté des autres, dans un plat creux, parsemez-les d'olives vertes écrasées et d'une dizaine de pluches d'aneth.

Salez et poivrez les filets de rouget, côté chair uniquement. Disposez-les sur les pommes de terre et les olives, côté peau sur le dessus, ajoutez quelques pluches d'aneth.

Portez la soupe de poisson à ébullition et retirez l'éventuelle écume. Pressez les feuilles de gélatine, puis incorporez-les dans la soupe et laissez-les se dissoudre.

Versez délicatement cette soupe sur les rougets, laissez tiédir, puis entreposez au réfrigérateur au moins 6 heures.

Gérard Lorenzoni-Salini

Filets de petits rougets sautés
avec un gâteau d'aubergine

Pour 4 personnes

4 rougets de 150 g • 1 petite aubergine • 5 cuil. à soupe d'huile d'olive • 2 tomates
Pour le *pesto* :
15 cl d'huile d'olive • 1 poignée de feuilles de basilic lavées • 4 gousses d'ail pelées • 1 cuil. à soupe de pignons • sel et poivre

Demandez au poissonnier d'écailler, de vider et de lever les filets des rougets.
Lavez l'aubergine, puis coupez 4 tranches en sifflets (petits biseaux) de 1 cm d'épaisseur environ. Conservez le reste de l'aubergine pour une autre recette. Salez et poivrez ces tranches de chaque côté.
Faites chauffer 3 cuillerées à soupe d'huile d'olive dans une poêle. Disposez-y les tranches d'aubergine et laissez-les colorer légèrement pendant environ 4 minutes sur une face. Retournez-les, ajoutez 1 cuillerée à soupe d'huile d'olive et faites colorer l'autre face pendant 4 minutes. Réservez-les dans la poêle sur feu éteint afin qu'elles finissent de confire.
Versez 15 cl d'huile d'olive dans le bol d'un mixeur, ajoutez les feuilles de basilic, les gousses d'ail et les pignons.

Salez, poivrez et mixez.

Disposez les tranches d'aubergine sur un papier absorbant pour éliminer l'excédent d'huile.

Mondez les tomates, fendez-les en deux, retirez les graines et coupez la pulpe en dés. Mettez-les dans un petit récipient et versez le *pesto* dessus. Mélangez délicatement.

Faites chauffer 1 bonne cuillerée à soupe d'huile d'olive dans une poêle. Salez et poivrez les filets de rougets de chaque côté. Disposez-les, côté peau, dans la poêle, et laissez-les cuire, sur feu doux, à peine 1 minute sur chaque face. Égouttez-les sur une grille.

Sur un plat de service légèrement chauffé, dressez un éventail en intercalant 4 filets de rouget, côté chair, avec les tranches d'aubergine et les 4 autres filets de rouget, côté peau. Assaisonnez avec le *pesto* à la tomate et dégustez en hors-d'œuvre.

POISSONS

Rouget, grondin

JACQUES LE DIVELLEC

Grondins au beurre de bigorneaux

Pour 4 personnes

4 grondins de 200 à 250 g • 1/2 litre de bigorneaux • 30 g de gros sel marin • 1 branche de thym • 1 branche de laurier • 6 échalotes (grises, de préférence) • 20 cl de vin blanc sec • 1/2 citron • 100 g de beurre • sel, poivre du moulin

Lavez les bigorneaux à l'eau courante en les brassant bien. Dans une casserole, mettez à bouillir de l'eau salée au gros sel marin, accompagnée des branches de thym et de laurier. Plongez-y les bigorneaux et laissez-les cuire 2 minutes. Égouttez-les à l'aide d'une écumoire, laissez-les refroidir 2 à 3 minutes et décoquillez-les à l'aide d'une pique en bois en prenant soin d'ôter les talons. Réservez-les.

Préchauffez le four à 170 °C (thermostat 5-6).

Écaillez, étêtez et évidez les grondins, puis retirez l'arête centrale ainsi que les petites arêtes latérales après les avoir fendus latéralement. Salez et poivrez l'intérieur et l'extérieur des poissons. Pelez et émincez les échalotes grises. Parsemez-les dans un plat préalablement beurré, puis placez les grondins. Versez dessus le vin blanc et enfournez pendant 10 minutes. Arrosez en cours de cuisson avec le jus. Une fois la cuisson terminée, réservez les grondins sur le plat de service, recouverts d'une feuille d'aluminium.

Passez le jus de cuisson pour éliminer les échalotes et laissez réduire d'un tiers, puis ajoutez le jus du 1/2 citron. Battez au fouet et incorporez le beurre froid coupé en dés. Baissez le feu et rectifiez l'assaisonnement si nécessaire. Versez les bigorneaux décoquillés dans la casserole et chauffez 1 minute.

Retirez la feuille d'aluminium du plat de service et nappez les grondins de sauce. Servez-les accompagnés de poivrons grillés, de concombres ou de pommes de terre.

Astuces :

- Ne faites surtout pas bouillir la sauce, car le beurre risquerait de tourner.
- Si vous estimez que les grondins ne sont pas assez chauds, repassez-les au four, mais recouverts de la feuille d'aluminium pour éviter qu'ils se dessèchent.

REINE SAMMUT

Papillotes croustillantes de petit rouget farci à la purée d'ail

Pour 4 personnes

4 rougets de 200 g levés en filets • 10 gousses d'ail • 4 feuilles de brick • 3 jaunes d'œufs • 15 cl d'huile d'olive • 15 cl de fumet de poisson • 8 fenouils • 8 carottes • sel, poivre

Pelez les gousses d'ail, fendez-les en deux et dégermez-les. Mettez-les dans une casserole, recouvrez-les d'eau froide, donnez une ébullition (à peine 3 secondes), puis égouttez-les. Renouvelez l'opération quatre fois de suite ; l'ail sera alors plus digeste. À l'aide d'une spatule, passez les gousses blanchies au travers d'une passoire afin d'obtenir une purée d'ail.

Disposez 1 filet de rouget au centre d'une feuille de brick (côté peau sur la feuille de brick) et recouvrez-le d'1/2 cuillerée à café de purée d'ail. Salez, poivrez, puis disposez un deuxième filet dessus (côté peau apparent), de façon à reconstituer le rouget. Roulez ensuite le rouget dans la feuille de brick. À l'aide de 2 petits morceaux de ficelle, fermez les extrémités : la papillote a la forme d'un bonbon. Préparez les 3 autres rougets de la même façon. Posez les 4 papillotes sur une plaque allant au four.

Préchauffez le four à 200 °C (thermostat 6-7).

Dans un saladier, fouettez les jaunes d'œufs avec le reste de la purée d'ail. Salez, poivrez et incorporez petit à petit, toujours en fouettant, 12 cl d'huile d'olive.

Chauffez le fumet de poisson. Préparez un bain-marie : portez de l'eau à frémissements dans une casserole après avoir mis un morceau de papier au fond de la casserole afin d'éviter les éclaboussures. Lorsque l'eau frémit, disposez le saladier dans la casserole. Versez le fumet de poisson chaud, louche après louche, dans la sauce, tout en fouettant. Laissez la sauce épaissir sans cesser de fouetter, puis réservez au bain-marie, sur feu éteint.

Épluchez les fenouils et les carottes. Disposez-les dans la partie supérieure d'un couscoussier, salez, couvrez et laissez cuire à la vapeur pendant 10 minutes.

À l'aide d'un pinceau, badigeonnez légèrement les papillotes de rouget d'un peu d'huile d'olive. Glissez la plaque dans le four et laissez-les cuire 6 minutes. Quand elles sont colorées, sortez-les du four et retirez les ficelles.

Sur 4 assiettes individuelles, dressez 1 papillote, 2 fenouils et 2 carottes, et versez un cordon de sauce sur les légumes. Servez le reste de sauce en saucière.

Astuces :

- Pour réussir la sauce, les jaunes d'œufs et l'huile d'olive doivent être à la même température, ambiante. Le principe est le même lorsque vous faites une mayonnaise.
- Vérifiez la bonne consistance de la sauce en y plongeant une cuiller à soupe. Une fois la cuiller retirée, la trace doit rester intacte. Si les bords de la sauce s'étalent et se rapprochent, la sauce n'est pas assez cuite.

JEAN-ANDRÉ CHARIAL

Rougets au basilic

Pour 4 personnes

4 rougets barbets de 200 g (écaillés et levés en filets) • 2 tomates • 12 cl huile d'olive • 2 cuil. à soupe de basilic concassé • 1 cuil. à soupe de vinaigre de xérès • 8 petites feuilles de basilic • sel fin et poivre du moulin

Trois ou quatre jours à l'avance, préparez la sauce qui accompagnera les rougets : pelez les tomates, coupez-les en deux, épépinez-les et taillez la pulpe en petits dés. Faites chauffer 10 cl d'huile d'olive dans une petite casserole. Dans un petit récipient, mettez les dés de tomates et le basilic concassé. Salez et poivrez, versez le vinaigre et mélangez bien. Versez dessus l'huile d'olive chaude. Laissez refroidir, couvrez d'un film et entreposez au réfrigérateur jusqu'à utilisation.

Le jour même, retirez le mélange tomate-basilic du réfrigérateur et laissez-le revenir à température ambiante. Versez-en ensuite les trois quarts sur le plat de service.

Faites chauffer 1 cuillerée à soupe d'huile d'olive dans une poêle. Salez et poivrez le côté chair des filets de rouget. Poêlez-les en commençant par le côté peau (à peine 1 minute de cuisson de chaque côté).

Sur le lit de sauce tomate-basilic, répartissez les filets, puis versez le reste de sauce sur les filets et posez sur chacun 1 petite feuille de basilic.

Servez ces rougets au basilic avec des tranches d'aubergine poêlées et parsemées de parmesan râpé.

Christophe Pétra

Rougets en meunière de betteraves

Pour 4 personnes

2 rougets de 350 g • 3 betteraves moyennes (cuites) • 1 cuil. à soupe de vinaigre de vin rouge • 3 cuil. à soupe de persil plat haché • huile d'olive • 100 g de beurre • 3 cuil. à soupe de câpres • sel fin et poivre du moulin

Demandez au poissonnier d'écailler et de vider les rougets, puis de lever les filets en retirant les arêtes du milieu.

Pelez 2 betteraves et coupez-les en morceaux. Mixez-les avec 1 verre d'eau froide afin d'obtenir un coulis. Réservez-le au réfrigérateur.

Pelez la troisième betterave et coupez-la en grosse julienne. Faites chauffer cette julienne dans une casserole sur feu doux avec le vinaigre de vin rouge, mélangez délicatement, salez et poivrez. Ajoutez ensuite 1 cuillerée à soupe de persil plat haché et mélangez. Réservez sur feu éteint, recouvert d'un film étirable.

Faites chauffer un filet d'huile d'olive dans une poêle. Saissisez-y les filets de rouget côté peau, salez et poivrez. Aux trois quarts de la cuisson, réservez-les dans la poêle hors du feu (ils vont terminer de cuire dans l'huile chaude).

Faites chauffer le beurre dans une poêle sur feu doux jusqu'à ce qu'il devienne couleur noisette. Ajoutez les câpres, faites chauffer 4 à 5 secondes, ajoutez le reste de persil plat haché finement et mélangez. Versez au centre de la poêle 3 cuille-

rées à soupe de coulis de betteraves, surtout ne mélangez pas, et réservez sur feu très doux.
Réchauffez si nécessaire la julienne de betteraves sur feu doux. Disposez-la délicatement sur un plat de service, dressez dessus les filets de rouget, côté peau sur le dessus, versez tout autour le beurre de betterave en évitant de le mélanger. Servez et dégustez en hors-d'œuvre.

POISSONS
Rouget, grondin

BERNARD LEPRINCE

Rougets rôtis, gratin de tomates
et courgettes au thym

Pour 3 personnes

3 rougets de 250 g • 6 tomates • 2 courgettes • 1 gousse d'ail • 2 ou 3 pincées de brindilles de thym frais • 4 cuil. à soupe d'huile d'olive • 100 g de parmesan • quelques feuilles de cerfeuil • sel, poivre du moulin

Demandez au poissonnier de lever les filets des rougets sans ôter la peau.
Lavez et coupez les courgettes en rondelles de 3 mm. Mettez-les à blanchir dans une casserole d'eau bouillante salée. Dès la reprise de l'ébullition, sortez les rondelles de la casserole, plongez-les dans un récipient d'eau glacée et égouttez-les.
Pelez et hachez finement la gousse d'ail.

Lavez les tomates, retirez les pédoncules et coupez-les en rondelles de 4 mm. Disposez-les dans un plat de cuisson en intercalant des rangées de rondelles de courgettes. Salez, poivrez, parsemez de brindilles de thym frais et d'ail haché finement, puis versez dessus 2 cuillerées à soupe d'huile d'olive.
Préchauffez le four en position gril.
Salez et poivrez sur chaque face les filets de rougets. Versez dans une poêle 2 cuillerées à soupe d'huile d'olive, puis disposez dedans les filets deux par deux, côté peau, pour les colorer. Réservez-les ensuite sur une grille.
Découpez le parmesan en copeaux à l'aide d'un économe.
Posez les filets de rougets côté chair sur le lit de légumes, salez, poivrez et parsemez les filets de copeaux de parmesan. Enfournez 10 minutes.
Retirez le plat du four, parsemez les filets de feuilles de cerfeuil et passez à table !

Astuces :

- Ne conservez jamais vos tomates au froid : mettez-les dans un compotier à température ambiante.
- Vous pouvez réaliser cette recette en remplaçant le rouget par du cabillaud ou du hareng.

POISSONS

Rouget, grondin

GÉRARD LORENZONI-SALINI

Soupe de poisson

Pour 8 personnes

800 g de poissons de roche (rouget grondin, rascasse, lotte, sole, pageot, congre) •

1 oignon moyen • 3 tomates • 5 gousses d'ail • 1 poignée de feuilles vertes de fenouil (ou, à défaut, un morceau de bulbe) • 3 cuil. à soupe d'huile d'olive • 1 bouquet garni • 2 cuil. à soupe de concentré de tomate • 1 pincée de pistils de safran (ou, à défaut, de poudre) • 16 tranches de pain baguette • 1 morceau de 100 g de tome de brebis (ou de parmesan) • gros sel et poivre

Évitez de passer les poissons sous l'eau, sauf s'ils sont sales. Ne les videz pas, ils donneront plus de goût et il n'y a pas de risque puisqu'ils vont bouillir.

Pelez et émincez finement l'oignon. Lavez les tomates et coupez-les en six. Pelez 4 gousses d'ail et coupez-les en quatre. Lavez les feuilles de fenouil et égouttez-les.

Faites chauffer 3 cuillerées à soupe d'huile d'olive dans un poêlon. Faites-y suer, à feu vif, pendant 1 à 2 minutes, l'oignon, les tomates, les gousses d'ail, et le bouquet garni. Ajoutez les feuilles de fenouil et mélangez à l'aide d'une spatule en bois. Ajoutez les poissons et le concentré de tomate, faites revenir, mouillez ensuite avec de l'eau froide à hauteur (entre 1 litre et 1,5 litre). Incorporez 1 pincée de pistils de safran, salez au gros sel, poivrez, et laissez cuire pendant 30 minutes environ à frémissements.

Toastez les tranches de pain dans le four en position gril. Râpez le fromage. Pelez la dernière gousse d'ail. Lorsque les croûtons sont prêts, frottez-les sur une seule face avec l'ail pelé.

Quand la soupe est cuite, retirez le bouquet garni et passez-la au moulin à légumes.

Répartissez les croûtons dans des assiettes creuses individuelles, recouvrez-les de fromage râpé et versez la soupe de poisson bien chaude dessus. Dégustez sans attendre. Cette soupe ne se conserve pas (si elle est faite la veille et que le temps est orageux, elle tourne et devient aigre).

Régis Mahé

Vinaigrette de filets de rouget

Pour 2 personnes

4 filets de rouget • 100 g de graines de couscous (moyennes) • 15 cl d'huile d'olive • 1 cuil. à soupe de citron confit coupé en dés • 1 cuil. à soupe de tomate confite coupée en dés • 1 cuil. à soupe d'olives noires coupées en dés • 2 cuil. à soupe de pignons • 1 oignon moyen • 1 poivron rouge • 1 figue séchée coupée en dés • 1 abricot sec coupé en dés • 1 cuil. à soupe de raisins de Corinthe • 1 pincée de safran en poudre • 1 pincée de curry en poudre • 1 pincée de paprika • 1 pincée de cumin en poudre • 1 pincée de cannelle en poudre • 1/2 citron jaune • sel fin et poivre du moulin

Portez 10 cl d'eau à ébullition dans une casserole. Mettez les graines de couscous dans un récipient, versez dessus cette eau bouillante, mélangez à l'aide d'une cuiller à soupe. Puis versez un filet d'huile d'olive, salez, poivrez. Ajoutez les dés de citron confit, de tomate confite et d'olives noires, ajoutez les pignons, mélangez bien. Recouvrez le récipient d'un film alimentaire et réservez à température ambiante.

Pelez et hachez finement l'oignon. Lavez le poivron rouge, essuyez-le, retirez le pédoncule, fendez-le en quatre, épépinezle et coupez-le en petits dés. Faites chauffer 2 cuillerées à soupe d'huile d'olive dans une casserole. Faites-y suer l'oignon et les dés de poivron, mélangez à l'aide d'une spatule en bois, salez. Ajoutez les dés de figue et d'abricot, les raisins de Corinthe, le safran, le curry, le paprika, le cumin et la cannelle. Laissez sur le feu jusqu'à ce que les dés de poivron rouge et l'oignon soient cuits, puis réservez sur feu éteint.

Salez et poivrez les filets de rouget sur chaque face, arrosez-les d'un filet d'huile d'olive. Disposez-les dans une poêle chaude, commencez par saisir le côté peau, retournez-les et terminez la cuisson sur feu éteint.

Réchauffez les graines de couscous dans le micro-ondes ou dans le four.

Dressez le couscous sur un plat de service, disposez les filets de rouget dessus. Recouvrez-les de la garniture, arrosez de quelques gouttes de jus de citron et d'un filet d'huile d'olive.

POISSONS

Saint-pierre

Alain Solivérès

Saint-pierre cuit entier au plat

Pour 2 personnes

1 petit saint-pierre de 800 g à 1 kg (étêté) • 4 mini-fenouils • 7 olives niçoises • 12 feuilles de basilic • 1 tomate • 1 citron jaune • 5 petits cœurs de basilic •

1 quinzaine de branches de fenouil sec (à défaut, quelques tranches de fenouil) • 2 cuil. à soupe d'huile d'olive • sel fin et poivre du moulin

Lavez les fenouils, faites-les blanchir dans de l'eau bouillante salée pendant 1 minute. Rafraîchissez-les dans de l'eau glacée et égouttez-les.

Coupez 4 olives en copeaux avec un petit couteau (comptez 3 copeaux par olive). Enroulez 1 feuille de basilic autour de chaque copeau d'olive. Avec un petit couteau pointu, incisez la chair du saint-pierre, effectuez 6 incisions le long du dos sur chaque face. Puis glissez dans chaque entaille 1 feuille de basilic garnie de 1 copeau d'olive.

Préchauffez le four à 240-250 °C (thermostat 8-9), de préférence en position chaleur tournante.

Mondez 1 tomate, puis coupez-la en quartiers, et épépinez-la. Pelez le citron à vif, puis coupez-le en tranches afin d'obtenir 6 belles rondelles. À l'aide d'un petit couteau, coupez les 3 dernières olives en petits copeaux.

Badigeonnez le fond d'un plat de cuisson d'1 cuillerée à soupe d'huile d'olive. Disposez-y 6 à 8 branches de fenouil sec, les quartiers de tomate et sur chacun 1 rondelle de citron. Répartissez ensuite les copeaux d'olives sur les rondelles de citron.

Salez et poivrez le saint-pierre sur chaque face. Dressez-le dans le plat, disposez dessus les 2 rondelles de citron restantes, autour les fenouils et les cœurs de basilic. Ajoutez quelques branches de fenouil sec sur le saint-pierre. Arrosez le tout d'1 belle cuillerée à soupe d'huile d'olive. Versez enfin 1 verre d'eau et couvrez d'une feuille d'aluminium.

Glissez le plat dans le four et comptez 25 minutes de cuisson.

Servez dans le plat de cuisson et dégustez sans attendre.

Frédéric Anton

Saint-pierre poêlé à l'huile d'olive au curry

Pour 2 personnes

2 filets de saint-pierre de 160 g (sans la peau) • 1 bulbe de fenouil • 1 gousse d'ail • 15 cl d'huile d'olive • 1 cuil. à soupe de curry en poudre • 2 cuil. à soupe de vinaigre de vin • 1 cuil. à soupe d'aneth haché • sel fin et poivre du moulin

La veille, parez le bulbe de fenouil, éliminez les tiges. Avec une mandoline, coupez-le en très fines tranches. Pelez la gousse d'ail, fendez-la en deux dans la longueur et dégermez-la.

Frottez un plat de cuisson avec l'une des demi-gousses d'ail. Versez-y un filet d'huile d'olive. Couvrez le fond d'une couche de tranches de fenouil sans les superposer, saupoudrez de curry et de sel, arrosez d'un filet d'huile d'olive et renouvelez l'opération jusqu'à épuisement des tranches de fenouil.

Recouvrez ce plat d'un film alimentaire, puis entreposez-le 12 heures au réfrigérateur. Le lendemain, sortez la préparation du réfrigérateur et laissez-la encore 2 heures à température ambiante.

Égouttez les tranches de fenouil et récupérez la marinade. Remettez ensuite les tranches de fenouil dans le plat de cuisson.

Préparez la vinaigrette : mélangez dans un petit récipient 5 cuillerées à soupe d'huile d'olive parfumée avec le vinaigre et rectifiez l'assaisonnement.

Salez et poivrez les filets de saint-pierre. Faites chauffer 2 cuillerées à soupe d'huile parfumée dans une poêle. Disposez-y délicatement les filets, saissisez-les légèrement afin qu'ils soient croustillants en surface, puis terminez la cuisson plus doucement. (Comptez environ 2 minutes de chaque côté en les arrosant fréquemment de l'huile de cuisson.) Laissez-les s'égoutter sur une grille.
Disposez chaque filet de saint-pierre au centre d'une assiette. Répartissez dessus les tranches de fenouil marinées. Ajoutez l'aneth haché dans la vinaigrette. Nappez de vinaigrette et servez sans attendre.

POISSONS
Saint-pierre

Bruno Oger

Saint-pierre rôti entier au jus de moules

Pour 2 personnes

1 saint-pierre de 500 à 600 g •
200 g de moules de bouchot • 2 échalotes •
30 g de beurre • 1 bouquet garni •
1 verre de vin blanc sec • 1 citron jaune •
5 cuil. à soupe d'huile d'olive •
1 petit bouquet de thym • 10 pluches de persil plat •
sel fin, fleur de sel et poivre du moulin

Demandez au poissonnier de préparer le saint-pierre (éliminer la tête, ébarber, vider, conserver la peau).

Grattez et lavez les moules. Pelez et ciselez finement les échalotes.
Faites fondre le beurre dans un large poêlon, faites-y suer les échalotes 1 minute sur feu très doux, ajoutez le bouquet garni, mélangez à l'aide d'une spatule en bois.
Déglacez avec le vin blanc, portez à frémissements, ajoutez les moules, poivrez, couvrez.
Dès que les moules sont ouvertes, retirez-les du poêlon à l'aide d'une écumoire, débarrassez-les sur une assiette et couvrez afin de les maintenir chaudes.
Conservez le jus de cuisson dans le poêlon qui servira à la cuisson du saint-pierre.
Préchauffez le four à 180 °C (thermostat 6).
Lavez le citron et coupez-le en rondelles. Salez et poivrez le saint-pierre sur chaque face.
Faites chauffer 3 cuillerées à soupe d'huile d'olive dans une poêle.
Disposez-y délicatement le saint-pierre et saisissez-le sur chaque face (la cuisson se termine au four). La peau doit être colorée, croustillante.
Retirez-le de la poêle et disposez-le dans le poêlon de cuisson des moules. Rangez dessus les rondelles de citron afin de recouvrir toute la surface du poisson, ajoutez le bouquet de thym dans la partie ventrale.
Recouvrez-le d'une feuille d'aluminium, glissez le poêlon dans le four et comptez 12 à 15 minutes de cuisson.
Ajoutez les moules 2 minutes avant la fin de la cuisson, en les plaçant tout autour du saint-pierre, puis reposez la feuille d'aluminium dessus.
Au terme de la cuisson, parsemez les moules et le saint-pierre de quelques grains de fleur de sel, de pluches de persil plat, et ajoutez un petit filet d'huile d'olive.
Servez ce saint-pierre dans le poêlon, accompagné de pommes vapeur ou de riz blanc, par exemple.

THIERRY MAFFRE-BOGÉ

Escabèche de sardines à la provençale

Pour 4 personnes

8 sardines levées en filets • 1 carotte • 1 gousse d'ail • 15 cl d'huile d'olive • 3 cuil. à soupe de cubes de bulbe de fenouil (de 2 mm environ) • 20 cl de vin blanc sec • 1 citron jaune • 1/2 orange • 2 feuilles de laurier • 2 pincées de poivre noir concassé • 8 petites feuilles de menthe • 2 tomates moyennes • sel fin et poivre du moulin

La veille, pelez et coupez la carotte en dés de 2 mm. Pelez la gousse d'ail, fendez-la en deux dans la longueur et dégermez-la.
Faites chauffer 7 cl d'huile d'olive dans une casserole. Faites-y suer les cubes de fenouil, les dés de carotte et l'ail 2 à 3 minutes.
Versez le vin blanc dans la casserole et portez à ébullition. Ajoutez le jus du citron, le jus de la demi-orange et le laurier et portez de nouveau à ébullition. Ajoutez le poivre noir concassé et 1 pincée de sel, et laissez cuire pendant 2 à 3 minutes, puis éteignez la plaque de cuisson. Les légumes doivent être croquants. Ajoutez la menthe et réservez à température ambiante.
Lavez et mondez les tomates, coupez-les en quatre, épépinez-les et coupez la pulpe en petits dés.
Faites chauffer un bon filet d'huile d'olive dans une poêle. Lorsque l'huile est fumante, faites-y saisir les filets de sardine de chaque côté, en commençant par le côté peau. Salez légère-

ment côté chair. Comptez environ 30 secondes de cuisson. **Disposez** les filets les uns à côté des autres dans un plat de service creux. Parsemez-les des dés de tomates et versez la marinade délicatement dessus. Placez 24 à 48 heures au réfrigérateur. Servez cette escabèche bien fraîche.

POISSONS

Sardine

Jean-Marc Delacourt

Marinade de sardines fraîches au citron et au miel

Pour 4 personnes

8 petites sardines • 1 citron jaune • 5 cuil. à soupe d'huile d'olive • 20 g de miel d'acacia • 10 feuilles de riquette • sel gris non traité, poivre du moulin

Demandez au poissonnier de lever les filets des sardines en gardant la peau.

Disposez les filets dans un plat creux, côté chair sur le dessus, sans les faire se chevaucher. Salez-les légèrement avec du sel gris. Couvrez-les d'un film et entreposez-les dans le réfrigérateur pendant 20 à 30 minutes.

Pelez le citron à vif, prélevez les segments entre les membranes, éliminez les pépins et récupérez le jus.

Faites chauffer un filet d'huile d'olive dans une poêle, ajoutez les segments de citron et faites-les saisir 30 secondes tout en les écrasant avec une spatule en bois pour les défaire. Réservez dans une assiette.

Préparez la marinade : faites chauffer le miel dans une casserole, sur feu doux, tout en remuant à l'aide d'un fouet. Lorsqu'il est liquéfié, versez le jus de citron récupéré, salez légèrement et poivrez. Ajoutez les segments de citron écrasés, puis 4 cuillerées à soupe d'huile d'olive et réservez hors du feu.

Sortez les sardines du réfrigérateur et éliminez avec un pinceau l'excédent de sel.

Nappez le fond d'un plat de service de 2 cuillerées à soupe de la marinade, disposez les filets de sardine dessus, toujours côté chair sur le dessus, nappez-les de marinade et poivrez-les.

Lavez et nettoyez les feuilles de riquette. (La riquette est une salade qui ressemble à la roquette, que l'on trouve dans le sud de la France, mais dont les feuilles sont beaucoup plus dentelées.) Posez-les sur les filets de sardine.

Servez en amuse-bouche avec des petits croûtons, avec un vin blanc sec bien frais.

POISSONS

Sardine

JACQUES LE DIVELLEC

Sardines à l'escabèche

Pour 6 personnes

12 sardines • 12 échalotes • 4 gousses d'ail •
1 branche de céleri • 4 cuil. à soupe d'huile d'olive •

50 cl de vin blanc sec • 12 grains de poivre noir • 4 branches de thym frais • 1 feuille de laurier • 10 cl de vinaigre de vin blanc • un peu de farine • sel

Pelez et émincez finement les échalotes et les gousses d'ail. Coupez en dés la branche de céleri.

Préparez l'« escabèche » : dans une cocotte, mettez 1 cuillerée à soupe d'huile d'olive, puis les échalotes et l'ail émincés, ainsi que le céleri. Faites suer pendant 3 minutes en remuant à l'aide d'une spatule en bois, puis versez le vin blanc. Assaisonnez avec les grains de poivre noir, le thym et le laurier, et portez à ébullition. Baissez le feu sous la cocotte avant de verser le vinaigre. Reportez à ébullition, laissez cuire 10 minutes et salez.

Étêtez et videz les sardines en laissant les écailles. Farinez-les et retirez l'excédent en les tapotant.

Poêlez-les à feu vif dans 2 ou 3 cuillerées à soupe d'huile d'olive très chaude, 30 secondes de chaque côté. Retirez-les de la poêle et réservez-les sur une grille.

Alignez-les dans un plat creux de service. Versez l'« escabèche » bouillante dessus et laissez refroidir à température ambiante. Dès que le plat est froid, mettez-le au réfrigérateur 12 heures, car c'est un plat qui se sert bien frais.

Astuces :

- Ne retirez pas les écailles des sardines car elles donnent du goût au plat.
- Lorsque vous dressez le plat, tapissez d'abord les sardines des légumes avant de verser le jus.
- Ce plat se conserve de 3 à 6 jours au réfrigérateur.

Guy Savoy

Sardines en papillotes au vin blanc

Pour 2 personnes

6 grosses sardines • 1 blanc de poireau • 1 carotte moyenne • 2 petites pommes de terre (BF 15) • 1 échalote • 1 cuil. à soupe de beurre • 10 cl de vin blanc sec de Saint-Chef • 1 cuil. à soupe d'huile d'olive • sel et poivre

Demandez au poissonnier de vider les sardines, de les écailler et de retirer les têtes. (Le fait d'éliminer la tête et les arêtes des sardines les empêche de dégager une odeur soutenue à la cuisson.)
Épluchez le blanc de poireau, la carotte et les pommes de terre. Pelez et hachez finement l'échalote. Taillez la carotte et le blanc de poireau en fins bâtonnets d'environ 5 cm de longueur. Émincez les pommes de terre en rondelles d'environ 3 mm puis lavez-les.
Préchauffez le four à 240 °C (thermostat 8).
Faites fondre le beurre dans un poêlon et mettez-y à suer l'échalote à peine 1 minute. Ajoutez les bâtonnets de poireau et faites-les suer, sur feu doux, jusqu'à ce qu'ils deviennent translucides. Ajoutez les bâtonnets de carotte et faites-les suer pendant 1 minute.
Mettez les pommes de terre et le vin blanc dans le poêlon, portez à ébullition, salez, poivrez et laissez cuire pendant 10 à 15 minutes à frémissements.

Salez l'intérieur des sardines.
Posez une feuille d'aluminium de 50 x 30 cm sur le plan de travail. Au centre, disposez-y la moitié des légumes, en prenant soin de ne pas mettre trop de jus de cuisson. Posez 3 sardines par-dessus, arrosez-les de quelques gouttes d'huile d'olive, poivrez et fermez hermétiquement la papillote. Réalisez une seconde papillote de la même façon.
Posez les papillotes sur la plaque du four, enfournez et laissez cuire pendant 5 à 6 minutes. Servez aussitôt.

POISSONS
Sardine

Josy Bandecchi

Sardines farcies

Pour 4 personnes

10 sardines • 50 g de mie de pain • 10 cl de lait froid • 250 g d'épinards équeutés • 1 gousse d'ail • 50 g de parmesan râpé • 1 œuf • 2 cuil. à soupe de persil plat concassé • 25 cl d'huile d'olive • sel fin et poivre du moulin

Dans un petit récipient, écrasez la mie de pain avec le lait froid. (La mie doit être imbibée et compacte.) Réservez à température ambiante.
Lavez les épinards dans plusieurs eaux et égouttez-les. Portez une grande quantité d'eau salée à ébullition, plongez-y les épinards et blanchissez-les 2 à 3 minutes environ. Rafraîchissez-les rapidement dans de l'eau glacée et égouttez-les. Pressez-les for-

tement pour en extraire l'eau, puis hachez-les au couteau.

Pelez et hachez la gousse d'ail. Levez les filets de 2 sardines et coupez-les en petits morceaux.

Égouttez la mie de pain imbibée de lait.

Mélangez, à l'aide d'une fourchette, les épinards avec le persil, la gousse d'ail hachée, les morceaux de sardine, le parmesan et la mie de pain. Salez légèrement, poivrez et ajoutez l'œuf. Mélangez.

Nettoyez et videz le reste des sardines par le dos afin de ne pas fendre la partie ventrale, retirez les arêtes. Disposez ces sardines sur un plat et garnissez chacune d'1 bonne cuillerée à soupe de farce.

Faites chauffer l'huile d'olive dans une poêle. Dès qu'elle commence à fumer, disposez-y délicatement et faites-y cuire les sardines farcies (elles doivent être dorées). Débarrassez-les sur un papier absorbant.

Dressez ces sardines farcies sur un plat de service, dégustez-les chaudes, tièdes ou froides en hors-d'œuvre. (Vous pouvez également les déguster en plat principal, accompagnées d'une salade frisée avec des croûtons aillés ou de pommes de terre vapeur.)

CHRISTIAN WILLER

Sardines farcies

Pour 2 personnes

6 sardines • 2 échalotes • 40 g de mie de pain fraîche • 2,5 cl de crème fraîche liquide • 1 jaune d'œuf • 60 g de pancetta hachée (ou, à défaut, de poitrine fraîche) • 2 cuil. à soupe de persil plat haché • 1 cuil. à soupe d'estragon haché • noix de muscade • 1 pointe de piment d'Espelette • 1 cuil. à café de vinaigre balsamique • 5 cl d'huile d'olive • 15 g de poudre d'amandes • 1 citron jaune • sel fin et poivre du moulin

Demandez au poissonnier d'écailler les sardines, d'enlever les arêtes et d'éliminer les têtes tout en laissant les deux filets attachés.
Pelez et hachez finement les échalotes.
Préparez la farce : mélangez à l'aide d'une spatule en bois la mie de pain avec la crème fraîche, le jaune d'œuf, la pancetta, le persil plat, l'estragon, 1 bonne râpure de noix de muscade, le piment d'Espelette, le vinaigre, et rectifiez l'assaisonnement.
Préchauffez le four en position gril.
Répartissez 1 bonne cuillerée à soupe de farce sur chaque sardine, côté chair. Juste avant de les cuire, graissez une plaque de cuisson avec un filet d'huile d'olive. Disposez les sardines dessus, puis badigeonnez-les d'une fine pellicule d'huile d'olive à l'aide d'un pinceau, et saupoudrez-les d'1 pincée de poudre d'amandes.

Glissez les sardines dans le four le plus près possible du gril, et comptez 5 minutes de cuisson. Dès qu'elles commencent à colorer, retirez-les du four, dressez-les sur un plat de service en formant une étoile. Arrosez-les de quelques gouttes de jus de citron.

Servez ces sardines farcies en hors-d'œuvre ou en plat principal, accompagnées d'une salade de mesclun.

Astuce : Les sardines peuvent se préparer la veille ; couvrez-les d'un film et entreposez-les au réfrigérateur.

GÉRARD LORENZONI-SALINI

Sardines farcies aux blettes et pancetta

Pour 3 personnes

6 sardines de 60 g • 2 feuilles de blette • 1 petite échalote • 50 g de pancetta • 4 cuil. à soupe d'huile d'olive • 100 g de broccio (ou, à défaut, de fromage de chèvre frais ou de brousse) • 40 g de farine • 1 citron jaune • sel et poivre

Demandez au poissonnier de lever les filets des sardines et de retirer les têtes et les arêtes.

Lavez les feuilles de blette, égouttez-les, éliminez la côte centrale, puis coupez-les en chiffonnade (roulez les feuilles, puis ciselez-les finement). Pelez et hachez l'échalote. Coupez la pancetta en fins bâtonnets.

Dans un poêlon, faites chauffer 1 cuillerée à soupe d'huile d'olive. Ajoutez l'échalote et faites-la suer pendant 1 minute jusqu'à ce qu'elle soit translucide. Ajoutez la pancetta et laissez-la blanchir. Incorporez la chiffonnade de blette, 1 cuillerée à soupe d'huile d'olive, salez légèrement (la pancetta est déjà salée), poivrez et mélangez à la spatule en bois. Laissez refroidir sur feu éteint.

Incorporez délicatement le broccio à l'aide d'une spatule en bois et mélangez bien ; la pâte doit être homogène.

Prélevez-en 1/2 cuillerée à soupe, couvrez-en généreusement 1 filet de sardine, côté chair, et posez dessus un second filet afin de reconstituer la sardine. Renouvelez l'opération pour les filets de sardine restants. Passez délicatement les sardines dans la farine en tapotant pour enlever l'excédent.

Dans une poêle, faites chauffer 2 cuillerées à soupe d'huile d'olive. Posez-y les sardines et faites-les cuire 1 minute à 1 minute 30 de chaque côté; elles doivent être dorées. Salez et poivrez en fin de cuisson sur une seule face.

Dressez-les sur un plat de service, arrosez-les d'une goutte d'huile d'olive, servez en hors-d'œuvre ou en apéritif avec le citron coupé en quartiers.

POISSONS

Sardine

Xavier Mathieu

Sardines marinées

Pour 4 personnes

12 petites sardines • 1 carotte • 1 champignon de Paris • 1/2 blanc de poireau • 1 petite branche de céleri • 3 gousses d'ail • 1/2 oignon • 3 clous de girofle • 1 bouquet garni • 10 cl de bouillon de volaille • 10 cl d'huile d'olive • 10 cl d'huile d'arachide • 10 cl de jus de citron jaune • 1 cuil. à soupe d'estragon concassé • sel fin et poivre du moulin

Demandez au poissonnier d'étêter les sardines, de les écailler et de lever les filets.

Pelez et émincez finement la carotte. Nettoyez le champignon de Paris, le blanc de poireau et émincez-les finement. Retirez les filandres de la branche de céleri, lavez-la et coupez-la en dés. Pelez les gousses d'ail, fendez-les en deux et dégermez-les. Pelez l'oignon et piquez-le des clous de girofle.
Versez 1,5 litre d'eau dans une grande casserole. Ajoutez la carotte, le champignon de Paris, la branche de céleri, le poireau, le bouquet garni, l'oignon, les gousses d'ail, salez, portez à ébullition et comptez 15 minutes de cuisson.
Passez ce bouillon de légumes au travers d'une passoire. Prélevez-en 10 cl pour cette recette, conservez le restant pour d'autres utilisations.
Émulsionnez le bouillon de volaille avec l'huile d'olive, l'huile d'arachide, le jus de citron et l'estragon concassé. Salez et poivrez cette marinade.
Reconstituez les sardines avec les filets, puis disposez-les tête-bêche sur un plat creux. Versez la marinade dessus et laissez mariner 12 heures au réfrigérateur.
Égouttez-les au moment de les déguster.
Servez-les en amuse-bouche, dressées sur des toasts tartinés de tapenade, ou en hors-d'œuvre avec une salade assaisonnée avec la marinade.

Astuce : Ces sardines marinées peuvent se conserver 3 jours au réfrigérateur.

Sonia Ezgulian

Sardines roulées aux olives noires

Pour 4 personnes

8 petites sardines • 2 cuil. à soupe d'olives noires niçoises • 2 tomates • 1 cuil. à soupe de ciboulette ciselée finement • quelques brins de ciboulette • 2 cuil. à soupe d'huile d'olive • fleur de sel, sel fin et poivre du moulin

Demandez au poissonnier d'écailler les sardines, de les vider par le ventre et de retirer les têtes.

Mondez les tomates : portez de l'eau à ébullition dans une casserole. Lavez-les, retirez les pédoncules, retournez-les et entaillez-les en croix. Plongez-les 10 secondes dans l'eau bouillante et rafraîchissez-les ensuite dans de l'eau froide. Pelez-les délicatement, fendez-les en quatre, retirez les graines et coupez la chair en petits dés.

Préparez la farce : mélangez les dés de tomates avec les olives noires hachées, la ciboulette et 1 cuillerée à soupe d'huile d'olive ; salez, poivrez.

Préchauffez le four à 220 °C (thermostat 7), en position air ventilé de préférence.

Coupez quelques brins de ciboulette de 3 cm de longueur. Disposez les sardines sur un plat, ouvrez-les, assaisonnez l'intérieur avec de la fleur de sel et du poivre du moulin. Disposez 1 cuillerée à café de farce au centre de chaque sardine, ajoutez

quelques brins de ciboulette puis rabattez dessus les extrémités en commençant par la plus large (tête), celle de la queue vient se poser dessus.

Badigeonnez le fond d'un plat à gratin d'un filet d'huile d'olive, disposez dessus les sardines roulées, glissez le plat dans le four pour 4 minutes de cuisson.

Dressez ces sardines roulées, ajoutez 2 ou 3 grains de fleur de sel sur chacune et dégustez-les en amuse-bouche ou en apéritif avec des toasts de pain grillés.

Astuce : Entreposées au réfrigérateur, ces sardines peuvent se préparer à l'avance, le matin pour le soir, par exemple.

POISSONS

Sardine

Reine Sammut

Tartines de sardines marinées

Pour 5 personnes

10 sardines • 5 tomates • 2 ou 3 gousses d'ail • 1 cuil. à café de sucre semoule • quelques brindilles de thym frais • 30 cl d'huile d'olive • 100 g de gros sel • 1 cuil. à soupe de graines de fenouil • 10 tranches de pain de campagne • 10 brins de cerfeuil • 1 cuil. à café de poivre mignonnette • sel

Demandez au poissonnier de lever les filets des sardines, et surtout de retirer l'arête et les têtes qui dégagent une odeur forte lors de la cuisson.

Lavez les tomates, retirez les pédoncules, retournez-les et entaillez-les d'une croix. Plongez-les dans 2 litres d'eau bouillante quelques secondes. Dès que la peau se rétracte au niveau de l'incision, retirez-les. Immergez-les dans de l'eau froide pour stopper la cuisson et les rafraîchir. Égouttez-les, pelez-les et coupez-les en quartiers. Retirez les pépins pour ne garder que des quartiers de pulpe.

Préchauffez le four à 50 °C (thermostat 1).

Disposez les quartiers de tomates, côté bombé, sur une plaque antiadhésive allant au four.

Pelez les gousses d'ail, émincez-les finement en 20 pétales et posez dans chaque quartier de tomate un pétale d'ail. Parsemez ces quartiers avec 1 cuillerée à café de sucre semoule, 1 pincée de sel et quelques brindilles de thym. Arrosez-les d'un filet d'huile d'olive.

Mettez la plaque au four, pendant 2 heures, en retournant les quartiers à mi-cuisson.

Répartissez 50 g de gros sel au fond d'un plat de cuisson. Disposez dessus les filets de sardines, côté peau, et parsemez-les du reste du gros sel, puis de graines de fenouil. Entreposez le plat au réfrigérateur et laissez les sardines mariner pendant 2 heures. Ensuite, rincez les filets pour les débarrasser des grains de sel qui n'ont pas fondu et des graines de fenouil. Séchez-les délicatement dans un linge bien propre, disposez-les sur un plat, arrosez-les copieusement d'un filet d'huile d'olive et entreposez-les au réfrigérateur.

Quand les tomates sont confites, laissez-les refroidir à température ambiante.

Préchauffez le four en position gril.

À l'aide d'un pinceau, badigeonnez les tranches de pain d'huile d'olive sur une face. Mettez-les ensuite, côté non huilé, sur une plaque et enfournez-les. Laissez-les colorer sur une seule face et sortez-les du four.

Dressez sur chaque tranche de pain 2 quartiers de tomates confites, recouvrez-les de 2 filets de sardine, côté peau à l'extérieur. Parsemez chaque tartine d'un peu de poivre mignonnette et posez un petit brin de cerfeuil sur chacune d'entre elles.

Servez ces tartines en apéritif ou en entrée, accompagnées d'une salade assaisonnée à l'huile d'olive et à l'ail.

Astuces :

• Cette recette peut se faire avec d'autres poissons gras (maquereau ou saumon, par exemple) ; ce dernier devra mariner plus longtemps, avec plus de sel, de l'aneth et un peu de sucre.

• Vous pouvez préparer cette recette à l'avance, la veille pour le lendemain. Recouvrez alors les sardines d'huile d'olive et entreposez-les au réfrigérateur jusqu'au moment de préparer les tartines.

• Vous pouvez également préparer les tomates confites à l'avance. Lorsqu'elles sont froides, disposez-les dans un récipient, nappez-les d'huile d'olive et entreposez-les au réfrigérateur, recouvertes d'un film étirable. Elles se conservent ainsi une semaine.

POISSONS

Saumon

PHILIPPE GAUVREAU

Blinis à la farine de noisettes, escalope de saumon

Pour 4 personnes

4 pavés de saumon de 100 g • 3 cuil. à soupe d'huile de noisette • 4 poignées de salade mélangée • 1 cuil. à soupe de vinaigre de vin vieux • sel, poivre du moulin

Pour les blinis :
45 g de farine de noisettes • 90 g de lait •
10 g de levure de boulanger • 75 g de farine •
5 g de sucre semoule • 3 œufs • beurre
Pour la vinaigrette :
1 tomate • 2 cuil. à soupe de cerfeuil •
1 à 2 cuil. à soupe de vinaigre de vin vieux •
10 cl d'huile de noisettes • sel, poivre du moulin

Préparez la pâte à blinis : faites tiédir le lait, puis incorporez au fouet la levure de boulanger. Mélangez dans un saladier la poudre de noisettes, la farine blanche tamisée, le sucre semoule et les jaunes d'œufs, puis incorporez le lait tiède à l'aide du fouet. Ajoutez 1 pincée de sel, puis recouvrez le saladier d'un film et laissez reposer pendant 30 à 45 minutes près d'une source de chaleur, pour que la pâte double de volume.
Préparez la vinaigrette : lavez, mondez et coupez en dés la tomate, puis concassez le cerfeuil. Dans une casserole, mettez les dés de tomate, ajoutez le vinaigre de vieux vin, salez et poivrez. Incorporez à la cuiller l'huile de noisette et le cerfeuil concassé. Réservez la casserole en attendant de la tiédir.
Montez les blancs d'œufs en neige avec 1 pincée de sel, puis, à l'aide d'un fouet, incorporez-les délicatement à la pâte à blinis.
Faites chauffer à feu doux une petite poêle, beurrez-la, puis déposez 2 bonnes cuillerées à soupe de l'appareil à blinis. Faites cuire 2 minutes de chaque côté, puis répétez l'opération pour obtenir 4 blinis, et réservez-les sur une grille.
Versez un filet d'huile de noisettes dans une poêle, déposez dedans les pavés de saumon côté arêtes, assaisonnez-les, puis faites-les cuire 2 minutes à feu moyen. Retournez-les et laissez-les cuire 3 minutes. Réservez-les sur du papier absorbant.
Prenez la salade mélangée et assaisonnez-la avec 2 cuillerées à soupe d'huile de noisette, du vinaigre de vin vieux, 1 pincée de sel et 1 tour de moulin à poivre, puis mélangez bien la salade.

Faites tiédir la casserole de vinaigrette et, juste avant de passer à table, dressez sur 4 assiettes 1 blini, 1 part de saumon, une poignée de salade agrémentée de 2 cuillerées à soupe de vinaigrette tiédie.

Astuces :

- À défaut de farine de noisettes, prenez de la poudre de noisettes, mixez-la et passez-la dans une petite étamine.
- Pour incorporer plus facilement les blancs d'œufs à la pâte à blinis, commencez avec 3 cuillerées à soupe de blancs d'œufs. Cela va permettre d'assouplir la pâte et de pouvoir incorporer les blancs restants plus délicatement.

POISSONS

Saumon

FRANÇOISE DÉPÉE

Choucroute de saumon à la russe

Pour 4 personnes

600 g de choucroute crue • 4 pavés de saumon frais de 150 g (avec la peau) • 200 g de gros dés de saumon frais • 2 gros oignons • 1 pomme (reinette ou golden) • 3 cuil. à soupe d'huile de tournesol • 2 cuil. à soupe de concentré de tomate • 30 cl de bouillon de volaille • 2 cornichons malossol (à l'aigre-doux) • 8 olives noires dénoyautées • sel et poivre

Deux heures à l'avance, lavez la choucroute, rincez-la dans une grande quantité d'eau et égouttez-la.
Préchauffez le four à 180 °C (thermostat 6).
Pelez et émincez finement les oignons. Épluchez la pomme, retirez les pépins et coupez-la en petits morceaux.
Faites chauffer 2 cuillerées à soupe d'huile de tournesol dans un poêlon. Ajoutez les oignons, salez et poivrez, et faites suer pendant 1 à 2 minutes. Ajoutez la pomme en morceaux, salez, poivrez et laissez cuire pendant 2 à 3 minutes. Ajoutez ensuite la choucroute, mélangez bien et réservez sur feu doux.
Dans un récipient, délayez le concentré de tomate avec le bouillon de volaille à l'aide d'un fouet et mélangez bien. Versez ce mélange sur la choucroute, mélangez, rectifiez l'assaisonnement, couvrez et mettez au four pendant 2 heures.
Salez et poivrez les dés de saumon.
Sortez la choucroute du four, ajoutez-y les dés de saumon, mélangez bien, couvrez et réservez sur feu éteint. La chaleur de la cocotte et de la choucroute va cuire les dés de saumon.
Coupez les cornichons en sifflets (petits biseaux).
Assaisonnez les pavés de saumon sur chaque face. Faites chauffer dans une poêle 1 cuillerée à soupe d'huile de tournesol, puis poêlez les pavés 2 à 3 minutes de chaque côté.
Disposez ces pavés sur la choucroute, répartissez les sifflets de cornichons et les olives et servez dans le plat.

Antoine Westermann

Crème de lentilles au saumon fumé

Pour 4 personnes

200 g de lentilles vertes du Puy • 200 g de dés de saumon fumé de 1 cm • 1 oignon moyen • 1 carotte • 1 blanc de poireau • 1 gousse d'ail • 2 cuil. à soupe de beurre • 1 brindille de thym • 1 verre de vin blanc sec (d'Alsace, de préférence) • 1 litre de bouillon de volaille • 10 cl de crème fraîche liquide • 4 petites pluches de cerfeuil • sel et poivre

Lavez soigneusement les lentilles vertes et égouttez-les. Pelez et émincez finement l'oignon moyen. Pelez et taillez la carotte en paysanne (en petits rectangles : coupez la carotte en lanières de 1 cm de section puis coupez ces lanières en lamelles de 2 mm d'épaisseur). Épluchez le blanc de poireau, lavez-le bien et émincez-le. Pelez la gousse d'ail, coupez-la en deux et dégermez-la.

Faites fondre le beurre dans un poêlon. Mettez-y l'oignon émincé et faites-le suer pendant 1 minute sur feu doux. Ajoutez le blanc de poireau et la carotte, mélangez à l'aide d'une spatule et faites-les suer 1 à 2 minutes, toujours sur feu doux. Ajoutez enfin les lentilles, la gousse d'ail et la brindille de thym. Mouillez avec le vin blanc et le bouillon de volaille, portez à ébullition, couvrez et laissez cuire 1 heure 30 à petits frémissements.

Fouettez la crème fraîche bien froide dans un saladier lui-même placé dans un autre plus grand contenant des glaçons. Réservez cette crème fouettée au réfrigérateur.

Après cuisson du potage, retirez la gousse d'ail et la brindille de thym. Versez-le dans le bol d'un mixeur et mixez. Rectifiez l'assaisonnement à votre goût. Transvasez cette crème de lentilles dans une casserole et faites-la bien réchauffer.

Mettez les dés de saumon fumé dans une soupière, versez-y la crème de lentilles chaude, ajoutez délicatement dessus 4 cuillerées à soupe de crème fouettée et, sur chacune de ces dernières, 1 petite pluche de cerfeuil.

Dégustez aussitôt.

FABRICE MAILLOT

Dos de saumon aux asperges

Pour 4 personnes

1 morceau de saumon de 500 g dans le filet (avec la peau écaillée) • 12 belles asperges vertes • 500 g de gros sel gris • 250 g de sucre semoule • 25 g de mignonnette de poivre • 15 g de graines de coriandre • 1 citron jaune • 100 g de beurre • 2 cuil. à soupe d'huile d'olive • quelques pluches de coriandre • gros sel, sel fin et poivre du moulin

Mélangez le gros sel avec le sucre, la mignonnette de poivre et les graines de coriandre. Formez un lit avec une partie de ce gros sel mélangé dans un plat creux, disposez le morceau de saumon côté chair sur le dessus et recouvrez du restant du mélange de sel. Laissez mariner au réfrigérateur pendant 12 heures.

Lavez et ficelez les asperges vertes. Portez une grande quantité d'eau à ébullition dans une casserole et salez-la au gros sel (comptez 12 g de sel par litre d'eau). Plongez-y les asperges et faites-les cuire 6 minutes. (Vérifiez leur cuisson en les piquant avec la pointe d'un couteau, qui doit s'enfoncer facilement.) Rafraîchissez-les rapidement dans de l'eau froide, et égouttez-les. Coupez les pointes sur 6 cm environ.

Rincez le morceau de saumon mariné sous l'eau froide, puis essuyez-le dans un linge et coupez-le en quatre.

Versez le jus du citron avec 2 cuillerées à soupe d'eau froide dans une casserole, salez, poivrez et portez à ébullition. Incorporez ensuite petit à petit, tout en fouettant, le beurre bien froid coupé en morceaux. Retirez la casserole du feu, rectifiez l'assaisonnement. Maintenez ce beurre fondu chaud mais sans le faire bouillir.

Faites chauffer 2 cuillerées à soupe d'huile d'olive dans une poêle. Poêlez-y les morceaux de saumon, en commençant par le côté peau, pendant 3 petites minutes, puis retournez-les, faites-les cuire 1 minute environ, ajoutez autour les pointes d'asperges. Salez et poivrez les pointes d'asperges, roulez-les dans la poêle, faites-les colorer légèrement.

Dressez sur un plat de service les morceaux de saumon et les pointes d'asperges. Nappez les asperges de beurre fondu et parsemez dessus quelques pluches de coriandre. Servez le restant de beurre fondu dans une saucière.

POISSONS

Saumon

Jean Albrecht

Filet de saumon, sauce matelote

Pour 4 personnes

4 morceaux de saumon de 150 g (avec la peau) • 200 g de champignons de Paris • 2 échalotes • 100 g de beurre • 25 cl de riesling • 1 petite branche d'estragon • 20 cl de fumet de poisson •

10 cl de crème fraîche liquide • noix de muscade • huile d'arachide • 1 cuil. à soupe de persil plat concassé • sel fin et poivre du moulin

Pelez et hachez les échalotes. Faites-les suer dans 15 g de beurre dans une petite casserole. Mouillez avec le riesling, ajoutez l'estragon, portez à frémissements et laissez réduire pratiquement à sec sur feu doux. Versez le fumet de poisson et laissez encore réduire de deux tiers. Incorporez la crème fraîche et laissez réduire, tout en mélangeant, jusqu'à obtenir une sauce onctueuse. Sur feu très doux, incorporez à l'aide d'un fouet 30 g de beurre bien froid coupé en petits morceaux, épicez de 2 ou 3 râpures de noix de muscade et rectifiez l'assaisonnement si nécessaire. Filtrez ensuite cette sauce au riesling.

Coupez le bout terreux des champignons de Paris, lavez-les plusieurs fois rapidement à l'eau froide, sans les laisser tremper. Égouttez-les et émincez-les.

Faites fondre 2 cuillerées à soupe de beurre dans une poêle et faites-y suer les champignons émincés pendant 1 minute environ. Salez et poivrez. Mettez-les ensuite dans la sauce au riesling.

Salez et poivrez les morceaux de saumon de chaque côté. Faites chauffer un filet d'huile avec 1 cuillerée à soupe de beurre dans une poêle. Déposez-y délicatement les morceaux de saumon et poêlez chaque face en commençant par le côté peau

Dressez un morceau de saumon sur chaque assiette, parsemez de persil plat concassé et versez un peu de sauce tout autour.

Servez aussitôt, avec des nouilles au beurre, par exemple.

Astuce : La cuisson du saumon est très importante : pour qu'il reste moelleux, il doit être peu cuit, mais la peau doit être bien croustillante.

ÉRIC FRÉCHON

Gaufres de pommes de terre au saumon fumé

Pour 4 personnes

4 tranches de saumon fumé • 400 g de pommes de terre (rattes) • 36 cl de crème fraîche épaisse • 1 citron jaune • 2 œufs entiers + 1 jaune d'œuf • 10 brins de ciboulette • 1 petit bouquet d'aneth • 1 filet d'huile d'arachide • sel et poivre

Dans un bol, mettez 20 cl de crème fraîche, versez dessus le jus du citron, salez, poivrez puis mélangez à l'aide d'un fouet. Réservez au réfrigérateur.

Épluchez, lavez et râpez les pommes de terre. Pressez-les entre vos mains pour bien les égoutter. Battez ensemble les œufs entiers et le jaune d'œuf. Ciselez finement la ciboulette et effeuillez quelques pluches d'aneth.

Dans un saladier, mettez le reste de crème fraîche, ajoutez les pommes de terre râpées et les œufs battus puis mélangez à l'aide d'une fourchette. Salez et poivrez.

Préchauffez le gaufrier. Quand il est chaud, huilez-le à l'aide d'un pinceau. Versez-y 2 cuillerées à soupe de pâte à gaufres, refermez l'appareil et laissez cuire 4 minutes environ (les gaufres doivent être bien colorées).

Réalisez en tout 4 gaufres.

Nappez le fond de 4 assiettes d'1 cuillerée à soupe de crème acidulée, parsemez de ciboulette, disposez les gaufres dessus et posez sur chaque gaufre 1 tranche de saumon fumé.

Décorez de quelques pluches d'aneth et servez.

Paul Bocuse & Roger Jaloux

Queue de saumon en croûte

Pour 4 ou 5 personnes

1 queue de saumon de 1 kg (sans la peau) • 800 g de pâte feuilletée • 5 branches d'estragon • 1 œuf entier • farine • sel fin • poivre du moulin •

Pour la sauce béarnaise :

3 échalotes • 2 cuil. à soupe d'estragon concassé • 1 cuil. à café de grains de poivre noir concassés • 20 cl de vin blanc • 10 cl de vinaigre d'alcool blanc • 250 g de beurre • 4 jaunes d'œufs • 1 cuil. à soupe de ciboulette ciselée finement • sel fin

Préchauffez le four à 240 °C (thermostat 8).

Salez et poivrez la queue de saumon sur chaque face. Fendez le dos dans la longueur en suivant l'arête. Salez et poivrez l'intérieur et garnissez-le des feuilles d'estragon.

Coupez la pâte feuilletée en deux. Étalez-la en 2 abaisses de 2 à 3 mm d'épaisseur et de la taille de la plaque de four. Posez la queue de saumon sur l'une d'elles en ménageant un grand morceau de pâte libre autour. Conservez la deuxième abaisse au réfrigérateur

Battez l'œuf. Badigeonnez-en le pourtour du morceau de saumon sur 3 cm de largeur et toute la surface de la pâte au niveau de la queue. Disposez sur la queue de saumon la deuxième abaisse en la faisant adhérer à la première en épousant bien la forme de la queue. À l'aide d'un couteau pointu, incisez le tour du morceau de saumon à 2 à 3 cm environ en dessinant les nageoires et le bout de la queue. Chiquetez les bords (faites de petites encoches tout autour de la pâte). Badigeonnez le tout d'œuf battu. Enfournez, baissez la température à 200 °C (thermostat 6-7) et comptez 30 minutes de cuisson.

Préparez la béarnaise : pelez et hachez les échalotes. Mettez-les dans une casserole avec 1 cuillerée à soupe d'estragon concassé, le poivre noir. Versez le vin et le vinaigre. Portez à ébullition et laissez réduire pratiquement à sec (il ne doit rester que 2 cuillerées à soupe de liquide).

Faites fondre le beurre dans un bain-marie, clarifiez-le (retirez la mousse qui s'est formée à la surface et filtrez le beurre sans prendre le dépôt blanchâtre).

Incorporez dans la réduction de vin et de vinaigre, à l'aide d'un fouet, les jaunes d'œufs, puis 1 à 2 cuillerées à soupe d'eau froide. Mettez la casserole dans un bain-marie frémissant et laissez la sauce épaissir sans cesser de fouetter en formant un « S ». Lorsque vous commencez à apercevoir le fond de la casserole, incorporez peu à peu le beurre clarifié, toujours en fouettant, mais en faisant des ronds. Salez. Réservez au bain-marie sur feu éteint jusqu'à ce que le saumon soit cuit.

Sortez la queue de saumon bien dorée du four et mettez-la sur un plat de service. Saupoudrez de farine pour une jolie présentation.

Terminez la sauce béarnaise en incorporant la ciboulette ciselée et l'estragon concassé. Dressez-la en saucière.

Découpez la queue de saumon devant les convives, servez-la avec la croûte du dessus accompagnée de la sauce béarnaise.

Jean-Marc Le Guennec

Roulés de saumon au maroilles

Pour 3 personnes

1 tranche de saumon frais de 15/20 cm, épaisse de 1 cm • 2 tranches de saumon fumé de 100 g • 6 tranches de maroilles • 150 g de crevettes grises • 4 ou 5 pistils de safran • 100 g de beurre • huile d'olive • quelques brindilles de thym frais • poivre du moulin

Étirez un film alimentaire sur le plan de travail, disposez la tranche de saumon frais dessus, recouvrez-la des tranches de saumon fumé préalablement parées afin de parfaire la présentation. Roulez la tranche de saumon frais en vous aidant du film alimentaire et enveloppez-la dans ce dernier, tordez les extrémités pour enfermer la « ballottine » de saumon et entreposez-la 15 minutes au réfrigérateur.

Mettez les crevettes dans une casserole, recouvrez-les d'eau froide à hauteur, donnez un bon bouillon, puis retirez la casserole du feu, laissez refroidir et infuser.

Lorsque les crevettes sont cuites, décortiquez-les. Passez le fumet, versez-le dans une casserole et portez-le à ébullition. Ajoutez le safran, puis, petit à petit, tout en fouettant, le beurre bien froid coupé en petits morceaux. Retirez la casserole du feu et poivrez.

Préchauffez le four à 180 °C (thermostat 6), de préférence en position air ventilé.

Sortez la ballottine de saumon du réfrigérateur, retirez le film alimentaire et coupez-la en 6 tranches de 3 cm d'épaisseur environ (comptez-en 2 par personne). Disposez sur chaque tranche de saumon 1 tranche de maroilles de même taille mais de 1 cm d'épaisseur. Choisissez un plat de service allant au four et, à l'aide d'un pinceau, badigeonnez-le d'un filet d'huile d'olive.

Faites réchauffer les crevettes dans la sauce au safran.

Disposez les roulés de saumon sur le plat, parsemez le fromage de quelques feuilles de thym frais.

Glissez le plat dans le four pour 5 minutes de cuisson. Ajoutez les crevettes et versez la sauce au safran tout autour des tranches de roulé. Dégustez avec une ratatouille.

POISSONS

Saumon

MICHEL OLIVER

Salade de saumon fumé

Pour 6 personnes

6 tranches de saumon fumé • 30 g de trompettes-de-la-mort lyophilisées • 1/4 de céleri-rave • 1/4 de citron jaune • 1 frisée • 50 g de pignons • gros sel

Pour la vinaigrette :

2 cuil. à soupe de vinaigre de vin rouge • 1 cuil. à café de moutarde forte • 5 cuil. à soupe d'huile d'olive • sel fin et poivre

Mettez les trompettes-de-la-mort dans un récipient, couvrez-les d'eau tiède et laissez-les ramollir pendant 15 minutes. Rincez-les et égouttez-les. Mettez-les dans une casserole, couvrez-les d'eau tiède, ajoutez 1 pincée de gros sel et laissez cuire 10 minutes à ébullition. Égouttez-les, rincez-les et pressez-les entre les doigts pour retirer un maximum d'eau.

Préparez la vinaigrette : dans un saladier, faites dissoudre 1 cuillerée à café de sel fin avec le vinaigre de vin rouge. Ajoutez la moutarde forte, poivrez, incorporez l'huile d'olive et émulsionnez le tout au fouet.
Hachez grossièrement les trompettes-de-la-mort. Mettez-les sur une assiette, arrosez-les de 2 cuillerées à café de la vinaigrette, mélangez bien et réservez.
Pelez le céleri-rave, râpez-le très finement à la mandoline (coupe-légumes à 2 lames), arrosez-le du jus du citron jaune et d'1 cuillerée à soupe de vinaigrette et mélangez bien.
Nettoyez soigneusement la frisée et égouttez-la. Assaisonnez-la de 3 cuillerées à soupe de vinaigrette et mélangez bien.
Au centre d'un plat de service, dressez la frisée en dôme, répartissez dessus la julienne de céleri, posez les tranches de saumon fumé et parsemez des trompettes-de-la-mort.
Faites exsuder les pignons de pin dans une poêle bien chaude, puis parsemez-en la salade de saumon fumé et servez.

POISSONS

Saumon

MARC MEURIN

Saumon fumé à la fondue de blancs de poireaux

Pour 4 personnes

4 tranches de saumon fumé •
3 blancs de poireaux • 100 g de beurre •
10 cl de crème fraiche liquide •

1 cuil. à café de jus de citron •
1 cuil. à café de ciboulette ciselée • sel et poivre

À l'aide d'un emporte-pièce d'environ 7 cm de diamètre (ou, à défaut, d'une petite soucoupe à café), découpez un disque dans chaque tranche de saumon fumé. Conservez les parures et coupez-les en petits morceaux. Réservez le tout au réfrigérateur.

Épluchez et lavez les blancs de poireaux. Fendez-les en deux dans la longueur et émincez-les dans le sens inverse.

Dans un poêlon, faites chauffer 3 cuillerées à soupe d'eau, ajoutez 50 g de beurre et les morceaux de poireaux, salez très légèrement, mélangez à l'aide d'une spatule en bois, couvrez et laissez cuire pendant 3 minutes, en remuant de temps en temps.

Égouttez les morceaux de poireaux, pressez-les délicatement et réservez. Récupérez le jus : il doit en rester la valeur de 3 cuillerées à soupe. (Si ce n'est pas le cas, complétez avec un petit filet d'eau.) Versez-le dans une casserole, ajoutez-y la crème fraîche, portez à ébullition en fouettant et laissez réduire pendant 2 minutes.

Hors du feu, incorporez petit à petit le restant de beurre bien froid coupé en petits morceaux, puis rectifiez l'assaisonnement. Versez le jus de citron et mélangez au fouet.

Disposez au centre de chaque assiette chaude un cercle à pâtisserie de 7 cm de diamètre environ. (À défaut de cercles, faites des bandes de feuille d'aluminium assez épaisse, de 2 à 3 cm de largeur, enroulez-les autour d'une bouteille du diamètre souhaité, puis retirez la bouteille; vous obtenez des cercles d'aluminium.) Répartissez dans chaque cercle les parures de saumon fumé coupées en morceaux, recouvrez d'1 cuillerée à soupe de fondue de poireaux, puis du disque de saumon, en le tassant bien, et nappez-le d'1 cuillerée à soupe de sauce.

Dans la sauce restante, ajoutez la ciboulette et l'aneth ciselés, mélangez et versez un cordon de cette sauce tout autour. Retirez délicatement les cercles et dégustez sans attendre.

Pierre-Yves Lorgeoux

Saumon poêlé aux lentilles vertes du Puy

cuisinées à l'ancienne, au beurre rouge

Pour 3 personnes

3 pavés de saumon de 150 g • 120 g de lentilles vertes du Puy • 1 oignon moyen • 1 carotte • 140 g de beurre • 50 g de lardons de poitrine fumée • 40 cl de bouillon de volaille • 1 bouquet garni • 1 étoile de badiane • 4 échalotes • 15 cl de vin rouge • 2 cuil. à soupe d'huile de noix • sel, poivre du moulin

Demandez au poissonnier de préparer les pavés de saumon sans retirer la peau, mais en l'écaillant bien.

Mettez les lentilles vertes dans une cocotte, recouvrez-les d'eau froide et portez à ébullition. Dès que l'eau bout, égouttez les lentilles, sinon elles perdraient leur couleur.

Pelez et hachez finement l'oignon. Pelez et coupez la carotte en petits dés. Mettez 20 g de beurre dans une cocotte, ajoutez l'oignon haché, chauffez et faites-le suer sans coloration 1 minute. Ajoutez les dés de carotte, mélangez et faites suer 2 minutes. Ajoutez les lardons, faites-les suer un petit peu avec la garniture, mettez ensuite les lentilles blanchies et égouttées. Mélangez bien, mouillez le tout avec le bouillon de volaille avant d'ajouter le bouquet garni et la badiane. Portez à peine à frémissements et laissez cuire 25 minutes à découvert.

Préparez le beurre rouge : pelez et hachez finement les échalotes, mettez-les dans une casserole, mouillez-les avec le vin rouge, salez, poivrez et portez à ébullition. Laissez réduire de trois quarts. Sur feu doux, incorporez petit à petit, à l'aide d'un fouet, 100 g de beurre bien froid et coupé en petits dés. Attention : les derniers dés de beurre (environ 1 cuillerée à soupe) doivent être incorporés sur feu éteint. Vérifiez l'assaisonnement, salez, poivrez, et mélangez bien. Laissez le beurre rouge sur la plaque de cuisson, feu éteint.

Salez et poivrez les pavés de saumon de chaque côté. Chauffez dans une poêle l'huile de noix. Dès qu'elle est bien chaude, placez les pavés de saumon (côté chair) dans la poêle et faites-les dorer sur feu doux environ 2 minutes. Retournez-les et colorez-les (côté peau) 2 minutes également. Une fois cuits, gardez-les dans la poêle, feu éteint.

Retirez la badiane et le bouquet garni des lentilles. Retirez également 3 à 4 petites louches de bouillon. Ajoutez, sur feu doux, 20 g de beurre bien froid coupé en morceaux et mélangez bien.

Dans un plat de service, versez les lentilles en évitant de mettre le jus et présentez dessus les pavés de saumon. Servez-les accompagnés du beurre rouge en saucière.

Astuce : Ne faites jamais tremper les lentilles dans de l'eau la veille. Certains disent que cela les fait gonfler, les attendrit et les rend plus digestes. Or, c'est tout le contraire qui se produit, car, par cette opération, les lentilles risquent de germer et de fermenter. Aussi, faites-les plutôt blanchir comme indiqué ci-dessus.

Marc Haeberlin

Saumon rôti à l'ail et aux lardons

Pour 4 personnes

1 filet de saumon de 600 g • 7 gousses d'ail • 1 tranche de lard fumé de 100 g, épaisse de 1 cm (avec de la couenne) • 1 kg de petits épinards • 2 échalotes • 2 cuil. à soupe de vinaigre de xérès • 10 cl de fond de veau • 10 cl de crème fraîche liquide • 70 g de beurre • farine • huile d'olive • noix de muscade • sel, poivre du moulin

Demandez au poissonnier de laisser la peau sur le filet de saumon et de bien l'écailler.

Lavez les épinards dans une grande quantité d'eau, égouttez-les en les sortant de l'eau avec les mains pour que la terre reste au fond du saladier. Si nécessaire, renouvelez l'opération. Ôtez les tiges des feuilles d'épinard en pliant chaque feuille en deux et en tirant sur la nervure.

Juste avant de cuire le saumon, préparez la sauce : pelez et hachez finement les échalotes, mettez-les dans une cocotte et mouillez-les avec le vinaigre de xérès. Portez à ébullition et laissez réduire jusqu'à glace (ou réduction quasi totale). Ajoutez le fond de veau, la crème liquide, puis fouettez. Portez de nouveau à ébullition et laissez réduire de moitié jusqu'à obtention d'une sauce onctueuse. Ensuite, sur feu éteint, incorporez, petit à petit et à l'aide d'un fouet, 50 g de beurre froid coupé en petits morceaux. Salez et poivrez, mélangez bien. Maintenez cette sauce chaude, soit en la laissant sur la plaque de cuisson encore chaude mais éteinte, soit en la mettant au bain-marie.

Retirez toutes les arêtes du saumon, farinez-le légèrement, salez et poivrez, côté chair.

Préchauffez le four à 210 °C (thermostat 6-7).

Détaillez la tranche de lard en gros lardons, en laissant la couenne.

Versez un filet d'huile d'olive dans une poêle. Déposez-y le morceau de saumon côté chair et faites-le colorer 2 minutes. Dès que le côté chair est légèrement blond, retournez-le, ajoutez tout autour les lardons et les gousses d'ail en chemise (avec la peau). Comptez 3 minutes de cuisson et posez le saumon côté peau dans un plat allant au four. Continuez de colorer les lardons et 6 gousses d'ail dans la poêle, puis ajoutez cette garniture et la graisse de cuisson dans le plat et sur le saumon. Enfournez le plat et laissez cuire 8 minutes.

Faites blondir 1 bonne cuillerée à soupe de beurre dans une cocotte. Mettez les feuilles d'épinard, salez légèrement, poivrez, et ajoutez 1 râpure de noix de muscade. Piquez 1/2 gousse d'ail préalablement dégermée au bout d'une fourchette et remuez les épinards avec cette fourchette pour les parfumer. Dès que leur couleur devient brillante et vert plus sombre (à peine 2 minutes), ils sont cuits.

Dressez un lit d'épinards sur un plat de service et tranchez le saumon en commençant par le côté du ventre. Disposez ces tranches sur les épinards et, sur chacune d'elles, placez des lardons avec 1 ou 2 gousses d'ail. Versez un petit cordon de sauce tout autour et servez, accompagné du reste de sauce en saucière.

Astuces :

- Ne laissez pas tremper trop longtemps les épinards dans l'eau.
- La cuisson du saumon est très importante : le saumon doit être peu cuit, presque sous-cuit, pour qu'il conserve tout son moelleux.

HERVÉ PAULUS

Tartare de saumon au fenouil

Pour 4 personnes

500 g de saumon • 2 bulbes de fenouil • 15 cl d'huile d'olive • 50 cl de vin blanc • 100 g de sucre semoule • 2 anis étoilés • 12 tranches de pain baguette de 5 mm d'épaisseur • sel fin, poivre du moulin

Lavez et parez les bulbes de fenouil, coupez-les en petits dés. Conservez quelques feuilles.

Faites chauffer 5 cl d'huile d'olive dans un poêlon, faites-y suer le fenouil, salez et poivrez, mélangez. Versez 5 cl d'eau et laissez cuire pendant 25 minutes sur feu doux en remuant régulièrement. Débarrassez ensuite le fenouil avec l'huile de cuisson dans un saladier, laissez refroidir, puis entreposez au réfrigérateur.

Portez à frémissements le vin blanc dans une casserole avec le sucre semoule et l'anis étoilé. Laissez réduire le vin aux deux tiers jusqu'à obtenir une consistance sirupeuse. Laissez refroidir ce sirop, puis entreposez-le au réfrigérateur.

Hachez finement le saumon avec un hachoir à viande en choisissant une grille à gros trous (ou demandez au poissonnier de le hacher au couteau).

Lorsque le sirop de vin est bien froid, incorporez-lui au fouet 10 cl d'huile d'olive.

Préchauffez le four en position gril.

Mélangez le saumon haché avec le fenouil et son huile de cuisson, rectifiez l'assaisonnement.

Disposez les tranches de pain baguette sur une plaque de cuisson et faites-les colorer dans le four.

Nappez chacune d'1 petite cuillerée à café de sauce au vin blanc. Tartinez copieusement de tartare de saumon au fenouil, ajoutez dessus quelques feuilles de fenouil. Dressez sur un plat de service et dégustez sans attendre en amuse-bouche.

Astuce : La préparation de fenouil et la réduction de vin peuvent être préparées la veille.

POISSONS

Saumon

THIOU

Tartare de saumon aux herbes thaïes

Pour 4 personnes

1 morceau de saumon de 600 g • 1 cuil. à soupe de pâte de crevettes pimentée • 1 cuil. à café de sauce d'huître • 1 cuil. à café de sauce de poisson • 3 cuil. à soupe de jus de citron vert • 1 cuil. à café de sucre semoule • 1 cuil. à soupe de persil laotien haché grossièrement • 1 cuil. à soupe de coriandre hachée grossièrement • 1 cuil. à soupe de ciboulette thaïe hachée finement

Coupez le morceau de saumon en dés de 5 mm. Conservez ce tartare de saumon dans un saladier placé dans un autre, plus grand, contenant des glaçons. Mélangez dans un récipient la pâte de crevettes pimentée avec la sauce d'huître, la sauce de poisson, le jus de citron vert et le sucre.

Mélangez délicatement la sauce avec le tartare de saumon, puis ajoutez le persil laotien et la coriandre hachés grossièrement et la ciboulette thaïe hachée finement.

Dressez sur un plat de service et dégustez bien frais sans attendre.

CHRISTOPHE MOISAND

Velouté d'asperge froid au saumon fumé

Pour 4 personnes

20 asperges vertes •
240 g de saumon fumé coupé en dés •
20 g de beurre • 25 cl de bouillon de volaille •
55 cl de crème fraîche liquide bien froide •
3 cuil. à soupe de ciboulette ciselée •
gros sel, sel fin et poivre du moulin

Pelez les asperges, coupez-les en deux, à 3 cm de la pointe des têtes, puis coupez les queues en rondelles de 1 cm.

Faites fondre le beurre dans une cocotte. Mettez-y les rondelles d'asperges et roulez-les dans la matière grasse 1 à 2 minutes sur feu doux. Salez au gros sel, mouillez avec le bouillon de volaille et laissez cuire 10 à 15 minutes sur feu doux.

Portez de l'eau à ébullition dans une casserole, salez au gros sel, plongez-y les pointes d'asperges et faites-les cuire 3 minutes environ (elles doivent être un peu fermes). Rafraîchissez-les rapidement dans de l'eau bien froide puis égouttez-les sur un linge propre.

Fouettez 25 cl de crème fraîche liquide bien froide dans un récipient placé dans un second plus grand contenant des glaçons.

Mélangez délicatement, à l'aide d'une spatule en bois, la moitié de la crème fouettée avec le saumon fumé coupé en dés et 2 cuillerées à soupe de ciboulette ciselée. Rectifiez l'assaisonnement. Conservez au réfrigérateur.

Mixez les rouelles d'asperges avec leur bouillon de cuisson, incorporez-y le reste de crème fraîche liquide bien froide. Laissez refroidir ce velouté d'asperge, puis incorporez-y à l'aide d'un fouet le reste de crème fouettée.

Séparez la crème de saumon fumé bien froide en 4 parts égales et formez des quenelles.

Disposez 4 pointes d'asperges dans des tasses et recouvrez-les du velouté d'asperge. Parsemez du reste de ciboulette ciselée et disposez délicatement par-dessus 1 quenelle de crème au saumon fumé. Terminez en posant dessus 1 pointe d'asperge. Dégustez sans attendre.

POISSONS

Thon

PHILIPPE CONTICINI

Cake au thon

Pour 4 à 6 personnes

160 g de thon à l'huile •
2 cuil. à soupe de curcuma •
185 g de farine • 1 cuil. à soupe de curry •
1/2 sachet (6 g) de levure chimique •
1 cuil. à café de sel fin • 5 tours de moulin à poivre •
2 œufs entiers + 1 jaune d'œuf •
25 g de crème fraîche épaisse •
60 g de crème fraîche liquide •
15 g de beurre pommade •
1 cuil. à soupe de noix de coco râpée (facultatif)

Pour la marinade :
6 cl de vin rouge • 6,5 cl d'huile d'olive •
100 g d'oignon pelé et émincé finement •
1 cuil. à soupe de persil plat concassé •
1 cuil. à soupe de coriandre concassée •
1 cuil. à soupe de menthe concassée •
1 gousse d'ail pelée et hachée

La veille, mettez le thon à mariner. Dans un saladier, versez le vin rouge et l'huile d'olive. Ajoutez les oignons émincés, le persil plat, la coriandre, la menthe, la gousse d'ail et mélangez bien. Ajoutez le morceau de thon sans l'émietter, en l'immergeant bien dans la marinade. Couvrez d'un film, entreposez au réfrigérateur et laissez mariner au moins 24 heures.

Le lendemain, mettez le curcuma dans un saladier avec 165 g de farine, le curry, la levure chimique, le sel fin et 5 tours de poivre du moulin. Mélangez à l'aide d'une cuiller à soupe.

Préchauffez le four à 180 °C (thermostat 6).

Dans un récipient, fouettez à la fourchette les œufs avec le jaune d'œuf, la crème épaisse et la crème liquide. Versez le mélange de poudres sur cet appareil. Ajoutez le thon et sa marinade et mélangez délicatement à l'aide d'une cuiller à soupe en prenant soin de ne pas trop briser le thon de manière à retrouver des morceaux dans le cake.

Beurrez grassement à l'aide d'un pinceau un moule de 18 cm de long sur 7 cm de haut. Chemisez-le avec 20 g de farine, puis garnissez-le aux deux tiers avec l'appareil à cake. Tassez légèrement avec le dos d'une cuiller à soupe et parsemez de noix de coco râpée. Disposez le moule sur une plaque de four (et non sur une grille) et faites cuire 45 minutes.

Au terme de la cuisson, laissez le cake refroidir 10 minutes avant de le démouler.

Dégustez-le de préférence tiède, mais également toasté ou froid.

ANNE-MARIE DE GENNES

Pavés de thon poêlés

Pour 4 personnes

4 pavés de thon de 150 g • 1/2 ananas • 1 gros piment vert • 1 cuil. à soupe de baies roses • 1 citron vert • 1 mini-banane • 3 cuil. à soupe d'huile de noix • huile d'olive • sel et poivre

Coupez le morceau d'ananas en deux. Coupez une moitié en petits cubes pour la *salsa*, et l'autre moitié en gros dés.
Lavez le piment, ôtez le pédoncule, fendez le piment en deux dans la longueur, retirez les graines, puis détaillez-le en tout petits dés.
Préparez la *salsa* : mélangez délicatement les petits dés d'ananas avec ceux de piment, ajoutez les baies roses, couvrez d'un film et réservez au réfrigérateur. Vous pouvez faire cette préparation à l'avance, la veille.
Préparez la sauce : mettez les gros dés d'ananas dans le bol d'un mixeur, ajoutez le jus du citron vert, la banane coupée en morceaux, l'huile de noix, du poivre et mixez. Rectifiez l'assaisonnement, salez éventuellement. Conservez cette sauce au réfrigérateur.
Versez quelques gouttes d'huile d'olive dans une poêle et faites-la chauffer. Disposez-y les pavés de thon, salez-les et poivrez-les, sur une seule face et faites-les cuire comme de la viande de bœuf, saignants, rosés ou bien cuits selon votre goût. (Comptez 2 minutes de chaque côté pour une cuisson rosée.)
Disposez les pavés de thon sur un plat de service. Recouvrez

chacun d'1 cuillerée à soupe de *salsa*, ajoutez un cordon de sauce et servez aussitôt avec du riz sauvage noir ou du boulghour. Servez le restant de *salsa* dans un compotier, et de sauce dans une saucière.

POISSONS

Thon

CHRISTIAN WILLER

Salade de thon au fenouil à l'orange

Pour 3 personnes

400 g de thon rouge coupé en fines tranches • 1 petit fenouil • 1 verre de jus d'orange • 1 orange • 5 cuil. à soupe d'huile d'olive • 1 cuil. à soupe de vinaigre balsamique • 100 g de pousses d'épinards • sel fin et poivre du moulin

Portez le jus d'orange à ébullition dans une casserole, puis faites réduire de moitié. Laissez refroidir.

Parez le fenouil. Coupez-le ensuite à l'aide d'une mandoline (coupe-légumes muni de 2 lames tranchantes) en fines tranches dans le sens de la longueur, puis plongez ces tranches dans de l'eau glacée et réservez-les.

À l'aide d'un économe, prélevez le zeste de l'orange en prenant soin de bien séparer l'écorce de la partie blanchâtre et amère de la peau, puis hachez-le, et conservez-en 1 cuillerée à café. Prélevez les segments à vif de l'orange, réservez-les.

Préparez la vinaigrette à l'orange : mélangez à l'aide d'un fouet 2 cuillerées à soupe d'huile d'olive avec le jus d'orange réduit froid, sans trop émulsionner. Incorporez 1 cuillerée à soupe de vinaigre balsamique, 1/2 cuillerée à soupe d'eau froide, 1 cuillerée à café de zeste d'orange haché, salez et poivrez.

Dressez les fines tranches de thon sur un plat de service. Badigeonnez-les, à l'aide d'un pinceau, de la vinaigrette à l'orange. Salez, poivrez à votre goût, et entreposez-les au réfrigérateur.

Égouttez les tranches de fenouil, mettez-les dans un saladier, ajoutez les segments d'orange, assaisonnez avec 2 cuillerées à soupe de vinaigrette d'orange, salez, poivrez, ajoutez 1 cuillerée à soupe d'huile d'olive, puis mélangez délicatement.

Éliminez les tiges des pousses d'épinard, lavez-les et égouttez-les. Assaisonnez-les de 3 cuillerées à soupe de vinaigrette à l'orange, et d'1 cuillerée à soupe d'huile d'olive, salez, poivrez et mélangez bien.

Dressez la salade de fenouil et d'orange sur les tranches de thon, placez par-dessus les pousses d'épinards, terminez par un filet d'huile d'olive et dégustez sans attendre.

POISSONS

Thon

SONIA EZGULIAN

Saltimboccas de thon

Pour 4 personnes

4 médaillons de thon de 80 g • 40 g de farine • 2 tranches fines de jambon cru (fumé, de préférence) •

4 grandes feuilles de sauge • 1 cuil. à soupe d'huile d'olive • 1 verre de banyuls • poivre du moulin

Farinez légèrement les médaillons de thon.

Coupez les tranches de jambon cru en deux. Disposez sur chaque médaillon de thon 1/2 tranche de jambon puis 1 grande feuille de sauge, maintenez-les avec des piques en bois.

Faites chauffer l'huile d'olive dans une poêle. Faites-y cuire sur feu vif les saltimboccas de thon 1 petite minute environ sur chaque face, en commençant par le côté thon.

Débarrassez ensuite les médaillons, retirez les piques en bois. Déglacez la poêle avec le banyuls, poivrez, portez à frémissements et laissez réduire légèrement.

Remettez les saltimboccas dans ce jus réduit juste le temps de les réchauffer, dressez-les sur un plat de service, côté sauge sur le dessus et nappez-les du jus.

Servez avec une poêlée de gnocchis de pommes de terre, par exemple.

POISSONS

Thon

JACQUES & LAURENT POURCEL

Tarte au thon frais et tapenade

Pour 4 personnes

600 g de thon rouge • 300 g de pâte feuilletée • farine • 3 tomates • 2 avocats • 1 citron •

1 mozzarella en boule • 100 g de crème fraiche liquide • 80 g de tapenade • 5 cuil. à soupe d'huile d'olive • sel, sel de Camargue et poivre

Étalez la pâte feuilletée sur un plan de travail fariné jusqu'à obtention d'une abaisse de 2 mm d'épaisseur. Recouvrez une plaque de cuisson allant au four d'un papier sulfurisé et disposez dessus la pâte étalée. Détaillez 4 cercles dans cette abaisse à l'aide d'un emporte-pièce de 10 cm de diamètre. Recouvrez ces fonds de tarte d'un papier sulfurisé et placez dessus une seconde plaque de cuisson pour empêcher le feuilletage de gonfler à la cuisson. Laissez reposer cette pâte au réfrigérateur pendant 30 minutes pour qu'elle ne se rétracte pas à la cuisson.

Retirez le pédoncule des tomates. Retournez les tomates et incisez-les en croix à l'aide d'un petit couteau. Portez de l'eau à ébullition dans une casserole et immergez-y les tomates pendant 15 secondes. Rafraîchissez-les dans de l'eau bien froide, égouttez-les, pelez-les, coupez-les en quartiers, épépinez-les et ne conservez que la pulpe. Réservez au réfrigérateur.

Fendez les avocats en deux et retirez les noyaux. Pelez ces moitiés d'avocat, taillez-les en fines tranches légèrement biseautées de 2 mm d'épaisseur. Arrosez-les de quelques gouttes de citron pour éviter que la pulpe noircisse.

Coupez la mozzarella en tranches très fines et réservez-la à température ambiante.

Fouettez la crème bien froide dans un récipient, lui-même placé dans un autre plus grand contenant des glaçons. Incorporez à cette crème fouettée 1 cuillerée à soupe de tapenade, du poivre, et mélangez délicatement à l'aide d'un fouet. Réservez cette crème sur la glace.

Préchauffez le four à 180 °C (thermostat 6).

Mettez le restant de tapenade dans un bol, ajoutez le jus d'1/2 citron, 1 à 2 cuillerées à soupe d'eau, et mélangez à l'aide d'un fouet. Incorporez ensuite 3 cuillerées à soupe d'huile d'olive, salez et poivrez.

Glissez la pâte dans le four pour 20 minutes de cuisson. Une fois cuits, sortez les fonds de tarte du four, placez-les dans des assiettes individuelles et laissez-les refroidir à température ambiante.

Tranchez le thon en escalopes de 3 mm d'épaisseur. Placez une feuille de papier sulfurisé sur la plaque de four et versez un filet d'huile d'olive en quatre endroits. Déposez dessus les escalopes de thon en formant 4 ronds de 10 cm de diamètre environ, versez au centre un petit filet d'huile d'olive, puis salez et poivrez. Glissez ces cercles de thon dans le four, toujours à 180 °C, à peine 2 minutes.

Tartinez les fonds de tarte de crème à la tapenade en évitant de l'étaler trop près du bord. Ensuite, disposez 3 quartiers de tomates sur chaque cercle, aplatissez-les pour qu'ils soient bien plats, salez et poivrez.

Recouvrez toute la surface de 4 à 5 tranches d'avocat, salez, poivrez, ajoutez 2 tranches de mozzarella et enfin 1 cercle de thon. Saupoudrez chaque tarte d'1 pincée de sel de Camargue, versez tout autour 1 petite cuillerée à soupe de vinaigrette de tapenade et servez.

Astuce : Pour retirer rapidement le noyau d'un avocat, plantez un couteau dans le noyau et tournez-le légèrement. Le noyau s'en va aussitôt sans abîmer la chair.

Gérard Lorenzoni-Salini

Thon à la bonifacienne

Pour 4 personnes

4 morceaux de thon rouge de 150 g • 15 cl d'huile d'olive • 1 citron jaune • 4 tomates • 1 oignon moyen • 1 gousse d'ail • 10 cl de vin blanc sec • 1 brindille de romarin • 1 brindille de thym • 1 feuille de laurier • sel et poivre

Disposez les morceaux de poisson dans un plat de cuisson. Arrosez-les d'huile d'olive et du jus du citron. Retournez-les pour bien les enrober de cette marinade. Laissez-les mariner au réfrigérateur pendant 1 heure.

Lavez les tomates, retirez les pédoncules, retournez-les et entaillez-les en croix. Plongez-les dans de l'eau bouillante pendant quelques secondes puis rafraîchissez-les dans de l'eau froide et égouttez-les. Pelez-les, coupez-les en quatre, épépinez-les puis coupez la pulpe en dés.

Pelez et hachez finement l'oignon et la gousse d'ail.

Préparez une concassée de tomates : faites chauffer 1 bonne cuillerée à soupe d'huile d'olive et faites-y suer l'oignon et l'ail 1 à 2 minutes jusqu'à ce que l'oignon devienne translucide. Mouillez ensuite avec le vin blanc et faites réduire pratiquement à sec. Ajoutez les dés de tomates, mélangez, ajoutez le thym, le romarin et le laurier. Salez, poivrez et laissez compoter sur feu doux pendant 15 minutes en mélangeant de temps en temps.

Préchauffez le four à 200 °C (thermostat 6-7).

Retirez le thon de la marinade et réservez la marinade. Faites chauffer 1 petite cuillerée à soupe d'huile d'olive dans une poêle, posez-y les morceaux de thon et faites-les colorer de chaque côté pendant 2 minutes environ. Disposez-les dans un plat de cuisson, salez, poivrez puis couvrez de la concassée de tomates.

Glissez dans le four pendant 3 à 4 minutes en arrosant les morceaux de thon avec un peu de marinade réservée. Baissez le four à 150 °C (thermostat 5) et poursuivez la cuisson encore 3 à 4 minutes. Sortez du four et dégustez sans attendre.

POISSONS

Thon

Alain Solivérès

Ventre de thon à la marmelade de poivron

Pour 2 personnes

2 filets de thon de 120 à 130 g • 1 tranche épaisse de jambon cru (de Bayonne, de préférence) • 1 oignon moyen • 1 poivron rouge • 1 poivron vert • 1 poivron jaune • 3 filets d'anchois au sel • 6 olives de Nyons dénoyautées • 1 citron jaune • 5 cuil. à soupe d'huile d'olive • 1 gousse d'ail • 1 petit bouquet de thym frais • piment d'Espelette en poudre • fleur de sel de Guérande et poivre du moulin

Détaillez le jambon cru en lardons.

Pelez puis émincez l'oignon. Lavez puis ouvrez du côté du pédoncule les 3 poivrons, épépinez-les, coupez-les en fins bâtonnets.

Dessalez les filets d'anchois au sel, puis coupez-les en petits morceaux.

Coupez les olives de Nyons dénoyautées en petits dés.

Pelez le citron à vif, prélevez les segments, puis coupez ces derniers en petits dés.

Mélangez les morceaux d'anchois avec les dés d'olives et de citron, ajoutez 1 cuillerée à soupe d'huile d'olive, poivrez généreusement, mais ne salez pas. Réservez.

Faites chauffer 2 cuillerées à soupe d'huile d'olive dans un poêlon, faites-y colorer les lardons de jambon sur feu doux. Ajoutez la gousse d'ail non pelée légèrement écrasée, l'oignon, les bâtonnets de poivrons rouge, jaune et vert, et laissez suer sans coloration. Ajoutez le thym frais, poivrez et laissez compoter sur feu très doux pendant 20 minutes en remuant fréquemment.

Assaisonnez de fleur de sel et de piment d'Espelette les filets de thon sur chaque face. Badigeonnez-les d'un petit filet d'huile d'olive, puis poêlez-les sur feu doux sur chaque face, ils doivent être légèrement colorés et de préférence saignants. La cuisson terminée, disposez les filets de thon sur la marmelade de poivron.

Nappez la marmelade de poivron et les filets de thon du mélange anchois-olives-citron et dégustez sans attendre.

PHILIPPE BRAUN

Ventrèche de thon aux aromates

Pour 4 personnes

1 ventrèche de thon de 800 g •
huile d'arachide (pour friture) • 5 oignons nouveaux •
2 poignées de farine • 1 cuil. à soupe d'huile d'olive •
sel, fleur de sel de Guérande •
mignonnette de poivre
Pour la sauce :
1 gousse d'ail • 3 cuil. à soupe de sauce de soja •
6 cuil. à soupe de vinaigre de vin rouge •
3 cuil. à soupe d'huile d'olive •
1 cuil. à soupe d'olives vertes •
1 cuil. à soupe d'olives noires •
1 cuil. à soupe de poivrons confits •
1 cuil. à soupe de petites câpres •
1 cuil. à café de poivre vert •
1 pincée de brindilles de thym

Préchauffez le four à 200 °C (thermostat 6-7).
Préparez la sauce : pelez, dégermez et coupez la gousse d'ail en quatre, dans la longueur. Dans une petite casserole, faites réduire (de deux tiers environ) la sauce de soja et le vinaigre. Ajoutez les morceaux d'ail et l'huile d'olive. Couvrez la casserole et réservez sur feu éteint.
Préparez les rouelles d'oignons : préchauffez à 160 °C de l'huile d'arachide dans une friteuse. Épluchez et découpez en fines

rouelles les oignons nouveaux avec une mandoline. Déposez les rouelles d'oignons dans la farine, roulez-les, puis retirez l'excédent de farine à l'aide d'une passoire. Faites frire les rouelles d'oignons en les remuant continuellement avec une fourchette. Dès coloration, égouttez-les sur un papier absorbant et salez-les.
Préparez la ventrèche de thon : assaisonnez la ventrèche sur les 2 faces avec de la mignonnette de poivre et du sel de Guérande. Dans une poêle, faites chauffer un filet d'huile d'olive pour y saisir la ventrèche (2 minutes de chaque côté suffisent pour qu'elle demeure rosée au centre). Réservez-la sur un plat.
Terminez la sauce : dénoyautez et coupez les olives vertes et noires en dés. Taillez les poivrons confits en lamelles. Réchauffez la sauce et incorporez-lui, tout en remuant, les câpres, les dés d'olives vertes et noires, le poivre vert et les lamelles de poivrons confits. Enfin, ajoutez la pincée de brindilles de thym.
Mettez la ventrèche de thon à réchauffer 2 minutes dans le four, puis découpez-la en 12 fines tranches. Disposez dans chaque assiette 3 tranches de thon et nappez-les de sauce et de rouelles d'oignons frits.

Astuce : Pour assaisonner la ventrèche de thon, mettez toujours le poivre avant le sel, ce dernier ayant pour action de faire décoller le poivre. Cette astuce est également valable lorsqu'il s'agit d'un steak.

Paul Bocuse & Roger Jaloux

Barigoule de béryx aux artichauts

Pour 4 personnes

4 morceaux de béryx (ou de lotte) de 110 g environ • 8 artichauts poivrades • 1 citron jaune • 4 gousses d'ail • 1 oignon moyen • 2 petites carottes • 10 cl d'huile d'olive • 80 g de lardons de poitrine demi-sel • 1/2 cuil. à soupe de graines de coriandre • 2 ou 3 brindilles de thym frais • 1/2 verre de vin blanc sec • 75 cl de bouillon de volaille environ • 1/2 citron jaune • 2 cuil. à soupe de pluches de coriandre concassées • sel fin et poivre du moulin

Arrachez les premières feuilles des artichauts poivrades. Conservez environ 1 cm de queue. Continuez d'éplucher les artichauts à l'aide d'un couteau en tournant autour du cœur. Dès que la partie tendre apparaît, épluchez bien le fond des artichauts et les bouts de queue. Puis glissez le couteau juste au-dessus du foin, coupez le cône de petites feuilles tendres et éliminez-les. Laissez le foin, citronnez les artichauts avec le citron coupé en deux. Réservez-les dans de l'eau froide.

Pelez les gousses d'ail, fendez-les en deux, dégermez-les et hachez-les. Pelez et hachez finement l'oignon. Épluchez les carottes, lavez-les et coupez-les en paysanne (en petits rectangles).

Faites chauffer 3 cuillerées à soupe d'huile d'olive dans un large poêlon, faites-y revenir les lardons sans trop les faire rissoler. Faites-y ensuite suer l'ail et l'oignon. Ajoutez la coriandre, le thym, puis déglacez avec le vin blanc sec. Portez à frémissements et laissez réduire pour retirer l'acidité du vin.

Mettez les carottes et les artichauts dans le poêlon, mouillez à mi-hauteur des artichauts de bouillon de volaille, couvrez et faites cuire pendant 10 minutes à frémissements.

Vérifiez la cuisson des artichauts avec la pointe d'un couteau: ils doivent être légèrement fermes. (Prolongez la cuisson 5 minutes si nécessaire). Sortez-les du poêlon et réservez-les sur une assiette.

Salez et poivrez les morceaux de béryx sur chaque face. Mettez-les dans le poêlon, dans le bouillon de cuisson des artichauts. Couvrez et comptez 5 minutes de cuisson à frémissements. Remettez alors les artichauts dans le poêlon autour des morceaux de poisson, versez le jus du citron, ajoutez les pluches de coriandre concassées, arrosez le tout d'un filet d'huile d'olive et dégustez.

Astuce : Ce plat peut également se savourer tiède.

Jacques Guillo

Costriade à l'armoricaine

Pour 4 personnes

500 g d'étrilles • 500 g de moules • 300 g de congre • 4 morceaux de lieu jaune (de 40 g environ) • 4 filets de sole • 4 filets de rouget • 1 échalote • 2 gousses d'ail • 3 cuil. à soupe d'huile d'olive • 1 bouquet garni • 1 cuil. à soupe de concentré de tomate • 1 cuil. à soupe de cognac • 10 cl de vin blanc sec • 1 pomme (golden) • 8 pommes de terre • 40 g de lardons fumés • cerfeuil • sel, poivre

Demandez au poissonnier de retirer la peau et les arêtes du congre et de couper en petits morceaux les étrilles et le congre.
Pelez et hachez finement l'échalote. Pelez les gousses d'ail, fendez-les en deux et dégermez-les.
Dans une grande cocotte, chauffez 2 cuillerées à soupe d'huile d'olive. Mettez les morceaux d'étrilles et de congre et faites-les revenir tout en mélangeant bien. Ajoutez l'échalote, les gousses d'ail, le bouquet garni et le concentré de tomate, mouillez avec le cognac et le vin blanc sec. Grattez les sucs et laissez réduire pour éliminer l'acidité du vin. Enfin, mouillez avec de l'eau pour que le tout soit largement couvert.
Épluchez la pomme et coupez-la en quartiers. Pelez et lavez les pommes de terre, si possible de même taille. Ajoutez les quartiers de pomme et les pommes de terre aux morceaux d'étrilles et de congre. Salez, poivrez, portez à ébullition et laissez cuire à couvert pendant 25 minutes.

Grattez et lavez les moules. Mettez-les dans une casserole, couvrez et portez à feu vif. Dès qu'elles commencent à s'entrebâiller, éteignez le feu et débarrassez-les dans un récipient. Réservez-les en retirant une de leurs deux coquilles. Récupérez le jus et filtrez-le.

Placez les lardons dans une petite casserole. Recouvrez-les d'eau, donnez une ébullition et égouttez-les. Chauffez 1/2 cuillerée à soupe d'huile d'olive dans une poêle, ajoutez les lardons bien égouttés et faites-les rissoler pendant 1 minute. Égouttez-les sur du papier absorbant.

Quand le contenu de la cocotte a assez cuit, versez-le dans le bol d'un mixeur, à l'exception du bouquet garni, que vous pouvez éliminer, et des pommes de terre, que vous laissez dans la cocotte. Mixez, puis passez au chinois la soupe de poisson sur les pommes de terre tout en la foulant bien. Portez à ébullition.

Sur feu doux, ajoutez à la costriade le jus de moules filtré, les morceaux de lieu jaune et les filets de sole pliés en deux. Laissez cuire 30 secondes. Ajoutez les filets de rouget, les lardons rissolés et laissez cuire 1 petite minute.

Dressez la costriade dans un plat creux ou une soupière, disposez les moules dessus, décorez avec quelques pluches de cerfeuil et servez.

Astuce : Pour réaliser cette soupe de poisson typique des Côtes-d'Armor dans les règles de l'art, il est impératif d'utiliser comme base du congre et des étrilles. Pour le reste, vous pouvez choisir les poissons en fonction de l'arrivage du jour.

Jean-Marc Delacourt

Filets de marbré au parmesan,
fondue de roquette

Pour 2 personnes

2 filets de marbré (ou, à défaut, de dorade grise ou de pageot) avec la peau écaillée • 60 g de roquette • 5 cuil. à soupe d'huile d'olive • 1 cuil. à café de vinaigre balsamique • sel et poivre

Pour l'appareil à gratin :

20 g de mie de pain • 15 g de parmesan râpé • 25 g de crème fraîche épaisse • 1 jaune d'œuf • 1 cuil. à café de moutarde • 1 cuil. à soupe d'huile d'olive • 2 feuilles d'estragon concassées • poivre

Préparez l'appareil à gratin : dans un récipient, mélangez la mie de pain avec le parmesan, la crème fraîche, le jaune d'œuf et la moutarde. Incorporez ensuite l'huile d'olive, les feuilles d'estragon et du poivre.

Disposez les filets de poisson côté peau sur un plat. Salez-les légèrement et poivrez-les côté chair uniquement. Recouvrez-les d'une fine couche d'appareil à gratin (2 cuillerées à soupe par filet) à l'aide d'une spatule ou du dos d'une cuiller à soupe.

Préchauffez le four en position gril.

Faites chauffer 2 cuillerées à soupe d'huile d'olive dans une poêle, posez-y les filets côté peau et faites-les poêler sur feu doux : il faut que la chaleur monte jusqu'à la moitié de l'épaisseur des filets. Disposez ces filets sur une plaque de cuisson, enfournez sous le gril et laissez gratiner pendant 2 à 3 minutes jusqu'à avoir une coloration bien blonde.

Faites chauffer 1 cuillerée à soupe d'huile d'olive dans un poêlon. Sur feu très doux, ajoutez les feuilles de roquette lavées et essorées. Roulez-les dans l'huile à l'aide d'une spatule en bois, poivrez, comptez 30 secondes de cuisson et salez à la fin.

Disposez un lit de roquette sur un plat de service, arrosez-le d'un filet d'huile d'olive et d'1 cuillerée à café de vinaigre balsamique et poivrez. Dressez les filets de marbré sur le lit de roquette et servez aussitôt.

POISSONS

Autres poissons

Alain Dutournier

Merlu entier en court-bouillon,
vinaigrette aux herbes

Pour 4 à 6 personnes

1 merlu de 2 kg • 2 salades romaines

Pour la vinaigrette aux herbes :

3 gousses d'ail pelées et hachées • 2 citrons jaunes • 1 cuil. à café de curry • 1 cuil. à café de fleur de sel • 15 cl d'huile d'olive • 2 cuil. à soupe d'estragon concassé • 2 cuil. à soupe de cerfeuil concassé • 2 cuil. à soupe de persil plat concassé

Pour le court-bouillon :

1 poireau • 2 oignons moyens • 2 carottes moyennes • 40 cl de vinaigre de vin rouge • 1 bouquet de thym • 1 feuille de laurier • 80 g de gros sel

Préparez le court-bouillon : épluchez le poireau et lavez-le bien. Pelez les oignons et les carottes, puis émincez le tout. Versez 4 litres d'eau dans une poissonnière, ajoutez le vinaigre, le bouquet de thym, la feuille de laurier, le gros sel, le poireau, les carottes, les oignons, portez à ébullition et laissez cuire pendant 10 minutes à couvert. (Si vous n'avez pas de poissonnière, coupez la tête et la queue du merlu et préparez-le dans une grande cocotte.)

Après 10 minutes de cuisson, plongez le merlu dans le court-bouillon bouillant. Dès que l'ébullition reprend, retirez du feu, couvrez hermétiquement et laissez pocher le merlu pendant 30 minutes.

Portez de l'eau à ébullition dans une casserole, mettez les gousses d'ail hachées dans une petite passoire, plongez cette dernière dans l'eau bouillante pendant 2 à 3 secondes, rafraîchissez aussitôt l'ail dans de l'eau bien froide, puis égouttez-le.

Dans un récipient, versez le jus des citrons, ajoutez le curry, la fleur de sel et mélangez. Incorporez ensuite l'huile d'olive et ajoutez l'ail blanchi, le cerfeuil, l'estragon et le persil plat. Mélangez bien.

Fendez les salades en 4 quartiers, éliminez les feuilles flétries et lavez bien les quartiers.

Quand le merlu est poché, retirez-le de la poissonnière, enlevez délicatement la peau et dressez-le sur un plat de service. Disposez les quartiers de romaines autour, assaisonnez le tout de la vinaigrette aux herbes, servez le reste de vinaigrette en saucière et découpez le merlu devant les convives.

Thierry Maffre-Bogé

Rascasse au coulis de poivrons rouges

Pour 2 personnes

2 filets de rascasse (ou de dorade) de 300 g (avec la peau) • 250 g de poivrons rouges • 5 cl de fumet de poisson (ou de bouillon de volaille) • 5 cl de crème fraîche liquide • 15 cl d'huile d'olive • quelques brindilles de romarin • gros sel, sel fin et poivre du moulin

Fendez en quatre les poivrons rouges, épépinez-les et pelez-les à l'aide d'un économe. Portez de l'eau à ébullition dans une casserole, salez-la, puis plongez-y les morceaux de poivrons. Comptez 15 minutes de cuisson à partir de l'ébullition. Rafraîchissez-les dans de l'eau bien froide, puis égouttez-les.

Mixez les morceaux de poivrons avec le fumet de poisson. Ajoutez la crème fraîche, 10 cl d'huile d'olive, salez, poivrez et mixez de nouveau à petite vitesse.

Faites quelques incisions sur les filets de rascasse, côté peau. (Incisez très légèrement la peau uniquement, pas la chair.) Salez-les et poivrez-les sur chaque face.

Faites chauffer 1 bonne cuillerée à soupe d'huile d'olive dans une poêle. Saisissez-y les filets côté peau 30 secondes, puis retournez-les et faites-les cuire côté chair. Terminez la cuisson côté peau (comptez en tout de 8 à 10 minutes de cuisson). Débarrassez les filets sur un papier absorbant.

Nappez le fond des deux assiettes de 2 à 3 cuillerées à soupe de coulis de poivrons rouges.
Disposez dessus les filets de rascasse, ajoutez quelques brindilles de romarin et un petit filet d'huile d'olive et dégustez sans attendre.

Astuce : Accompagnez cette rascasse d'un flan de légumes, d'un caviar d'aubergines ou de riz.

POISSONS

Autres poissons

ÉRIC FRÉCHON

Raie aux coques

Pour 2 personnes

350 g de coques • 2 morceaux de raie pelés de 220 g • 250 g de petites feuilles d'épinards • 3 cuil. à soupe d'huile d'olive • 130 g de beurre froid • 2 tomates • huile de pépins de raisin • 1/2 gousse d'ail pelée et dégermée • gros sel, sel et poivre

Disposez une soucoupe retournée au fond d'un saladier, ajoutez les coques, recouvrez-les d'eau froide, ajoutez 1 pincée de gros sel et laissez dégorger au réfrigérateur pendant 2 à 3 heures. (Au contact de l'eau et du sel, les coques vont s'entrebâiller légèrement et rejeter leur sable. Grâce à la soucoupe, ce sable va tomber au fond du récipient.)
Éliminez les tiges des petites feuilles d'épinards, lavez-les à grande eau, égouttez-les et réservez-les.
Égouttez les coques dès qu'elles ont fini de dégorger. Dans une cocotte, chauffez l'huile d'olive puis ajoutez les coques.

Laissez-les s'ouvrir à couvert pendant quelques minutes puis égouttez-les en conservant le jus de cuisson et décoquillez-les.
Passez le jus de cuisson des coques au travers d'un chinois, portez-le à ébullition dans une petite casserole puis incorporez, petit à petit, à l'aide d'un fouet, 50 g de beurre froid coupé en dés. Éteignez le feu, rectifiez l'assaisonnement et réservez.
Mondez les tomates, fendez-les en deux, épépinez-les et taillez la chair en petits dés.
Salez et poivrez les morceaux de raie sur chaque face. Faites chauffer un filet d'huile de pépins de raisin dans une poêle. Mettez-y les morceaux de raie, le côté peau blanche sur le dessus, et faites-les dorer pendant 2 à 3 minutes sur chaque face. Ajoutez 30 g de beurre et laissez chauffer 2 minutes. Réservez les morceaux de raie sur une assiette et recouvrez-les d'une feuille d'aluminium pour les maintenir chauds.
Dans une sauteuse, faites fondre 50 g de beurre jusqu'à ce qu'il prenne une couleur noisette. Frottez le fond de la sauteuse avec la 1/2 gousse d'ail piquée sur le côté bombé d'une fourchette, ajoutez les feuilles d'épinards, salez légèrement, poivrez et laissez cuire pendant 2 minutes. Réservez au chaud sur feu éteint.
Réchauffez doucement la sauce au beurre, ajoutez les dés de tomates et les coques, mélangez délicatement et laissez juste chauffer.
Dans un plat de service creux et chaud, dressez un lit d'épinards, disposez dessus les morceaux de raie et versez tout autour un cordon de la sauce au beurre, coques et tomates.
Servez aussitôt.

RÉGIS MAHÉ

Mouclade de lieu jaune au curry

Pour 2 personnes

600 g de moules bien lavées • 2 morceaux de lieu jaune de 180 g dans le filet (avec la peau) • 1 oignon moyen • 1 gousse d'ail • 50 g de beurre • 1 brindille de thym • 1 verre de vin blanc sec • 10 cl de crème fraîche liquide • 1 cuil. à café de curcuma • 1 petite cuil. à café de curry en poudre • huile d'olive • 1 petite cuil. à soupe de persil plat concassé • sel fin et poivre du moulin

Pelez, puis hachez finement l'oignon. Pelez la gousse d'ail, fendez-la en deux dans le sens de la longueur et dégermez-la.
Faites fondre 20 g de beurre dans un large poêlon, faites-y suer l'oignon et l'ail avec le thym. Ajoutez les moules, mélangez à l'aide d'une spatule en bois, mouillez avec le vin blanc sec et couvrez.
Dès que les moules sont cuites, retirez-les du poêlon à l'aide d'une écumoire, récupérez le jus de cuisson (10 cl environ) et filtrez-le.
Décortiquez les deux tiers des moules et conservez les autres dans leur coquille.

Versez le jus des moules dans une petite casserole, portez-le à ébullition, puis incorporez la crème fraîche liquide, ajoutez le curcuma et le curry en poudre, mélangez bien à l'aide d'un fouet, portez à frémissements et laissez réduire jusqu'à obtenir une sauce onctueuse et veloutée.
Coupez en quatre les 2 morceaux de lieu jaune. Salez-les sur chaque face et arrosez-les d'un filet d'huile d'olive.
Saisissez-les dans une poêle chaude, d'abord côté peau, puis terminez la cuisson sur les autres faces à feu plus doux. Débarrassez-les sur un papier absorbant.
Incorporez sur feu doux, petit à petit, dans la crème au curry, à l'aide d'un fouet, le reste de beurre bien froid coupé en petits morceaux. Rectifiez l'assaisonnement si nécessaire. Ajoutez les moules, mélangez, réchauffez-les juste.
Dressez les morceaux de lieu jaune dans un plat de service creux.
Nappez-les de la sauce au curry et des moules, parsemez de 2 ou 3 pincées de persil plat concassé, et dégustez sans attendre.
Décorez de moules dans leur coquille.

Michel De Matteis

Nage de colinot aux pois chiches

Pour 2 personnes

1 petit colinot coupé en 4 darnes épaisses • 150 g de pois chiches • 2 oignons • 1 clou de girofle • 1 carotte • 1 bouquet garni • 1 poireau • 1 tomate • 1/2 poivron vert • 2 gousses d'ail • 2 cuil. à soupe d'huile d'olive • 4 tranches de pain baguette • 10 g de tapenade • 4 petits brins de cerfeuil • sel et poivre

Faites tremper les pois chiches dans de l'eau froide pendant 12 heures.

Pelez 1 oignon et piquez-le du clou de girofle. Pelez la carotte. Égouttez les pois chiches, mettez-les dans une casserole, couvrez-les d'eau froide, salez, poivrez, ajoutez la garniture aromatique (le bouquet garni, l'oignon piqué du clou de girofle et la carotte) et faites-les cuire à ébullition pendant 30 minutes. Égouttez-les et conservez le jus de cuisson.

Épluchez, lavez et émincez finement le poireau.

Pelez et émincez la moitié du deuxième oignon. Mondez la tomate, coupez-la en deux, épépinez-la et coupez la pulpe en dés. Pelez à l'aide d'un économe la moitié du poivron vert et coupez-le en petits dés. Pelez et hachez 1 gousse d'ail.

Préchauffez le four en position gril.

Faites chauffer 1 bonne cuillerée à soupe d'huile d'olive dans un poêlon. Faites-y suer le poireau et l'oignon sur feu doux pendant 1 minute.

Ajoutez les pois chiches égouttés, mélangez à l'aide d'une spatule en bois en les enrobant bien de matière grasse et faites-les suer pendant 30 secondes. Versez ensuite 50 cl du jus de cuisson des pois chiches, portez à ébullition pendant 2 minutes et rectifiez l'assaisonnement.

Ajoutez les dés de tomate et de poivron et la gousse d'ail hachée, mélangez et portez à frémissements pendant 5 minutes.

Toastez les tranches de pain de chaque côté dans le four sans trop les colorer. Frottez-les avec la gousse d'ail restante sur les deux faces, puis tartinez-les d'une fine couche de tapenade.

Salez et poivrez les darnes de colinot sur chaque face. Chauffez 1 bonne cuillerée à soupe d'huile d'olive dans une poêle. Poêlez-y les darnes pendant 3 minutes de chaque côté et 1 petite minute sur le flanc. Après avoir retourné les darnes, arrosez-les régulièrement du gras de cuisson.

Dressez les croûtons de tapenade sur un plat de service. Posez sur chacun une darne de colinot, ajoutez autour la moitié de la garniture de pois chiches, en évitant le jus. Mixez le reste avec son jus de cuisson.

Nappez la garniture de pois chiches du coulis obtenu, décorez des 4 petits brins de cerfeuil et dégustez sans attendre.

Présentation des chefs

Jean Albrecht

Au Vieux Couvent
6, rue des Chanoines
67860 Rhinau
Tél. : 03 88 74 61 15

Jean Albrecht, chef alsacien venu du petit village de Rhinau dans le Bas-Rhin, a hérité de son père la passion des herbes sauvages, et de sa femme italienne un goût pour les spécialités transalpines. C'est en appliquant cette double influence, mêlée à son goût pour les plats du terroir, qu'il a obtenu une étoile au *Guide Michelin* dans son auberge. Il est aujourd'hui entouré de ses fils, Alexis et Cyril, qui poursuivent avec lui cette quête du bon goût et des compositions de l'instant.

Frédéric Anton

Le Pré Catelan
Bois de Boulogne
Route de Suresnes
75016 Paris
Tél. : 01 44 14 41 14

Originaire de Contrexéville, Frédéric Anton a appris son métier en travaillant auprès de grands chefs ; après avoir cuisiné sept ans aux côtés de Joël Robuchon, il est depuis 1997 le chef du Pré Catelan, un pavillon de la Belle Époque, merveilleusement situé dans le bois de Boulogne. C'est un cuisinier remarquable et remarqué, puisqu'en 1999 il a reçu la deuxième étoile au *Guide Michelin*, et en 2000 il a été consacré « Grand de demain » par *Gault-et-Millau* et surtout Meilleur Ouvrier de France.

Ghislaine Arabian

Ghislaine Arabian est une chef flamande de charme. Autodidacte en cuisine, Ghislaine a obtenu dans son premier restaurant à Lille, en 1983, deux étoiles au *Guide Michelin*. Quelques années plus tard, elle fit briller à Paris le célèbre restaurant Ledoyen, avec également deux étoiles. Puis elle s'est installée, toujours à Paris, dans un restaurant qui portait son nom.

Josy Bandecchi

Josy-Jo
4, place Planastel
06800 Cagnes-sur-Mer
Tél. : 04 93 20 68 76

Josy Bandecchi a créé, il y a une trentaine d'années, un restaurant pas comme les autres, sur les Hauts de Cagnes-sur-Mer. Les passionnés de la cuisine provençale restent sous le charme des plats mijotés par Josy. Généreuse et sincère, sa cuisine brille par une étoile au *Guide Michelin*.

Pascal Barbot

L'Astrance
4, rue Beethoven
75016 Paris
Tél. : 01 40 50 84 40

Pascal Barbot, l'un des chefs les plus talentueux de la jeune génération des cuisiniers, est installé à Paris à L'Astrance, où il a obtenu presque immédiatement sa première étoile au *Guide Michelin*. Il a passé cinq années déterminantes auprès d'Alain Passard à L'Arpège, puis après une parenthèse en Australie, est revenu en France et s'est associé avec Christophe Rochat pour créer L'Astrance où il réalise une cuisine créative, toute en finesse et en justesse.

Olivier Bellin

Auberge des Glaziks
7, rue de la Plage
29550 Plomodiern
Tél. : 02 98 81 52 32

Après l'École hôtelière et un petit tour de France, ce jeune chef breton a pris la succession de sa mère aux fourneaux de l'auberge familiale créée par sa grand-mère. Sa cuisine inventive et toute personnelle lui a valu d'être couronné « Meilleur jeune chef breton » et « Grand espoir de Bretagne ».

Georges Blanc

Georges Blanc
Place du Marché
01540 Vonnas
Tél. : 04 74 50 90 90

Héritier d'un des noms les plus prestigieux de la gastronomie française, Georges Blanc a su réactualiser et dynamiser la cuisine traditionnelle de sa Bresse natale. Petit-fils de la célèbre Mère Blanc, il a su faire fructifier son héritage en transformant la modeste auberge de campagne, à Vonnas, en l'une des plus grandes tables françaises. Depuis qu'il a décroché sa troisième étoile au *Guide Michelin*, en 1981, Georges Blanc poursuit son ascension, avec toujours autant de passion.

Paul Bocuse & Roger Jaloux

Paul Bocuse
50, quai de la Plage
69660 Collonges-au-Mont-d'Or
Tél. : 04 72 42 90 90

Ces deux inséparables Lyonnais, le grand Paul Bocuse et Roger Jaloux, son fidèle lieutenant depuis près de quatre décennies, sont mes amis. Tous deux sont fils de restaurateurs, et ils sont nés à Collonges-au-Mont-d'Or, sur les hauteurs de Lyon. Paul a repris la célèbre auberge familiale en 1959, couronnée par trois étoiles au *Guide Michelin* depuis 1965, devenant ainsi une véritable institution. Roger a rejoint Paul Bocuse alors qu'il n'avait que quatorze ans, et il a gravi tous les échelons pour devenir son chef exécutif en 1976. Depuis, ils travaillent en étroite collaboration pour cette grande table vraiment unique au monde.

Éric Bouchenoire

L'Atelier de Joël Robuchon
5-7, rue de Montalembert
75007 Paris
Tél. : 01 42 84 70 11

Fidèle collaborateur de Joël Robuchon depuis 1986, Éric Bouchenoire a été, de 1992 à 1996, chef de cuisine du Jamin à Paris, restaurant classé trois étoiles par le *Guide Michelin*. Il est devenu Meilleur Ouvrier de France en 2000. Depuis l'ouverture de L'Atelier de Joël Robuchon, il en est le directeur et chef de cuisine.

Philippe Braun

L'Atelier de Joël Robuchon
5-7, rue de Montalembert
75007 Paris
Tél. : 01 42 84 70 11

Philippe Braun est diecteur, chef de cuisine à L'Atelier de Joël Robuchon à Paris. Il a été précédemment chef au Laurent, dans les jardins des Champs-Élysées. Philippe Braun y est arrivé en 1991, après être passé de l'École hôtelière de Nice au Nikko de Mexico (de 1987 à 1991), en passant par La Rôtisserie de Chambertin, Le Connaught à Londres, Jamin à Paris et, bien sûr, Le Crocodile à Strasbourg chez son oncle Émile Jung. Sa cuisine, d'inspiration bourgeoise, repose sur une tradition qu'il affine avec fraîcheur et légèreté.

Michel Bruneau

La Bourride
15-17, rue du Vaugueux
14000 Caen
Tél. : 02 31 93 50 76

Michel Bruneau, chef d'origine normande, est un original qui a fait ses premiers pas en cuisine aux côtés de sa marraine, Mamie Prudhomme, qui lui a donné le goût des bonnes choses. En vingt ans, il a gagné la reconnaissance des gastronomes et des critiques. Son restaurant est d'ailleurs gratifié de deux étoiles au *Guide Michelin*. La Bourride, située aux pieds des remparts dans le vieux Caen, est une ancienne auberge à colombages, un petit coin de paradis normand très élégant et « cosy ».

Joël Césari

Les Templiers
35, Grande-Rue
39100 Dôle
Tél. : 03 84 82 78 78

Joël Césari est le chef du restaurant Les Templiers, à Dôle, dans le Jura. Il a eu la révélation de la cuisine à l'adolescence, après un stage chez André Jeunet à Arbois, suivi d'un apprentissage et de solides expériences, tant à Paris qu'en province. Depuis 1988, il réalise une cuisine de goût, héritée de ses origines mi-corses, mi-lorraines.

Jean-André Charial

L'Oustau de Baumanière
Le Val d'Enfer
13520 Les Baux-de-Provence
Tél. : 04 90 54 33 07

Jean-André Charial est le chef de L'Oustau de Baumanière, l'une des meilleures tables de Provence, située au pied des Alpilles, dans la merveilleuse vallée des Baux. Diplômé d'HEC, Jean-André est arrivé à la cuisine pour prendre la succession de son grand-père, Raymond Thuilier, qui a fondé cette institution renommée dans le monde entier et aujourd'hui distinguée par deux étoiles au *Guide Michelin*.

Philippe Conticini

Pétrossian
18, bd de la
Tour-Maubourg
75007 Paris
Tél. : 01 44 11 32 32

Philippe Conticini est un chef très inspiré, que je considère comme le plus doué en pâtisserie. Sensible et passionné, il joue avec le sucré et avec le salé, et saisit les touches de couleur, les textures sur la palette des saveurs, pour composer de véritables tableaux. Ainsi, il jongle avec les goûts dans une totale liberté, et réalise avec les fruits de saison, le sucre ou le sel, des plats d'une légèreté éphémère qui restent inoubliables.

Jean Coussau

Relais de la Poste
26, avenue de Maremne
40140 Magescq
Tél. : 05 58 47 70 25

Jean Coussau est un pur Landais, qui règne tel un maestro sur le piano de l'auberge familiale, couronnée par deux étoiles au *Guide Michelin*. Dans cet ancien relais de poste, situé en plein cœur du petit village de Magescq, sous les pins et à deux pas de l'Océan, Jean réalise une cuisine inspirée du terroir, délicate et généreuse. Avec la complicité de son frère Jacques, qui veille sur la cave et sur la salle, il nous invite à partager une vraie fête gourmande telle qu'on la vit dans le Sud-Ouest.

Christophe Cussac

La Réserve de Beaulieu
5, bd du Maréchal-Leclerc
06310 Beaulieu-sur-Mer
Tél. : 04 93 01 00 01

Christophe Cussac a fait ses débuts à mes côtés et, pendant plus de sept ans, il a été l'un de mes meilleurs cuisiniers. Puis il a pris la direction, pendant dix ans, du restaurant familial, L'Abbaye Saint-Michel, à Tonnerre, où il a obtenu deux étoiles au *Guide Michelin*. Depuis quelques années, il est le chef du prestigieux restaurant La Réserve de Beaulieu, sur la Côte d'Azur, couronné par deux étoiles au *Guide Michelin*.

Hélène Darroze

Hélène Darroze
4, rue d'Assas
75006 Paris
Tél. : 01 42 22 00 11

Hélène Darroze est l'une des plus charmantes de nos jeunes femmes chefs. Abandonnant ses très chères Landes, où elle a débuté aux côtés de son père, Hélène est venue s'installer à Paris, en s'exposant à un courageux challenge. Pari gagné, dans son élégant restaurant parisien auréolé de deux étoiles au *Guide Michelin*, où elle magnifie les bons produits du terroir landais dans un registre moderne et personnel.

Jean-Marc Delacourt

Château de la Chèvre d'Or
Rue de Barri
06360 Èze-Village
Tél. : 04 92 10 66 66

Jean-Marc Delacourt est le chef du restaurant de La Chèvre d'Or, perché à Èze-Village, sur la Côte d'Azur. Il a donné une nouvelle vitalité à ce restaurant, couronné par deux étoiles au *Guide Michelin*, en en faisant l'une des meilleures tables de la Riviera. Après ses passages dans les grandes cuisines à Paris, du Crillon, du Ritz, chez Ledoyen, puis au Domaine de Divonne, il trouve à Èze sa juste mesure en faisant chanter sa cuisine à travers les meilleurs produits relevés de touches provençales.

Patrice Demangel

Le Relais Miramar
13, rue Louison-Bobet
64200 Biarritz
Tél. : 05 59 41 30 00

Sans renier ses origines vosgiennes, Patrice Demangel, le chef du Miramar à Biarritz, s'est réellement fondu dans le Pays basque, où il est arrivé il y a plus de dix ans. Ici, il réussit une cuisine subtile, qui marie les meilleurs produits du pays, en réalisant des plats d'une époustouflante légèreté.

Françoise Dépée

Dominique
19, rue Bréa
75006 Paris
Tél. : 01 43 27 08 80

Françoise Dépée a suivi un parcours professionnel très original : avant d'arriver aux fourneaux avec deux brillants CAP de cuisine et de pâtisserie en main, elle a été diplômée en droit, styliste de mode et mannequin. Chez ses beaux-parents, elle a démarré en cuisine à L'Auberge des Templiers, aux Bézards. Par passion, elle a repris en 1994 le célèbre restaurant russe Dominique, à Paris. Elle y réalise une cuisine très personnelle d'inspiration géorgienne, qu'elle puise dans ses origines slaves et dans les saveurs de la Grande Russie.

Alain Dutournier

Carré des Feuillants
14, rue de Castiglione
75001 Paris
Tél. : 01 42 86 82 82

Alain Dutournier est un authentique Gascon qui règne sur le Carré des Feuillants, à Paris, en faisant rouler l'accent du Sud-Ouest à côté de la place Vendôme. Doublement étoilé par le *Guide Michelin*, Alain réinvente jour après jour la cuisine de son terroir avec les meilleurs produits, qu'il réunit dans de subtils mariages associant légèreté, simplicité, sagesse et justesse. Chaque plat est le clin d'œil d'un passionné gourmand qui aime faire partager son amour du « bien-manger », sans oublier les vins qu'il choisit avec tout autant de passion.

Sonia Ezgulian

Oxalis
23, rue de l'Arbre-Sec
69001 Lyon
Tél. : 04 72 07 95 94

Sonia Ezgulian est née à Lyon. Venue à Paris pour faire un stage à *Paris-Match*, elle s'est retrouvée pendant dix ans à traiter des sujets pratiques, de société et d'art de vivre. C'est au cours de ses reportages qu'elle a découvert sa passion pour la cuisine. Revenue à Lyon, elle a suivi un stage à La Villa Florentine, où elle a occupé tous les postes de cuisine, du commis au chef de partie. Puis elle a ouvert L'Oxalis dans le vieux Lyon, où elle réalise des plats parfumés, légers, inspirés et colorés en souvenir de ses origines arméniennes.

Pascal Fayet

Sormani
4, rue du Général-Lanrezac
75017 Paris
Tél. : 01 43 80 13 91

Pascal Fayet est le chef du Sormani, restaurant italien à Paris. Bien que son nom ne sonne pas italien, Pascal a le cœur transalpin grâce à sa grand-mère florentine, Luisa Sormani, qui lui a donné le goût de cette cuisine spontanée et ensoleillée, et qui lui a aussi transmis l'amour de la « pasta ». Plus tard, sa mère Louisette, dans son Café de la Gare, en Seine-et-Marne, lui a montré le chemin de la cuisine, puis Paul Chêne lui a donné sa chance en l'installant aux fourneaux. Pascal a créé son restaurant en 1985 et a obtenu deux années plus tard une étoile au *Guide Michelin*.

Éric Fréchon

Le Bristol
112, rue du Faubourg-Saint-Honoré
75008 Paris
Tél. : 01 53 43 43 40

Éric Fréchon est un jeune « grand » chef parisien. Natif de la Somme, il a vécu toute sa jeunesse en Normandie. Reçu Meilleur Ouvrier de France en 1993, Éric a appris son métier dans des établissements prestigieux : La Grande Cascade, puis Le Bristol, Le Taillevent, La Tour d'Argent et enfin le Crillon où il est resté sept ans auprès de Christian Constant avant d'ouvrir son restaurant près des Buttes-Chaumont. Il est aux commandes des cuisines du Bristol, palace voisin de l'Élysée et couronné de deux étoiles au *Guide Michelin*.

Gérard Garrigues

Le Pastel
237, route de Saint-Simon
31100 Toulouse
Tél. : 05 62 87 84 30

Gérard Garrigues est un chef de caractère, qui a créé son restaurant, Le Pastel, dans les faubourgs de Toulouse, distingué depuis par une étoile au *Guide Michelin*. Gérard a découvert le plaisir de la cuisine dans son village natal, à la frontière du Rouergue, où ses parents réunissaient de grandes tablées autour de plats généreux. Après l'École hôtelière et un tour de France, il est resté une dizaine d'années à Paris, au côté d'Alain Dutournier, avant de revenir dans sa région.

Philippe Gauvreau

La Rotonde
200, avenue du Casino
69890 La Tour-de-Salvagny
Tél. : 04 78 87 29 87

Ce cuisinier enthousiaste et rigoureux a suivi un parcours professionnel parfait. Après des débuts à La Vieille Maison à Chartres, puis au Grand Véfour à Paris, il est parti pour la Côte d'Azur, où il a découvert la cuisine méditerranéenne. Après un bref retour à Paris avec Jacques Maximin pour Ledoyen et Le Richemond-Trémoille, en 1992, il s'est lancé dans l'aventure de La Rotonde, près de Lyon. Deux ans après son arrivée, il décrocha sa première étoile au *Michelin.* Philippe Gauvreau participe aussi aux grands concours culinaires internationaux : il a remporté en 1997 le prix Paul-Louis-Meissonnier et le prix Taittinger. En 2000, le *Michelin* lui décerna une deuxième étoile, consacrant ainsi de nouveau la qualité de sa cuisine.

André Gaüzère

Campagne et Gourmandise
52, avenue Alan-Seeger
64200 Biarritz
Tél. : 05 59 41 10 11

André Gaüzère, d'origine landaise, est installé à Biarritz dans une ancienne ferme avec vue sur les Pyrénées. André a multiplié les expériences et peaufiné son savoir culinaire entre Megève, Arcachon, Bordeaux et Paris, notamment chez Bofinger et au Crillon. En 1981, Louison Bobet l'a appelé pour ouvrir Le Miramar à Biarritz. Là, il a créé une cuisine allégée toute nouvelle à l'époque, et rapidement couronnée par une étoile au *Guide Michelin.* C'est en 1996 qu'il a ouvert son restaurant, où il propose des plats qui chantent les produits de la région.

Anne-Marie de Gennes

Le Boudin Sauvage
6, rue de Versailles
91400 Orsay
Tél. : 01 69 28 42 93

Anne-Marie de Gennes, l'épouse du célèbre prix Nobel, est une femme chef extraordinaire, car elle a eu cette idée courageuse et originale de transformer sa maison de famille, située à Orsay, en une maison de cuisine qu'elle a baptisée Le Boudin

Sauvage. Depuis une vingtaine d'années, elle réalise, dans une atmosphère familiale et conviviale, des plats dignes d'un grand chef. Autodidacte et passionnée, Anne-Marie cuisine dans un esprit très personnel inspiré de ses voyages autour du monde.

Patricia Gomez

Auberge Saint-Paul
7, Place de l'Église
66500 Villefranche-de-Conflent
Tél. : 04 68 96 30 95

Patricia Gomez est une autodidacte qui a découvert la profession de cuisinier en 1973 lors de son mariage avec Charles Gomez, fils des anciens propriétaires de l'Auberge Saint-Paul, située dans la cité fortifiée de Villefranche-de-Conflent. C'est aux côtés de sa belle-mère qu'elle s'est initiée à la cuisine. En 1990, Patricia et Charles ont décidé de changer de cap… et, d'une cuisine bourgeoise, de s'orienter vers la gastronomie. Leur ténacité est récompensée puisque la carte de l'Auberge Saint-Paul attire de nombreux clients fidèles.

Gilles Goujon

Auberge du Vieux Puits
Avenue de Ripaud
11360 Fontjoncouse
Tél. : 04 68 44 07 37

Gilles Goujon est un homme heureux. Jeune chef Meilleur Ouvrier de France, Gilles vient de Fontjoncouse, petit village des Corbières, où il tient la charmante Auberge du Vieux Puits, couronnée de deux étoiles au *Guide Michelin*. Gilles règne sur cette table en totale harmonie avec cette région des Corbières qu'il a totalement adoptée.

Jacques Guillo

Auberge Grand'Maison
1, rue Léon-le-Cerf
22530 Mur-de-Bretagne
Tel. : 02 96 28 51 10

Jacques Guillo est un Breton né à Pontivy, dans le Morbihan. Après l'École hôtelière, il s'est fixé dans les Côtes-d'Armor, à Mur-de-Bretagne, où il a pris possesion de l'Auberge Grand'Maison, qui n'était alors qu'une simple pension de famille et qu'il a transformée avec son épouse Brigitte en une auberge chaleureuse. Sa cuisine mêle avec esprit et simplicité des produits de la mer et de la terre. Elle est d'ailleurs reconnue par une étoile au *Guide Michelin*.

Guy Guilloux

La Taupinière
Croissant Saint-André
Route de Concarneau
29930 Pont-Aven
Tél. : 02 98 06 03 12

Breton, natif de Ploerdut dans le Morbihan, Guy Guilloux fait figure d'autodidacte dans la profession, car à 21 ans, doté d'un BTS technico-commercial et de dessin industriel, il s'est retrouvé, le temps des vacances, dans les cuisines de M. Blain, ancien propriétaire de La Taupinière à Pont-Aven. C'est là qu'il a rencontré Pierrette, qui allait devenir son épouse. Depuis, il n'a plus quitté cette bonne table, puisqu'après un temps d'initiation, il a repris les rênes de La Taupinière en 1981. Ce restaurant, voué essentiellement aux produits de la pêche, a obtenu, en 1981, une étoile au *Guide Michelin.*

Marc Haeberlin

Auberge de l'Ill
3, rue de Collonges
68970 Illhaeusern
Tél. : 03 89 71 89 00

Marc Haeberlin est l'héritier d'une famille de cuisiniers alsaciens où, de génération en génération, une même passion pour la tradition gastronomique s'est transmise. Dès 1976, Jean-Pierre et Paul Haeberlin, oncle et père de Marc, décrochent la troisième étoile dans le *Guide Michelin* pour leur Auberge de l'Ill, à Illhaeusern en Alsace. C'est après avoir été l'élève de Troigros, Lasserre et Bocuse que Marc rejoindra son père et son oncle à l'Auberge en 1976. Une auberge qui ressemble à un petit paradis et où vous serez accueillis très chaleureusement par sa sœur et son oncle.

Philippe Hardy

Le Mascaret
16, rue de Sienne
50200 Heugueville-sur-Sienne
Tél. : 02 33 45 86 09

Philippe Hardy est le chef du Mascaret à Heugueville-sur-Sienne. C'est en 1995 que Philippe est revenu au pays après l'École hôtelière de Douvres, un apprentissage en pâtisserie et des expériences dans les cuisines de Lyon, de Suisse et du Luxembourg. Il a transformé en restaurant un ancien presbytère avec sa femme Nadia, rencontrée lorsqu'il était le chef de l'ambassade de France à Sofia. Ensemble, ils ont innové en donnant un nouvel élan à la cuisine normande mariée à la cuisine bulgare.

Daniel Lagrange

Hôtel du Mont-Aigoual
34, quai de la Barrière
48150 Meyrueis
Tél. : 04 66 45 65 61

Daniel Lagrange a beaucoup bourlingué avant d'arriver dans l'hôtel-restaurant du Mont-Aigoual à Meyrueis, pittoresque village cévenol : dès l'âge de quinze ans, ce Poitevin d'origine embarqua sur plusieurs bateaux de la compagnie des Messageries Maritimes, où il occupa tous les postes au sein des fameuses « brigades » qui font la renommée gastronomique de ces paquebots de rêve. Après avoir sillonné les mers chaudes du globe, il regagna la terre ferme en 1970... En 1986, il finit par se poser en Lozère pour prendre la direction de l'hôtel-restaurant du Mont-Aigoual, créé par l'arrière-grand-mère de son épouse.

Jacques Le Divellec

Le Divellec
107 rue de l'Université
75007 Paris
Tél. : 01 45 51 91 96

Jacques Le Divellec est un authentique cuisinier de la mer. On pourrait même dire qu'il est un vieux loup de mer de la cuisine car il connaît parfaitement les produits de l'Océan depuis 1958. Après une longue escale à Paris, il est retourné en Charente-Maritime, où il a acheté, sur le port de La Rochelle, un petit hôtel et son bistrot attenant, Le Yatchman, qui, dès 1962, recevait une étoile au *Michelin*, puis une seconde en 1978. Depuis 1983, il est installé sur l'esplanade des Invalides, dans l'ancien établissement L'Ambassade, totalement transformé en un superbe restaurant qui porte son nom. Mais son port d'attache étant La Rochelle, depuis mai 2000, il essaie de relancer Le Yatchman, tout en conservant Le Divellec à Paris.

Jean-Marc Le Guennec

La Belle Porte
49 rue du Faubourg-de-Sommecourt
02370 Vailly-sur-Aisne
Tél. : 03 23 54 67 45

Jean-Marc Le Guennec, Breton originaire du Morbihan, s'est installé à Vailly-sur-Aisne pour réaliser une expérience hors du commun, en aidant des handicapés à travailler en cuisine à ses côtés. Auparavant, Jean-Marc a fait son apprentissage au Sofitel de Quiberon, puis a exercé à Pontchartrain et à l'hôtel Nikko à Paris, avant de faire partie de mon équipe lors de l'ouverture du restaurant Jamin. Ses autres expériences l'ont conduit à l'Abbaye Saint-Michel, sous la direction de Christophe Cussac, au Manoir de Paris, puis au Président à Saint-Quentin, avant de créer La Belle Porte.

Bernard Leprince

Après avoir été le chef du célèbre restaurant parisien Prunier, Bernard Leprince est aujourd'hui chef des chefs dans le groupe Frères Blanc, qui exploite les restaurants Clément à Paris. Bernard Leprince a été désigné Meilleur Ouvrier de France en 1997, après avoir sillonné la Basse-Normandie, l'Afrique du Nord et son Cotentin natal.

Jean-Michel Lorain

La Côte Saint-Jacques
14, faubourg de Paris
89300 Joigny
Tél. : 03 86 62 09 70

Jean-Michel Lorain est le digne héritier de cette institution bourguignonne qu'est La Côte Saint-Jacques à Joigny. À 27 ans, il a été le plus jeune chef à être triplement étoilé par le *Guide Michelin*. Il a succédé à son père Michel, qui lui-même avait pris la succession de sa mère Marie. Ils ont transformé, au fil des années, la modeste pension de famille en l'une des plus belles tables françaises.

Gérard Lorenzoni-Salini

L'Arbousier
20166 Porticcio
Tél. : 04 95 25 05 55

Gérard Lorenzoni arrive de l'île de Beauté. Il a travaillé dans les meilleurs palaces de la Côte d'Azur. Aujourd'hui, faisant suite à sa grand-mère – qui tenait une modeste auberge dans le village de Porticcio – et à sa mère, il a créé son restaurant, L'Arbousier, véritable coin de paradis caché dans la verdure et perché sur les rochers qui dominent le golfe d'Ajaccio.

Pierre-Yves Lorgeoux

Les Célestins
111, bd des États-Unis
03200 Vichy
Tél. : 04 70 30 82 00

D'origine bretonne, Pierre-Yves Lorgeoux souhaitait trouver un métier qui lui permette d'allier ses deux passions, la terre et la mer ; il s'est tout naturellement orienté vers celui de cuisinier. Après avoir exercé plusieurs années en Bretagne, puis à Paris, il est depuis mai 1995 chef de l'hôtel des Célestins à Vichy. Et c'est dans les deux restaurants de cet établissement que Pierre-Yves aime mettre en valeur les produits du terroir. Une action récompensée par la région de l'Allier qui, en 1999, lui a remis la croix de chevalier du Mérite agricole.

Thierry Maffre-Bogé

La Petite France
Le Paradou
55, avenue
de la Vallée-des-Baux
13520 Maussane-
es-Alpilles
Tél : 04 90 54 41 91

Thierry Maffre-Bogé est le chef du restaurant La Petite France à Maussane-les-Alpilles, couronné par une étoile au *Guide Michelin*. Provençal d'adoption, Thierry s'est orienté très jeune vers la cuisine du Sud. Après l'École hôtelière d'Avignon, il n'a cessé de multiplier ses expériences auprès de grands chefs, tels Raymond Thuillier, Jacques Picard et Francis García, Roland Mazère et Pierre Gagnaire.

Régis Mahé

Régis Mahé
24, place de la Gare
56000 Vannes
Tél. : 02 97 42 61 41

Régis Mahé est un chef breton originaire de la Grande Brière. Il est revenu au pays en 1987 et a pris la direction des cuisines du Richmond à Vannes, où il a obtenu, un an après, une étoile au *Guide Michelin*. Ses précédentes expériences l'ont conduit dans les cuisines des palaces, notamment au Negresco à Nice, avant de se retrouver chef au Bourdonnais, à Paris. Passionné par les produits de la mer et les légumes, il réalise des plats de saison aux saveurs franches, relevées de quelques épices bien choisies.

Fabrice Maillot

Le Petit Comptoir
17, rue de Mars
51100 Reims
Tél. : 03 26 40 58 58

Fabrice Maillot, un Franc-Comtois né en Suisse, est installé à Reims, au Petit Comptoir. Après l'École hôtelière de Strasbourg, Fabrice a fait ses premières armes à Nancy, puis à Reims et à Courchevel. Il a participé à mes côtés à l'ouverture du restaurant Jamin, à Paris, dans les années 1980, et après une parenthèse en Espagne, il est revenu à Reims. Dans son Petit Comptoir, il aime marier plats « canailles » et plats gastronomiques.

Xavier Mathieu

Hostellerie Le Phébus
Route de Murs
84220 Joucas-Gordes
Tél. : 04 90 05 78 83

Xavier Mathieu est un jeune chef d'origine marseillaise qui a créé avec sa famille l'Hostellerie Le Phébus, à Joucas en Provence. Xavier s'est dirigé vers la cuisine grâce à son arrière-grand-mère, cuisinière de métier, qui lui a fait découvrir très tôt les bons plats provençaux. Puis Roger Vergé, au Moulin de Mougins, lui a appris l'amour de la cuisine. Après des stages auprès de Gérard Vié, à mes côtés et à l'étranger, Xavier a pris toute sa mesure, pour obtenir en 2001 sa première étoile au *Guide Michelin*. Ce passionné curieux arpente les marchés de Provence à la recherche des produits qui lui inspirent sa cuisine ensoleillée.

Michel De Matteis

La Coupole
1, avenue Princesse-Grace
98000 Monaco
Tél. : 00 377 92 16 65 65

Michel De Matteis – aujourd'hui chef de La Coupole à l'hôtel Mirabeau à Monaco – a découvert les plaisirs culinaires grâce à sa mère italienne. Il est devenu Meilleur Ouvrier de France en 1990 et a multiplié ensuite les expériences tant à Paris qu'en province, dans les cuisines du Royal Monceau, de Taillevent, de La Tour d'Argent ou du château de Divonne. À Monaco, il s'est rapproché de ses racines italiennes et il compose une cuisine méditerranéenne rythmée par les saisons.

Marc Meneau

L'Espérance
89450 Saint-Père-sous-Vézelay
Tél. : 03 86 33 39 10

Marc Meneau est un chef cuisinier peu ordinaire, une sorte de cascadeur éclairé de la cuisine qui jongle en permanence avec les produits et les saveurs, les mariant souvent avec audace et finesse. C'est un vrai Bourguignon, puisque la famille Meneau vit à Saint-Père-sous-Vézelay depuis cinq siècles. C'est en 1970 qu'il a hérité du café-épicerie du village tenu par sa mère et l'a transformé en un restaurant simple. Puis en 1975, il s'est installé dans une demeure bourgeoise qu'il a baptisée L'Espérance, où il propose une cuisine plus élaborée. Dès 1971, il a obtenu une première étoile au *Michelin*, suivie d'une seconde en 1974.

Marc Meurin

Le Meurin
15, place de la République
62400 Béthune
Tél. : 03 21 68 88 88

Marc Meurin, originaire de la région de Béthune, est un vrai gars du Nord. C'est précisément au cœur de cette ville qu'il a créé son restaurant. Marc est un jeune chef talentueux, qui a été consacré par deux étoiles au *Michelin*. Rigoureux et précis, il ne cède à aucune concession et, s'il ajoute un grain de fantaisie à sa cuisine, c'est pour mieux servir le bon goût.

Christophe Moisand

Le Céladon
Hôtel Westminster
15, rue Daunou
75002 Paris
Tél. : 01 47 03 40 42

Christophe Moisand est le jeune chef du Céladon à Paris. Dès l'âge de sept ans, il se passionnait pour la cuisine, alors que toute sa famille évoluait dans la musique classique, et il décida de faire l'École hôtelière de Rouen. À 18 ans, il est arrivé au Sofitel de la porte de Sèvres, puis a rejoint l'hôtel Meurice comme second de cuisine pendant huit ans avant d'être chef au Céladon en 1999 avec une étoile au *Guide Michelin*. Entre-temps, il a gagné plusieurs concours prestigieux : Meissonnier, Prosper Montagné, Coq Saint-Honoré. Il aime mettre en scène les poissons, les légumes et les épices, dans des préparations inventives et légères.

Jeanne Moréni-Garron

Les Échevins
44, rue Sainte
13001 Marseille
Tél. : 04 96 11 03 11

Jeanne Moréni-Garron est une femme chef de la célèbre cuisine lyonnaise. Elle exprime la même générosité dans les plats servis dans son restaurant, Les Échevins à Marseille. Autodidacte et passionnée, Jeanne a su marier intimement ses origines du Sud, de l'Ouest et du Sud-Ouest.

Bruno Oger

Villa des Lys
Hôtel Majestic Barrière
14, bd de la Croisette
06400 Cannes
Tél. : 04 92 98 77 41

Bruno Oger est un jeune chef passionné, bourré de talent. Ce Lorientais a gravi très vite les marches du succès. Après des études au lycée hôtelier de Dinard, il a fait ses armes puis est arrivé en 1988 chez mon ami Georges Blanc, à Vonnas, où il resta

7 ans, avec une courte parenthèse au restaurant français de L'Oriental à Bangkok. Depuis 1995, il dirige la cuisine du prestigieux Majestic à Cannes, obtenant, deux ans après, sa première étoile au *Guide Michelin*. Il a été reconnu cuisinier de l'année 2000 par le guide *Gault & Millau*.

Michel Oliver

Michel Oliver est l'une des grandes figures de la cuisine française et l'un des piliers de la dynastie Oliver. Comme son père, le célèbre Raymond Oliver, Michel est resté attaché à ses origines du Sud-Ouest, tout en étant novateur et précurseur. Après avoir travaillé aux côtés de son père au Grand Véfour, il a ouvert le Bistrot de Paris, puis les Assiettes au Bœuf, puis le Bistrot de la Gare, créant le concept des bistrots dans les années 1970, bien avant la mode des bistrots. Il a animé 300 émissions et publié 20 livres, dont *La cuisine est un jeu d'enfant*, illustré par Jean Cocteau. Michel aime la cuisine, mais il aime surtout la faire partager.

Angelo Orilieri

Hôtel Sofitel Thalassa
Pointe de Goulvars
56170 Quiberon
Tél. : 02 97 50 20 00

Angelo Orilieri est le chef du restaurant Thalassa, à Quiberon. C'est par le plus grand des hasards que cet Italien, originaire de Lombardie, est arrivé jusqu'à cette pointe extrême de la Bretagne. Il a commencé son apprentissage à 13 ans, puis a multiplié les expériences dans les grandes tables des stations de montagne et du bord de mer. Depuis 30 ans, il officie pour le culte de la forme, appuyé par une cuisine allégée et goûteuse.

Georges Paineau

Le Bretagne
13, rue Saint-Michel
56230 Questembert
Tél. : 02 97 26 11 12

Georges Paineau est un Breton d'adoption, doublé d'un artiste complet car il cuisine et peint tout aussi bien. Ce Limousin a débarqué très jeune dans la région nantaise, puis est venu se fixer avec son épouse dans ce petit coin du Morbihan. Après un bref détour chez Point à Vienne et à La Duchesse Anne à Nantes, il est arrivé dans les années 1960 à Questembert, où il a décroché une étoile au *Michelin* en 1972, puis une seconde en 1976. Très fier de cette reconnaissance, Georges Paineau ne l'est pas moins de son Coq Rouge Kléber obtenu en 1973, en même temps que Paul Bocuse. Sa cuisine colorée possède certains traits communs avec sa peinture pop art. S'il expose ses toiles à travers toute la France, il réserve ses bons plats pour les privilégiés qui viennent au Bretagne découvrir sa cuisine créative.

Alain Passard

L'Arpège
84, rue de Varenne
75007 Paris
Tél. : 01 45 51 47 33

Alain Passard est un très talentueux chef d'origine bretonne. C'est aux côtés de sa grand-mère, Louise, et du pâtissier de son village qu'il a découvert les plaisirs de la cuisine. Après une solide formation aux côtés de grands chefs, il est devenu, en 1982, le plus jeune chef avec deux étoiles au *Michelin*. Il est alors âgé de vingt-six ans. En 1986, il a ouvert le restaurant L'Arpège, où trônent le portrait de sa grand-mère, mais aussi une œuvre du sculpteur Arman représentant un violoncelle. En 1996, il a obtenu la consécration avec une troisième étoile au *Michelin*. Plus qu'un grand chef, Alain Passard est aussi un artiste !

Hervé Paulus

Hostellerie Paulus
4, place de la Paix
68440 Landser
Tél. : 03 89 81 33 30

Hervé Paulus, d'origine lorraine, est installé depuis quelques années à Landser, un petit village au sud de l'Alsace. Il a commencé sa formation à Colmar, puis au Fer Rouge aux côtés de Patrick Fulgraff avant de prendre les commandes de L'Ancienne Forge d'Hagenthal, alors qu'il n'avait que 22 ans. Il a obtenu une étoile au *Guide Michelin,* qu'il a conservée à Landser, dans son hostellerie, où il réalise une cuisine très terroir.

Christophe Pétra

Le Sud
Quartier d'Aiguebelle
Avenue des Trois-Dauphins
83980 Le Lavandou
Tel. : 04 94 05 76 98

Christophe Pétra n'est pas arrivé à la cuisine par hasard, puisque dans sa famille, on est restaurateur au Lavandou depuis quatre générations. Après des débuts à l'École hôtelière de Hyères, suivis par des étapes de formation auprès de Roger Vergé, de Jacques Chibois, de Louis Outhier et de Paul Bocuse, il a créé en 1997, à 26 ans, son restaurant Le Sud, obtenant quatre ans après sa première étoile au *Guide Michelin*.

Anne-Sophie Pic

Restaurant Pic
285, avenue Victor-Hugo
26000 Valence
Tél. : 04 75 44 15 32

L'adorable Anne-Sophie Pic est une très jeune femme chef passionnée de cuisine. Héritière d'une des plus grandes tables de la gastronomie française située à Valence, Anne-Sophie a pris les commandes de ce prestigieux restaurant doublement étoilé en succédant à son père Jacques. Elle a appris en l'observant et en s'appliquant à réaliser une cuisine inspirée, précise et légère, qui met en scène les meilleurs produits du marché.

Lionel Poilâne

Boulangeries Poilâne
49, bd de Grenelle
75015 Paris
Tél. : 01 45 79 11 49

8, rue du Cherche-Midi
75006 Paris
Tél. : 01 45 48 42 59

Lorsque l'on prononce « Poilâne », l'image d'un beau vrai pain s'impose immédiatement. En développant l'entreprise créée par son père dans les années 1930, Lionel Poilâne a continué de fabriquer le pain au levain selon la même recette familiale, à partir des meilleures farines sélectionnées, moulues à la meule de pierre. Il est devenu le boulanger qui a fait renaître et reconnaître le bon pain français dans le monde entier. Il a malheureusement disparu prématurément en 2002 et sa fille a repris le flambeau.

Michel Portos

Hauterive Saint James
3, place Camille Hostein
33270 Bouliac
Tél. : 05 57 97 06 00

Après avoir régné sur Côté Théâtre, un des meilleurs restaurants de Perpignan, Michel Portos est aujourd'hui le chef du Saint James, à Bouliac. Après un tour de France, il s'est accordé une parenthèse à Londres et quelques escapades en Asie. Sa cuisine est l'expression de ce mélange d'influences, tout en gardant les bases méditerranéennes de ses origines marseillaises.

Jacques & Laurent Pourcel

Le Jardin des Sens
11, avenue Saint-Lazare
34000 Montpellier
Tél. : 04 67 79 63 38

Jacques et Laurent Pourcel, frères jumeaux, sont les chefs du Jardin des Sens à Montpellier. Jacques a été formé chez Michel Trama, Marc Meneau et Pierre Gagnaire, Laurent chez Michel Bras et Alain Chapel. C'est en 1987 qu'ils se sont retrouvés pour créer leur restaurant à Montpellier. Très rapidement, ce fut le succès puisque 18 mois après, ils obtenaient leur première étoile au *Michelin*, puis en 1992 la seconde et en 1998, à l'âge de 33 ans, la troisième étoile. Ils sont actuellement les plus jeunes chefs décorés de trois étoiles.

Jean-François Rouquette

Le Bourdonnais
113, avenue
de La Bourdonnais
75007 Paris
Tél. : 01 47 05 47 96

Jean-François Rouquette dirige la cuisine du restaurant Le Bourdonnais, La Cantine des Gourmets, à deux pas de l'École militaire à Paris, qui brille d'une étoile au *Guide Michelin*. Originaire de l'Aveyron, Jean-François a été bercé dans les casseroles par sa maman, qui tenait un restaurant familial dans la région parisienne. Il a occupé pendant 20 ans différents postes dans les cuisines de la capitale, du Petit Riche au Crillon, en passant par Taillevent et le Martinez à Cannes auprès de Christian Willer. Jean-François aime la cuisine sincère, qui révèle le vrai goût et la vraie nature des produits.

Pascal Roussy

Le Coq Hardy
23, avenue Léon-Blum
40400 Tartas
Tél. : 05 58 73 48 28

Pascal Roussy est un chef cuisinier landais, qui est traiteur à Tartas, en plein cœur des Landes. C'est dans le même village, au Coq Hardy, que Pascal a goûté les premières joies de la cuisine au côté de son grand-père aubergiste. Après une formation à l'École hôtelière et un tour de France, Pascal est revenu au pays, chez Francis Darroze à Villeneuve-de-Marsan, avant de retrouver son fameux Coq Hardy.

Babette de Rozières

La Table de Babette
36, bd Robespierre
78300 Poissy
Tél. : 01 39 65 52 52

Originaire de la Guadeloupe, Babette de Rozières a ouvert son premier restaurant à Paris, puis à Saint-Tropez, et est retournée au pays, à Gosier, où elle a accueilli à sa table tous les chefs d'État en visite aux Caraïbes. Elle est revenue dans la région parisienne et a trouvé sa vraie mesure dans une jolie petite maison de Poissy où elle invite au voyage avec les produits antillais qu'elle cuisine avec passion.

Reine Sammut

La Fenière
Route de Cadenet
84160 Lourmarin
Tél. : 04 90 68 11 79

D'origine vosgienne, Reine Sammut a eu un vrai coup de foudre pour la Provence et sa gastronomie. C'est en 1975 qu'elle a découvert le village de Lourmarin, au sud du Luberon, où la mère de son futur mari, Guy, l'a initiée à la cuisine provençale. Abandonnant ses études de médecine, elle se mit aux fourneaux dans un ancien grenier à foin qu'elle transforma en restaurant. Les gastronomes s'y bousculèrent. Elle gagna une étoile au *Michelin* en 1995, et le succès fut tel qu'elle aménagea à l'entrée du village une auberge chaleureuse, La Fenière, où elle continue de nous faire voyager avec ses saveurs gorgées de soleil.

Guy Savoy

Guy Savoy
18, rue Troyon
75017 Paris
Tél. : 01 43 80 40 61

Guy Savoy est non seulement un ami, mais l'un des tout premiers chefs, à la fois chaleureux et talentueux, triplement étoilé par le *Guide Michelin*. Dans son restaurant situé près de la place de l'Étoile à Paris, il sait faire partager l'esprit de la fête et célébrer le culte du bon goût. Sa cuisine reflète une approche moderne de la gastronomie tout en conservant la tradition héritée de sa région dauphinoise.

Alain Solivérès

Les Élysées du Vernet
25, rue Vernet
75008 Paris
Tél. : 01 44 31 98 98

Alain Solivérès est le chef du restaurant Les Élysées du Vernet à Paris, couronné par deux étoiles au *Guide Michelin*. Né à Béziers, Alain a fait ses premiers pas en cuisine auprès de grands chefs tels que Raymond

Thuilier. À 17 ans, il fut « Meilleur Apprenti » de l'Hérault et du Sud-Est. À 25 ans, il décrocha sa première étoile au *Guide Michelin* à la Bastide de Gordes, en Provence. En 1993, il a pris la direction des cuisines aux Élysées du Vernet, obtenant une deuxième étoile trois ans après.

Vincent Thiessé

Les Étangs de Corot
53, rue de Versailles
92000 Ville-d'Avray
Tél. : 01 41 15 37 00

Vincent Thiessé est aux commandes des Étangs de Corot à Ville-d'Avray, l'un des paradis les plus romantiques de la région parisienne. Diplômé de l'École supérieure de cuisine de Paris, Vincent a fait son premier stage à mes côtés au Jamin, puis avec Michel Kéréver à Enghien, avant de commencer sa carrière dans l'équipe de Gérard Vié à Versailles, au Potager du Roi, puis Aux Trois Marches, pour devenir ensuite son adjoint au Trianon Palace. Il a parfait sa formation auprès de Marc Veyrat, autre expérience très déterminante.

Thiou

Chez Thiou
3, rue Surcouf
75007 Paris
Tél. : 01 40 62 96 50

Thiou est sans aucun doute l'une des meilleures ambassadrices de la cuisine thaïe en France. Destinée à être pianiste-concertiste, elle a changé de piano en arrivant à Paris, guidée par son envie de faire une cuisine inspirée de la Thaïlande, apprise avec sa mère à Bangkok. Aujourd'hui, à Paris, dans le restaurant qui porte son nom, elle interprète à sa manière cette cuisine colorée, légère et parfumée.

Laurent Thomas

Les Séquoias
Vie de Boussieu
38300 Bourgoin-Jallieu
Tél. : 04 74 93 78 00

Laurent Thomas exprime son talent dans une belle demeure dauphinoise du XVIIIe siècle à Bourgoin-Jallieu. Laurent est né à L'Alpe-d'Huez, face aux montagnes et sous les fourneaux, car ses parents étaient aubergistes dans la région. Il a naturellement hérité de cette passion pour la cuisine, tout en travaillant avec son père. Après, il s'est installé entre Dauphiné et Savoie, puis a créé Les Séquoias en 1989, où il a obtenu une étoile au *Guide Michelin*.

Jacques Thorel

L'Auberge bretonne
2, place Duguesclin
56130 La Roche-Bernard
Tél. : 02 99 90 60 28

Jacques Thorel est un authentique Breton, qui aime la mer bien sûr, mais tout autant la terre. Sa cuisine, qui allie avec doigté les produits de la pêche et ceux de la ferme, lui ressemble. Dans sa belle Auberge bretonne, située dans le golfe du Morbihan, en plein cœur de La Roche-Bernard, il aime faire partager ses passions gourmandes grâce à des plats qui fleurent si justement son pays.

Guillaume Tirel

Tirel-Guérin
Gare de la Gouesnière
35350 Saint-Méloir-des-Ondes
Tél. : 02 99 89 10 46

Guillaume Tirel, jeune chef breton, réalise une cuisine aux saveurs marines, couronnée par une étoile au *Guide Michelin*, à Saint-Méloir-des-Ondes, entre Saint-Malo et Cancale. À ses côtés, toute la famille Tirel-Guérin est à l'œuvre. Une histoire originale, dont le mérite revient à la grand-mère Adélaïde, qui avait transformé dès 1960 le Bal de la gare de la Gouesnière en auberge gastronomique.

Dominique Touloussy

Les Jardins de l'Opéra
1, place du Capitole
31000 Toulouse
Tél. : 05 61 23 07 76

Dominique Toulousy est un chef au nom prédestiné puisqu'il dirige le restaurant Les Jardins de l'Opéra à Toulouse. Cet enfant du pays, né à Bagnères-de-Bigorre, a été attiré par la cuisine dès l'âge de neuf ans. Après des expériences dans des restaurants des Hautes-Pyrénées, en Bourgogne et aux Caraïbes, il s'est installé dans le Gers, où il a obtenu sa première étoile au *Guide Michelin* en 1980, étoile qui l'a suivi en 1984 à Toulouse. Il est devenu Meilleur Ouvrier de France en 1993.

Michel Trama

Les Loges de l'Aubergade
52, rue Royale
47270 Puymirol
Tél. : 05 53 95 31 46

Chef talentueux, Michel Trama est un créateur qui a choisi de s'installer à Puymirol dans les années 1980, en abandonnant Paris. Parfait autodidacte, ce chercheur passionné par la cuisine a transformé une bastide du XIIIe siècle en un rendez-vous incontournable pour les gourmets du monde entier, couronné en peu de temps par deux étoiles au *Guide Michelin*.

Roger Vergé

Moulin de Mougins
424, chemin du Moulin
06250 Mougins
Tél. : 04 93 75 78 24

Roger Vergé est l'une des grandes figures de la gastronomie française, gratifié des plus hautes distinctions. Il s'est installé en 1969 dans son célèbre Moulin, à Mougins. Les gourmets du monde entier aiment s'y retrouver, et surtout s'y régaler. La cuisine de Roger Vergé, expressive, très personnelle, est ensoleillée des saveurs de la Méditerranée. Ses plats, qui lui rappellent ses premières émotions culinaires aux côtés de sa tante Célestine, mettent en scène aussi bien les poissons pêchés du jour que les légumes juste cueillis dans l'arrière-pays. Roger Vergé a formé une pléiade de chefs, dont Jacques Chibois, Jacques Maximin, David Bouley ou Alain Ducasse.

Antoine Westermann

Le Buerehiesel
4, parc de l'Orangerie
67000 Strasbourg
Tél. : 03 88 45 56 65

Mon ami Antoine Westermann est chef du restaurant Le Buerehiesel, à Strasbourg. C'est dans cette splendide maison, auréolée de trois étoiles au *Guide Michelin*, qu'il a gravi les marches de la gloire. Il recherche la perfection à travers une cuisine spontanée, mêlant l'authentique tradition aux inspirations personnelles.

Christian Willer

La Palme d'Or
Hôtel Martinez
73, bd de la Croisette
06400 Cannes
Tél. : 04 92 98 74 14

Christian Willer, chef de La Palme d'Or à Cannes, est originaire d'Alsace. Il est arrivé sur la Côte d'Azur il y a une quinzaine d'années pour créer ce restaurant sur la Croisette, au sein du prestigieux palace le Martinez. Il a construit la renommée de ce restaurant, reconnu aujourd'hui par deux étoiles au *Guide Michelin*.

Wout Brut

Le Bistrot d'Eygalières
Rue de la République
13810 Eygalières
Tél. : 04 90 90 60 34

Wout Brut est le le chef du restaurant Chez Brut, appelé aussi Le Bistrot d'Eygalières en Provence. Il a commencé par l'École hôtelière de Bruges, avant de se trouver au hasard de ses stages dans le midi de la France. En 1995, il a fait le pari fou de transformer l'épicerie du petit village d'Eygalières en un restaurant gastronomique, et a obtenu sa première étoile au *Guide Michelin* deux ans plus tard.

Index alphabétique des recettes

Crédits photographiques :
Recettes : Hervé Amiard (pleines pages) / ATPF (médaillons)
Stylisme : Alessandra Pizzi / Marianne Paquin / Corinne Bonnet-Morin
Portraits de chefs : Gérard Bedeau
Produits : D.R.

Conception graphique et mise en page : Anne-Danielle Naname

Photogravure Point 4

Achevé d'imprimer en Espagne par Graficas Estella
Edition 02
Dépôt légal éditeur : 66392-12/2005
Librairie Générale Française - 31, rue du Fleurus - 75278 Paris cedex 06
ISBN : 2-253-13041-9 30/1771/2